LE PARDON

DU MÊME AUTEUR
CHEZ LE MÊME ÉDITEUR

Danielle Steel

LE PARDON

Roman

Traduit de l'anglais (Etats-Unis)
par Hélène Colombeau

PRESSES
DE LA CITÉ

Titre original : *The Sins of the Mother*

© Danielle Steel, 2012
Tous droits réservés, incluant tous les droits de reproduction d'une partie
ou de toute l'œuvre sur tous types de supports
© Presses de la Cité, 2014 pour la traduction française
ISBN 978-2-258-10746-5

Presses
de | un département **place des éditeurs**
la Cité

place
des
éditeurs

A mes enfants chéris,
Beatrix, Trevor, Todd, Nick,
Sam, Victoria, Vanessa, Maxx, et Zara,

Puissiez-vous embrasser des carrières
qui vous passionnent et vous comblent,

Trouver des partenaires
qui vous traitent avec amour et respect,
vous soutiennent dans toutes vos entreprises,
et enrichissent votre vie,

Puissiez-vous faire les bons choix,

Regarder ceux que vous aimez
avec tendresse, indulgence (surtout) et compassion,
et puissent-ils faire de même pour vous,

Que vos enfants vous enchantent et vous estiment,

Que la vie vous offre ce qu'elle a de meilleur,
Et puissiez-vous être toujours aimés
autant que je vous aime.

avec tout mon amour,
Maman/d.s.

1

Dans son fauteuil de présidente, Olivia Grayson écoutait attentivement les exposés des membres du conseil d'administration, qu'elle observait tour à tour de son regard vif et perçant. Tailleur-pantalon bleu marine bien ajusté, collier de perles, carré court lissé : Olivia était de celles qui ne passent pas inaperçues. Malgré ses cheveux d'une blancheur de neige – ils étaient ainsi depuis ses trente ans –, elle ne paraissait pas son âge. Son visage était anguleux, avec de hautes pommettes, ses mains étaient fines et élégantes. Sa vivacité d'esprit et son sens aigu des affaires lui valaient une réputation de femme brillante, mais elle se montrait surtout pragmatique et savait de manière instinctive et infaillible ce qui était bon pour son entreprise. Grâce à elle, la quincaillerie dont sa mère avait hérité des années plus tôt était devenue un modèle d'expansion internationale.

Rebaptisée l'Usine, la firme connaissait un succès sans précédent, à l'image de sa propriétaire. Energique, innovatrice et créative, Olivia Grayson était l'incarnation du pouvoir tandis qu'elle présidait le conseil.

Sa mère, originaire de Boston, était issue d'une famille distinguée de banquiers qui avaient tout perdu lors de la Grande Dépression. Secrétaire dans un cabinet d'avocats, Maribelle Whitman avait épousé un jeune courtier en assurances qui fut mobilisé suite à l'attaque de Pearl Harbor et envoyé en Angleterre durant l'été 1942, quatre semaines après la naissance d'Olivia. Il mourut sous les bombes alors que celle-ci n'avait qu'un an. Devenue veuve, Maribelle déménagea dans une banlieue modeste de Boston où, pour subvenir aux besoins de sa fille et d'elle-même, elle prit un emploi dans la quincaillerie d'Ansel Morris. Pendant quatorze ans, elle aida son patron à faire prospérer l'entreprise, entretint une liaison tendre et discrète avec lui, et éleva Olivia sur son seul salaire, sans jamais rien attendre d'Ansel. Lorsqu'elle eut la surprise d'hériter de sa fortune, Maribelle songea qu'elle pourrait envoyer sa fille à l'université. Mais celle-ci, qui avait commencé à travailler au magasin après l'école dès l'âge de douze ans, brûlait de se lancer dans les affaires et n'avait aucune envie de faire des études supérieures.

Agée de dix-huit ans et tout juste sortie du lycée, Olivia rejoignit l'Usine à plein temps, trois ans après la mort d'Ansel. Sa passion pour le commerce, ses idées, sa jeunesse et son enthousiasme la poussèrent à prendre des risques, à faire des choix audacieux. Elle convainquit Maribelle, qui dirigeait alors l'entreprise, d'adjoindre aux articles de base vendus jusque-là des meubles bon marché de style simple et moderne. Elles achetèrent à des fournisseurs étrangers des éléments de cuisine et de salle de bains ainsi que des appareils ménagers. La petite quincaillerie locale se transforma peu à peu en un phénomène auquel ni Maribelle ni Ansel lui-même n'auraient jamais rêvé. L'Usine devint célèbre pour ses lignes novatrices venues du monde entier, la fiabilité de ses produits, et ses prix imbattables. Olivia misait sur le volume des ventes, et non sur la cherté, ce qui n'avait pas manqué d'inquiéter sa mère au début. Le temps lui donna raison.

Cinquante et un ans plus tard, Olivia Grayson avait bâti un empire planétaire avec lequel personne ne pouvait rivaliser, même si beaucoup essayaient. Le respect et l'admiration de ses collègues et concurrents lui étaient acquis ; elle était devenue une figure emblématique du monde de l'entreprise, une légende même, à l'instar de ses magasins qui offraient tout le nécessaire pour la maison – outils, cuisines et meubles. A soixante-neuf ans, Olivia parcourait encore le monde à la recherche de nouveaux fournisseurs, de nouveaux produits, de nouveaux designs. Son industrie continuait de grandir, et sa réputation avec.

Fruit de son génie, travail de toute une vie, l'Usine avait permis à Olivia d'amasser une fortune colossale, qu'elle transmettrait plus tard à ses enfants. Elle était l'incarnation du rêve américain.

Malgré l'immense pouvoir qu'elle exerçait, et qui transparaissait dans la sévérité de ses yeux bleu vif, son visage dégageait une certaine douceur. Respectée de tous, Olivia n'en avait pas moins le rire facile. Discrète de nature, elle parlait toujours à bon escient et se montrait réceptive aux idées neuves. Elle n'était pas de ceux qui se reposent sur leurs lauriers et elle avait gardé la passion et l'enthousiasme de sa jeunesse.

Le conseil d'administration comptait six membres en plus d'Olivia et de ses fils, Phillip et John. Titulaire d'un MBA obtenu avec mention à l'école de commerce de Harvard, Phillip, quarante-six ans, occupait le poste de directeur financier. Et John, le troisième enfant d'Olivia, dirigeait le service design et création, après avoir étudié les beaux-arts et le graphisme à l'université de Yale.

Les deux frères avaient chacun hérité d'une partie des compétences d'Olivia, mais ni l'un ni l'autre ne les combinait toutes. D'un tempérament calme et sérieux, Phillip tenait davantage de son père, Joe, qui lui avait transmis son goût pour la finance. En tant que comptable, Joe avait aidé sa femme à diriger les affaires depuis les coulisses, et, comme lui, Phillip se montrait fiable et précis dans sa façon de gérer les comptes.

John quant à lui avait l'esprit créatif et la fougue d'Olivia. Artiste avant tout, ayant un sens inné du design, il ne vivait que pour l'esthétique et la beauté. Il employait son immense talent au profit de l'Usine, tout en consacrant son temps libre à la peinture, son premier amour. C'était par dévouement envers sa mère qu'il avait très tôt intégré l'Usine ; Olivia avait toujours su qu'il aurait beaucoup à leur offrir. Aujourd'hui, à quarante et un an, il insufflait sans cesse une nouvelle vie au visuel de leurs produits, non sans rêver de pouvoir peindre à plein temps.

Certes, les deux hommes étaient indispensables à l'entreprise, mais leur mère en constituait encore la force vitale, en dépit de son âge. L'Usine était restée une affaire familiale malgré les opportunités de rachat et de nationalisation qui s'étaient présentées au fil des ans. Phillip avait été tenté par certaines propositions, mais Olivia ne voulait pas en entendre parler. La firme, avec ses nombreuses succursales disséminées partout dans le monde, leur appartenait, et, tant qu'elle vivrait, elle ferait tout pour que les Grayson restent aux commandes.

Si ses filles n'affichaient aucun intérêt pour l'entreprise, Olivia comptait en revanche sur ses fils pour reprendre les rênes un jour. Elle avait la certitude qu'ils sauraient, à eux deux, perpétuer l'empire qu'elle avait bâti. Non pas qu'elle fût prête à passer le flambeau. Elle ne manifestait aucune velléité de lever le pied, ses idées étaient plus étonnantes et novatrices que jamais, et elle paraissait dix ans de moins que son âge. Naturellement belle, Olivia croquait la vie à pleines dents ; elle avait plus d'énergie que bien des trentenaires.

Avec son calme et sa rigueur habituels, elle clôtura la réunion du conseil peu après midi. Ils avaient abordé tous les points à l'ordre du jour, y compris les inquiétudes d'Olivia concernant certaines usines chinoises et indiennes auxquelles ils avaient recours. Phillip se préoccupait avant tout de leurs résultats financiers, mais Olivia tenait à s'assurer des bonnes pratiques de leurs sous-traitants. Ce matin, Phillip leur avait une fois de plus certifié que, même s'il était impossible de savoir tout ce qui se passait dans les ateliers asiatiques, la société d'enquête industrielle qu'ils avaient mandatée n'avait rien noté d'anormal. Depuis des années, ce fonctionnement leur permettait de bénéficier d'intéressantes marges de profit.

John, de son côté, leur avait présenté une série de modèles que les clients ne manqueraient pas de s'arracher dans les mois à venir. L'Usine avait toujours une longueur d'avance sur les nouvelles tendances. Avec leur sens infaillible de la forme, du style et de la couleur, John et Olivia étaient capables de deviner ce que les consommateurs désiraient avant qu'ils ne le sachent eux-mêmes, créant de ce fait un besoin qu'ils comblaient aussitôt. Grâce à cette intuition et au rapport qualité-prix sans pareil des produits qu'ils offraient, l'entreprise voyait chaque année ses recettes augmenter.

Olivia aimait à penser que son défunt mari aurait été fier d'elle, comme il l'était déjà de son vivant. Partenaire idéal, Joe n'avait jamais exprimé la moindre critique vis-à-vis du temps qu'elle consacrait à son travail au détriment de sa famille. Il avait su dès le départ qu'Olivia serait très prise, et pas uniquement lorsqu'elle partirait en déplacement. Ayant des horaires plus prévisibles et des obligations moins accaparantes, il avait comblé son absence. Comptable de formation, il avait assumé la fonction de directeur financier jusqu'à sa mort – Phillip lui avait alors succédé.

La mère d'Olivia avait pris sa retraite à la naissance de Phillip pour s'occuper de lui, rôle qui lui correspondait davantage et qu'elle trouvait bien moins stressant. Elle avait très vite été dépassée par l'empire que géraient sa fille et son gendre. Olivia, à l'inverse, en endossait aisément la responsabilité. Au fil des ans, l'Usine était devenue sa passion, sa vie, une flamme inextinguible qui la nourrissait et la dévorait tout à la fois. Cela n'avait pas été sans répercussions sur sa vie privée. Malgré l'amour qu'elle portait à sa famille, elle avait du mal à lâcher prise. Joe l'avait compris ; ses enfants le savaient aussi, mais certains l'acceptaient mieux que d'autres.

En vieillissant, elle s'était efforcée de se racheter auprès d'eux, surtout ces quatorze dernières années, depuis la mort brutale de son mari : celui-ci avait succombé à une crise cardiaque à soixante ans alors qu'Olivia visitait de nouvelles usines aux Philippines. Ce décès avait été un coup terrible. Depuis ce jour, Olivia se faisait un devoir d'emmener ses enfants et petits-enfants en vacances tous les ans, pour tenter de rattraper le temps perdu.

Sur demande d'Olivia, l'avocat principal de l'entreprise, Peter Williams, avait participé à la réunion du conseil d'administration. Elle souhaitait connaître son opinion sur plusieurs points soulevés par Phillip, qui s'inquiétait des conséquences financières s'ils décidaient de renoncer aux usines asiatiques en faveur d'établissements plus transparents en Europe. Leurs résultats s'en ressentiraient, et Phillip s'y opposait. Comme à son habitude, Peter avait exprimé un avis réfléchi et posé. Olivia lui demandait conseil sur de nombreux sujets, et il lui répondait toujours avec sagesse. D'un tempérament prudent, Peter se montrait pragmatique dans ses suggestions, mais il savait aussi faire preuve de créativité lorsqu'il s'agissait de trouver des solutions à des problèmes juridiques épineux – et une entreprise aussi importante que la leur en rencontrait inévitablement. De son côté, Peter éprouvait un profond respect pour Olivia. Depuis près de vingt ans, il consacrait le plus clair de son temps à l'Usine, sans compter ses heures ni se plaindre des sacrifices qu'il avait dû consentir et de l'impact que cela avait eu sur sa vie privée. Il était fasciné par cette entreprise tout autant que par la femme qui la dirigeait.

— Qu'as-tu pensé de la réunion ? lui demanda Olivia tandis qu'ils attendaient l'ascenseur ensemble.

Le bureau de Peter se trouvait à quelques rues de là. Il passait néanmoins beaucoup de temps au quartier général de l'Usine, son plus gros client. Olivia avait transféré le siège de l'entreprise à New York quarante ans plus tôt. Après avoir ouvert des succursales dans le New Jersey, à Chicago, dans le Connecticut et sur Long Island, il lui avait paru plus raisonnable de s'installer dans la capitale financière du monde plutôt que de rester à Boston. Puis ils s'étaient implantés dans le sud du pays, dans le Midwest, sur la côte ouest et un peu partout à l'étranger, et le choix de New York avait pris tout son sens. En plus de leurs bureaux qui occupaient un immeuble entier dans Park Avenue, ils possédaient des magasins dans tout le pays, ainsi qu'en Asie, en Amérique du Sud et en Europe : près d'une centaine au total, qui tous prospéraient. Olivia avait commis très peu d'erreurs au cours de sa carrière, et elle les avait chaque fois rapidement corrigées.

— J'ai trouvé que Phillip soulevait des questions pertinentes, répondit Peter. On surveille de très près les usines qui pourraient poser problème. Tu ne peux pas faire grand-chose d'autre pour l'instant.

Une fois dans l'ascenseur, Olivia appuya sur le bouton de son étage. Les bureaux de John et de Phillip se trouvaient au même niveau.

— Je ne veux pas recourir à des usines aux pratiques douteuses, dit-elle, répétant ce qu'elle avait déjà expliqué en réunion.

Cette question lui tenait à cœur. Son sens des affaires n'enlevait rien à sa profonde conscience morale et sociale. Olivia était une femme juste, d'une grande bonté.

— Autant que je peux en juger, on n'a pas de raisons de s'inquiéter, affirma Peter. Et on reste sur le qui-vive.

— Oui, mais est-ce que tu n'as pas des doutes ? insista-t-elle en l'étudiant de ses yeux bleus perçants.

Rien n'échappait à Olivia – c'était d'ailleurs l'une des nombreuses qualités que Peter admirait chez elle, tout comme son refus de sacrifier l'éthique aux résultats financiers.

— Non, je n'ai pas de doutes.

— Bien. Tu es mon baromètre, Peter, confia-t-elle avec un petit sourire. Quand tu commenceras à te méfier de nos usines asiatiques, là, je m'inquiéterai.

Venant d'elle, c'était un grand compliment.

— Je te préviendrai, sois en certaine. Tu as le temps de manger un morceau ?

Olivia et Peter aimaient se retrouver en dehors du travail, mais ils avaient l'un et l'autre très peu de temps libre. A soixante-trois ans, marié et père d'un garçon et d'une fille aujourd'hui adultes, Peter achevait une carrière gratifiante. Ensemble, lui et Olivia avaient livré et remporté de nombreuses batailles pour l'Usine. Olivia redoutait le moment où il prendrait sa retraite, car elle appréciait ses analyses lucides et attachait une grande valeur à son amitié. Elle ne faisait confiance à personne autant qu'à Peter. Par chance, il était en pleine forme et ne prévoyait pas de raccrocher de sitôt.

— Je ne peux pas, répondit-elle à regret. J'ai une interview avec le *New York Times* à treize heures trente, et une montagne de boulot qui m'attend sur mon bureau avant ça.

— Je te dirais bien que tu travailles trop, mais ça tomberait dans l'oreille d'une sourde.

— Parle pour toi ! répliqua-t-elle en riant, tandis que l'ascenseur s'arrêtait à son étage.

— C'est pour quand, les vacances en famille ?

— Dans un mois et demi, en juillet.

Olivia choisissait chaque année une destination différente, suffisamment spectaculaire pour qu'aucun de ses enfants n'y trouve à redire. Peter savait qu'à travers cette tradition qu'elle avait instituée après la mort de son mari, et que ce dernier aurait sans doute applaudie, Olivia cherchait à compenser la perte de leur père et à rattraper le temps qu'elle ne leur avait pas consacré jadis. C'était impossible, bien sûr, mais ces vacances qu'elle leur concoctait avec le plus grand soin se révélaient toujours extraordinaires. Pour elle, ces deux semaines étaient sacrées.

Olivia fit un petit signe de la main à Peter avant que les portes de l'ascenseur ne se referment sur lui, puis elle se hâta vers son bureau. Elle ne disposait que d'une heure avant son rendez-vous avec le journaliste du *New York Times*. Pour ne pas perdre de temps, elle avait demandé à son assistante de lui faire livrer une salade. Il lui arrivait souvent de procéder ainsi, voire de sauter carrément le déjeuner, ce qui lui avait permis de conserver cette silhouette souple de jeune fille que les autres femmes lui enviaient. Elle avait par ailleurs un visage étonnamment dépourvu de rides. Peut-être était-ce parce qu'elle se souciait finalement très peu de son apparence.

La question de Peter à propos de ses vacances lui avait rappelé un point qu'elle souhaitait vérifier auprès de son assistante, Margaret.

— Les invitations sont bien parties ce matin ? lui demanda-t-elle.

— Je les ai envoyées par mail à dix heures. Votre repas vous attend sur votre bureau, ainsi que vos messages et la liste des appels reçus.

Margaret prévoyait elle aussi de déjeuner sur place, sachant combien sa chef était débordée les jours de réunion du conseil. Olivia passerait l'après-midi à tenter de rattraper son retard et ne rentrerait chez elle sans doute que dans la soirée. Son assistante se préparait à en faire autant : elle ne rechignait pas à faire des heures supplémentaires et à adapter sa vie personnelle en conséquence. Olivia réussissait à communiquer son énergie à tous ceux qui travaillaient pour elle.

Après avoir remercié Margaret, elle pénétra dans son vaste bureau, élégamment meublé. Tout y était léger, aérien, et décoré dans des tons beiges, créant une agréable atmosphère de travail. Aux murs, des peintures contemporaines, dont certaines de son fils ; au sol, un tapis de soie qu'elle avait fait tisser à la main en Italie ; dans un coin de la pièce, un canapé et des fauteuils. C'est là qu'Olivia s'installerait pour répondre à l'interview, qui serait publiée dans la rubrique économique du *New York Times*. Margaret lui avait fourni un résumé des qualifications et du parcours du journaliste. Le jeune homme semblait relativement inoffensif, et peut-être un peu inexpérimenté. Mais Olivia éprouvait un profond respect pour la jeunesse et attachait beaucoup d'importance aux points de vue originaux et aux idées nouvelles.

Pour cette raison, elle prenait plaisir à discuter avec ses petits-enfants, qu'elle se réjouissait de retrouver pendant les vacances d'été. Olivia espérait que son enthousiasme était partagé. Pour elle, il s'agissait d'une invitation, mais pour eux d'un rendez-vous obligé. Ils savaient qu'elle attendait d'eux qu'ils soient là et ils n'auraient guère pu refuser.

Elle ne vit pas passer l'heure, tout occupée à rappeler une dizaine de correspondants et à répondre à tout autant d'e-mails. Lorsque son assistante la prévint que le journaliste était arrivé, Olivia n'avait même pas eu le temps de toucher à sa salade. Elle demanda à Margaret de faire entrer le jeune homme, puis se leva pour l'accueillir et le conduire vers les fauteuils.

Agé d'une vingtaine d'années, en jean, tee-shirt et baskets, il portait les cheveux longs et décoiffés et une barbe de plusieurs jours – un look assez courant chez les garçons de son âge. Il n'avait, visiblement, fait aucun effort vestimentaire pour l'occasion, mais Olivia ne s'en formalisa pas. Si la plupart des jeunes journalistes qu'elle rencontrait étaient terrifiés ou intimidés, ce n'était certainement pas le cas de celui-ci. D'une franchise brutale, il la bombarda d'emblée de questions, dont certaines assez délicates. Sans se laisser troubler par son style et son manque de manières, Olivia lui répondit du tac au tac, tout en gardant le sourire.

L'interview se déroula ainsi pendant près d'une heure, jusqu'à ce que le journaliste attaque Olivia sur le thème de leur réunion du matin. Agile et bien informé, il espérait sans doute la déstabiliser en touchant son point faible.

— Vous avez recours à des usines en Asie. Ne craignez-vous pas de possibles violations des lois sur le travail des enfants ?

— Les enquêtes approfondies que nous avons menées n'ont rien révélé de tel, affirma Olivia, impassible. Mais c'est une question qui me préoccupe au quotidien.

— On est pourtant en droit de penser que dans ces pays, et au prix que vous payez, il y a forcément des infractions quelque part, non ?

— Je ne tire pas de conclusions hâtives, répliqua Olivia. Nous sommes très vigilants vis-à-vis de cette problématique, et pour l'instant, nos sources ne nous ont signalé aucune pratique abusive.

— Et si cela arrive un jour ? Que ferez-vous ?

— Nous prendrons les mesures nécessaires. Nous condamnons fermement le travail des enfants et les atteintes aux droits de l'homme. J'ai moi-même quatre enfants et trois petits-enfants, c'est un sujet qui me tient à cœur.

— Suffisamment pour vous tourner vers des usines européennes qui factureront leurs services plus cher ?

— Absolument, répondit-elle sans la moindre hésitation. L'Usine ne cautionne aucun abus, ni envers les adultes ni envers les enfants.

Le journaliste passa à un autre sujet. Olivia devinait néanmoins que sa réponse ne l'avait pas convaincu. Mais il avait beau s'être montré très agressif, il n'avait aucune preuve de ce qu'il avançait. L'Usine était irréprochable dans ses transactions, et Olivia s'en félicitait.

Elle accorda près d'une heure et demie au jeune reporter, jusqu'à ce que son assistante vienne à son secours, prétextant une réunion. Le journaliste serait resté tout l'après-midi si elle l'avait laissé faire, or son temps était précieux. Olivia avait un empire à gérer.

Lorsqu'ils se furent serré la main, le jeune homme sortit du bureau d'un pas nonchalant, comme si le monde lui appartenait. Il cherchait clairement à en imposer devant Olivia. Celle-ci appela Peter Williams à peine la porte refermée.

— Il a abordé la question du travail des enfants, annonça-t-elle d'une voix inquiète.

— Il fait son travail, c'est normal, mais tu sais bien qu'on surveille ces usines de près.

— Ça ne t'inquiète vraiment pas, alors ?

— Non, ça ne m'inquiète pas. On est blancs comme neige, Olivia. Il essaie juste de te faire peur en tapant là où ça fait mal. Ne te laisse pas intimider.

— Bon, on verra bien comment les choses évolueront. J'espère que l'article sera correct.

— Il le sera, dit-il gentiment. Comment pourrait-il en être autrement ?

Olivia eut un petit rire.

— Tu sais comme moi que la presse n'est pas toujours juste, ni toujours tendre. Jusqu'ici, on a eu de la chance, mais je ne te dis pas le bazar si les choses se retournent contre nous.

— On fera le nécessaire le moment venu, répondit Peter, imperturbable.

Olivia fut rassurée. Son ami avait géré bien des crises par le passé – grèves dans les usines, menaces de poursuites et autres contrariétés en tous genres. Cela faisait partie de son job.

— Essaie de ne plus y penser, lui conseilla-t-il. Tout est sous contrôle. Et dans six semaines, tu seras en vacances.

— Je dois t'avouer que j'ai hâte.

— Tu les auras bien méritées.

Olivia avait travaillé dur ces derniers mois. En plus de ses longues journées, elle devait gérer un planning de déplacements chargé. Plusieurs voyages étaient prévus, notamment au Brésil, puis en Nouvelle-Zélande. Peter se demandait parfois comment elle parvenait à jongler avec toutes ces obligations, comment elle survivait au stress de sa position. Tant de responsabilités reposaient sur ses épaules ! Pourtant, elle assumait sa lourde charge avec patience, sérénité et courage. Peter savait cependant ce qu'il lui en coûtait, même si elle se plaignait rarement.

Après avoir raccroché, Olivia se replongea dans son travail et fit taire ses inquiétudes à propos des usines asiatiques. Elle serait de toute façon la première à réagir en cas de problème. Celui qui pensait pouvoir tromper impunément Olivia Grayson avait du souci à se faire. Elle ne laisserait personne salir le nom de son entreprise, peu importe le prix qu'il lui faudrait payer.

2

Olivia avait vingt-deux ans et travaillait aux côtés de sa mère depuis quatre ans lorsque cette dernière décida qu'il était temps de faire appel à un conseiller financier. Avec les changements que la jeune femme avait impulsés, l'entreprise connaissait une expansion si rapide que Maribelle ne parvenait plus à tenir les comptes seule. Même les deux aides-comptables qu'elle avait embauchés ne suffisaient pas. Leur banquier leur recommanda un jeune homme originaire du Vermont ; licencié en économie et gestion, Joe Grayson avait passé le diplôme d'expert-comptable et travaillait depuis un an dans la région de Boston au service de petites entreprises. A vingt-sept ans, c'était un homme calme, sérieux et d'une grande maturité. Le directeur de la banque le présenta à Maribelle ; une semaine plus tard, il étudiait les comptes de l'Usine. Séduite par ses suggestions pertinentes, elle le recruta, et il devint bientôt un habitué des bureaux tout en continuant à travailler pour d'autres établissements. Plaisant, facile à vivre, il avait le sens pratique et un vrai don pour les chiffres. Le trouvant digne de confiance, Olivia commença à lui soumettre ses projets d'expansion. Joe fut de bon conseil, il avait des compétences dans des domaines qu'elle ne maîtrisait pas et une capacité d'analyse qu'il mit à son service. Olivia le consulta de plus en plus souvent.

Lorsqu'elle bavardait avec lui, elle ne se rendait pas compte qu'il était absolument fasciné par ses idées d'avant-garde. Joe pressentait que, si elle était judicieusement conseillée, elle pourrait faire de l'Usine une immense industrie. Le bon sens et la faisabilité de ses projets l'impressionnaient. En lui montrant comment les réaliser, il devint très vite un membre précieux de l'équipe.

Bien avant sa fille, Maribelle remarqua que Joe était épris d'elle. Un soir, elle invita le jeune homme à dîner, et l'habitude s'installa peu à peu de le convier à partager un repas simple quand ils finissaient tard tous les trois. D'un naturel timide, Joe attendit six mois avant d'oser proposer à Olivia de sortir avec lui. Celle-ci fut très surprise : elle ne l'avait jamais considéré autrement que comme un collègue dont elle appréciait les conseils et admirait les compétences en matière de finance.

Lorsqu'il lui déclara sa flamme, elle en ressentit un certain plaisir. L'idée ne lui déplaisait pas. Non seulement ils formaient un excellent tandem, mais elle savait qu'à présent Joe se préoccupait de l'entreprise presque autant qu'elle. Pour ne rien gâcher, ils partageaient de nombreux idéaux. Homme de morale et de valeurs, Joe n'avait peut-être rien d'ébouriffant, mais il était gentil. Ce jour-là, il la raccompagna chez elle et l'embrassa pour la première fois.

Ce ne fut ni le coup de foudre, ni la passion débridée, et pourtant leur relation convenait tout à fait à Olivia. En femme raisonnable, elle préférait de loin l'amitié qu'ils construisaient jour après jour et leur entente intellectuelle. Ils partageaient sans frein tout ce qui leur passait par la tête. De même qu'elle faisait confiance à Joe pour gérer les comptes de l'entreprise, il ne doutait pas un seul instant de la fiabilité de ses idées créatrices, même lorsque celles-ci étaient très novatrices. Olivia élaborait des concepts qui pourraient servir de modèles à de nombreux magasins. En bref, ils se comprenaient parfaitement, parfois même sans avoir besoin de mots.

Le jour de la Saint-Valentin, alors qu'ils se fréquentaient depuis trois mois, Joe offrit une petite bague en diamant à Olivia et la demanda en mariage. N'ayant plus ses parents ni aucune famille, il désirait plus que tout commencer une nouvelle vie avec elle. Lorsqu'ils annoncèrent la nouvelle à Maribelle, celle-ci en fut ravie. Joe Grayson était le mari idéal pour sa fille, il lui fournirait une base solide sur laquelle s'appuyer. Certes, Olivia n'était pas éperdument amoureuse de Joe, mais ce qu'elle ressentait pour lui était sûr et fort, tout comme l'amour qu'il éprouvait pour elle.

Six mois après leur premier rendez-vous, un an après l'arrivée de Joe dans l'entreprise, ils se marièrent au cours d'une modeste cérémonie. Joe ne put s'empêcher de rire lorsque Olivia transforma leur lune de miel en voyage d'affaires. Avec ses maigres économies, il l'emmena en Angleterre, en France et en Italie, puis elle voulut aller deux jours au Danemark pour repérer des modèles de meubles scandinaves. Elle fit d'intéressantes trouvailles et passa commande. Mais sa plus belle découverte, ce fut sa relation avec Joe, qui correspondait exactement à ce dont ils avaient besoin l'un et l'autre. Joe y trouvait la chaleur et l'affection qu'il n'avait jamais reçues, et Olivia un compagnon stable sur lequel elle pouvait compter. Hormis Ansel Morris, il n'y avait pas eu de figures masculines dans sa vie. Joe était l'homme qu'il lui fallait.

Olivia rentra de leur lune de miel enthousiasmée par ce qu'ils avaient vu en Europe et la tête remplie de projets pour le magasin. Lorsque les produits qu'ils avaient achetés arrivèrent, elle fut si excitée qu'elle ouvrit la plupart des caisses elle-même. Le soir, Joe, qui avait quitté ses autres clients pour travailler à plein temps à l'Usine, l'aidait à faire l'inventaire. Tout se passait très bien. Cependant, Olivia commença à se sentir malade. Son état empira de jour en jour, sans qu'elle ait la moindre idée de ce qui lui arrivait.

Après avoir consulté Maribelle, Joe, très inquiet, conduisit sa femme chez un médecin qu'un ami lui avait recommandé à Boston. Olivia pleura quand elle apprit l'origine de ses troubles : elle était tombée enceinte pendant leur voyage de noces. Or, ce n'était pas du tout prévu. Joe désirait ardemment avoir des enfants, mais ils s'étaient mis d'accord pour attendre quelques années – au moins cinq ans, disait-elle –, le temps qu'elle ait mis en œuvre ses projets d'expansion, que les affaires tournent bien, et même, peut-être, qu'ils aient ouvert un ou deux autres magasins. Ce bébé arrivait au mauvais moment, il allait tout gâcher. Tout en comprenant le désarroi d'Olivia, Joe fut transporté de bonheur. Il n'y avait rien de plus merveilleux à ses yeux que d'avoir un enfant avec la femme de ses rêves. C'est alors que Maribelle eut une idée irrésistible. Elle leur expliqua qu'elle se sentait prête à partir à la retraite et à leur laisser les rênes de l'Usine. Ils n'avaient plus besoin d'elle, sauf pour s'occuper de leur enfant.

Maribelle leur proposa donc de s'installer chez eux, pour la plus grande joie d'Olivia. Elle savait que son bébé serait entre de bonnes mains, et elle pourrait ainsi continuer à gérer l'entreprise avec Joe. Celui-ci lui promit qu'il ferait son possible pour lui permettre de travailler comme elle l'entendait. C'était la solution idéale, et Olivia n'en accepta que mieux cette grossesse inattendue.

Hors de question toutefois de se reposer à la maison : les changements qu'elle souhaitait mettre en place au sein de l'entreprise ne pouvaient pas attendre. Olivia travailla jusqu'au dernier jour de sa grossesse, et le soir où elle perdit les eaux, elle faisait encore les comptes et l'inventaire avec Joe. L'espace d'un instant, elle fut terrifiée : tout devenait soudain réel. Joe la rassura, prévint sa mère et le médecin, avant de la conduire à la maternité. Il aurait aimé rester à ses côtés, mais on ne lui permit pas d'assister à la naissance. Pendant douze heures, il patienta donc en salle d'attente, priant pour que tout se passe bien, malade d'inquiétude et fébrile à l'idée d'être bientôt papa. De temps en temps, Maribelle venait l'informer de l'évolution de la situation. Elle lui expliqua que les premiers bébés étaient toujours longs à venir, et qu'Olivia tenait bien le coup.

Cette dernière ne s'attendait pas à souffrir autant. Mais elle aurait encore plus paniqué si elle avait su à l'avance combien l'accouchement serait douloureux. Phillip pesait un peu plus de quatre kilos. Lorsque Joe put enfin la rejoindre, elle paraissait exténuée. Jamais il ne l'avait autant aimée qu'à cet instant, jamais il n'avait rien vu de plus beau que son fils. Comme elle, il pleura en découvrant leur bébé, et il eut l'impression d'un miracle en le tenant pour la première fois dans ses bras. Olivia songeait surtout qu'elle venait de traverser la pire épreuve de sa vie, mais dès le lendemain, quand elle se fut un peu remise, elle trouva Phillip adorable. Elle l'allaita les premiers jours, avant de l'habituer au biberon pour que Maribelle puisse le nourrir la nuit. Joe ne voulait pas que sa femme s'épuise – elle avait déjà assez souffert à son goût. Au retour de la maternité une semaine plus tard, il la traita comme une poupée de verre, alors qu'Olivia lui assurait qu'elle se sentait très bien. A vingt-trois ans, elle était en pleine forme, et son bébé l'était tout autant.

Dès le début, Maribelle donna un rythme régulier à Phillip, qu'elle portait et dorlotait constamment. A peine le posait-elle dans son berceau que son papa poule le prenait à son tour. Quand elle retourna au magasin deux semaines après l'accouchement, Olivia n'avait presque pas eu le temps de s'attacher à son bébé. Le premier mois, elle travailla à mi-temps, puis reprit à temps complet. Joe aurait préféré qu'elle attende d'être complètement rétablie, mais il n'eut pas le cœur de protester, sachant qu'elle avait hâte de se remettre en selle. De son côté, il fit en sorte de raccourcir ses journées, prétextant vouloir soulager Maribelle ; en réalité, il avait surtout envie de profiter de son fils.

Bébé facile et gracieux, Phillip était chouchouté par son père et sa grand-mère, qui satisfaisaient ses moindres besoins. Quand Olivia rentrait le soir, elle les relayait pour le porter. Il lui semblait encore incroyable qu'elle ait eu un enfant avec Joe – pour tout dire, elle avait presque l'impression qu'il n'était pas à elle – mais, à six mois, Phillip s'illuminait chaque fois qu'il voyait sa mère. Maribelle l'amenait parfois au magasin en poussette, et Joe le présentait fièrement à tout le monde. Si le rôle de parent lui allait comme un gant, on ne pouvait pas en dire autant d'Olivia, qui, bien que très aimante, n'était pas souvent là. Son entreprise passait avant tout. Elle concrétisait ses projets et en imaginait chaque jour de nouveaux, à tel point que Joe avait du mal à la suivre. Cela ne l'empêchait pas de se sentir comblé : il n'aurait su dire qui, de sa femme ou de son fils, il aimait le plus. Quant à leur arrangement avec Maribelle, il fonctionnait à merveille. A quarante-huit ans, cette dernière ne regrettait pas d'avoir pris sa retraite, surtout pour une si bonne cause.

Joe avait suggéré à Olivia de retirer progressivement de la vente la quincaillerie et les outils, pour se concentrer sur les produits qu'elle avait lancés et qui connaissaient un franc succès. Olivia avait du génie, et la croissance de leur chiffre d'affaires en attestait. Joe continuait à lui enseigner les ficelles de la finance ; elle apprenait très vite. Pour sa part, Olivia se fiait de plus en plus à son jugement, son esprit pratique et ses conseils. Joe était un mari et un père formidable, elle n'aurait pu rêver mieux. En l'épousant, elle avait pris la meilleure décision de son existence.

Peu après la naissance de Phillip, Olivia décida d'ouvrir un nouveau magasin. Joe se montra d'abord réticent, puis il se rangea à son avis, comme d'habitude. Six mois plus tard, une succursale voyait le jour sur Long Island. Une troisième fut inaugurée dans le New Jersey pour le premier anniversaire de Phillip. Le même soir, Olivia confia à son mari qu'elle voulait s'implanter aussi à Chicago. Il sut alors qu'on ne pourrait plus l'arrêter. Mais elle avait raison : c'était le bon moment.

Dans chaque ville, elle avait trouvé une vieille usine dans le style de celle qui abritait leur magasin emblématique, à Boston. Alors qu'ils avaient déjà choisi l'emplacement de la succursale de Chicago, Olivia tomba de nouveau enceinte. Cette fois-ci, elle accueillit la nouvelle plus sereinement, car elle savait que Maribelle lui proposerait d'élever les deux enfants. Elle s'en sortait très bien avec Phillip, sans compter que Joe s'occupait aussi beaucoup de lui – et heureusement, car Olivia courait sans cesse d'un magasin à l'autre. En plus de son sens instinctif de l'aménagement intérieur, elle avait un don pour dégoter, à des prix défiant toute concurrence, des fournisseurs de confiance qui acceptaient ses suggestions en matière de design. L'entreprise grossissait à vue d'œil, tout comme sa présidente.

Olivia était enceinte de neuf mois lorsqu'ils ouvrirent à Chicago. Même si Joe redoutait qu'elle accouche en pleine inauguration ou dans le train, elle tenait à être présente, car il s'agissait de leur plus gros magasin. Celui-ci connut un succès immédiat : les clients se pressaient dans les rayons et achetaient sans compter. Pendant le trajet du retour, le lendemain, Joe obligea sa femme à rester allongée, de peur d'être obligé de mettre le bébé au monde lui-même. Il la trouvait insensée d'avoir fait le voyage, mais Olivia était jeune, pleine d'énergie, passionnée par ce qu'elle faisait. Et grâce aux trois succursales qu'ils avaient ouvertes en l'espace de deux ans, ils gagnaient plus d'argent qu'il ne l'aurait jamais espéré.

Le travail se déclencha ce soir-là, et Joe conduisit Olivia à l'hôpital juste à temps. Deux heures plus tard, Liz naissait. Elle était plus petite que son frère, et l'accouchement fut moins douloureux. Olivia rayonnait lorsque son mari entra dans la pièce. Ils avaient prénommé leur fille Elizabeth en souvenir de la maman de Joe, qu'Olivia n'avait pas connue.

Au bout de deux semaines, elle retourna travailler à plein temps. Maribelle fut ravie d'avoir un nouveau bébé à la maison, qui plus est une petite fille. Toute la famille nageait dans le bonheur. Et la maternité semblait stimuler la créativité d'Olivia.

C'est à cette époque qu'elle commença à voyager plus souvent, notamment pour trouver de nouveaux modèles. Joe se languissait d'elle en son absence, mais les résultats de ses efforts sautaient aux yeux dans leurs bilans financiers. Olivia aurait voulu profiter davantage de son mari et de ses enfants, et elle chérissait les moments passés avec eux à la maison. Elle ne cessait de dire à Joe – et de se dire à elle-même – que les choses allaient bientôt se tasser, que le rythme se calmerait, mais ce jour n'arriva jamais. En revanche, elle amassait des millions, que Joe investissait aussi vite qu'il le pouvait. Grâce à Olivia, leur avenir et celui de leurs enfants était assuré pour de longues années. L'Usine était en train de devenir une légende, tout comme le nom des Grayson.

Olivia ne craignait pas d'innover ou de prendre des risques. Elle ne faisait rien, cependant, sans consulter son mari au préalable. Joe ne lui reprochait pas ses voyages dans la mesure où ils étaient nécessaires au maintien et au développement de leur affaire. Olivia ne passait donc pas autant de temps en famille qu'elle l'aurait souhaité, mais Maribelle et Joe compensaient largement ses absences. Leur système fonctionnait très bien : Phillip et Liz étaient des enfants heureux qui recevaient l'amour de trois personnes au lieu de deux. Quand leur mère partait en déplacement, ils n'avaient pas l'air tristes ou, si tel était le cas, Joe et Maribelle veillaient à les consoler. Ils étaient constamment dorlotés et câlinés. Olivia regrettait bien sûr de rater certains moments clés de leur vie. Par exemple, elle n'avait pas été là pour les premiers pas de Liz, ni pour sa première dent. Mais elle participait activement à leur bien-être en assurant leur avenir.

Trois ans plus tard, lorsque John naquit, ils possédaient huit magasins. Cette fois-ci, ils eurent à peine le temps d'arriver à la maternité. Olivia assistait à l'inventaire de produits qu'elle avait conçus elle-même ; elle manqua tous les premiers signes de travail. En la voyant se plier en deux brusquement, Joe l'embarqua en quatrième vitesse, et elle accoucha dans l'ascenseur avant même d'avoir atteint la salle de naissance. Plus tard, alors qu'il berçait son deuxième fils, Joe ne put s'empêcher de la taquiner :

— Je ne sais pas ce que tu fais le mieux, Olivia Grayson, mettre au monde des bébés ou diriger une entreprise. Tu es sacrément douée pour les deux !

Très beau poupon, John ressemblait beaucoup à Olivia. Le visage apaisé, il avait l'air d'un ange dans les bras de son père, et quand celui-ci le rendit à Olivia, il se blottit tout contre son sein. Phillip avait alors cinq ans et Liz trois, et Maribelle se fit une joie de s'occuper de la petite tribu. Ce rôle semblait taillé pour elle. Néanmoins, ils engagèrent une femme de ménage et une cuisinière pour l'aider, et Joe s'arrangea pour finir plus tôt dès qu'il le pouvait. Olivia ne partait jamais du magasin avant l'heure du dîner, mais elle se faisait un devoir de rentrer avant que les enfants ne soient couchés. Les mettre au lit était devenu un rituel sacré pour elle, sauf quand elle partait en voyage d'affaires, ce qui arrivait fréquemment.

Olivia ouvrit sa première succursale à l'étranger dans une banlieue de Londres, puis la deuxième à Paris. Celle de Dublin vit le jour peu après, suivie de deux en Allemagne, une près de Milan et une en Suède. Ils s'implantèrent aussi au Texas et sur la côte ouest des Etats-Unis. Olivia fit la couverture du *Times*, de *Business Week* et de *Fortune*, comptant parmi les femmes d'affaires les plus en vue du pays. Elle n'affichait néanmoins aucune arrogance ni ostentation. Elle était intelligente, courageuse et pragmatique, et ses visions d'avenir n'avaient pas de limites : elle rêvait d'exporter partout dans le monde son modèle devenu célèbre, qui alliait qualité, lignes attrayantes et prix compétitifs. La petite quincaillerie d'Ansel Morris, relocalisée dans une vieille usine de la banlieue de Boston, s'était transformée en phénomène mondial.

Joe et Olivia connurent un mariage solide et sans histoires. Il la soutint dans tous ses projets, géra la comptabilité avec efficacité et attendit très peu d'elle en retour, se réjouissant simplement de faire partie de sa vie. Il était son plus grand admirateur. Maribelle reprochait parfois à sa fille de ne pas accorder plus de temps à ses enfants, mais Olivia faisait de son mieux. Elle avait beau les aimer, elle s'épanouissait davantage dans les affaires que dans la maternité. En revanche, quand elle était là, elle passait ses soirées en famille : elle ne cherchait pas à avoir une vie sociale excitante ni à étaler sa richesse. Si elle avait bâti son empire, c'était par pur plaisir d'entreprendre, et elle espérait qu'un jour ses enfants intégreraient les rangs de l'Usine.

N'ayant pas connu son propre père, Olivia appréciait d'autant plus que son mari prenne son rôle à cœur. Jamais il ne ratait un match de base-ball ni un spectacle d'école. Solide comme un roc, il était leur pilier à tous. Aux yeux d'Olivia, leur famille était donc parfaite. Trois enfants, cela semblait le nombre idéal, et elle n'aurait pu rêver mieux.

Mais alors que Phillip avait douze ans, Liz dix et John sept, et qu'Olivia, âgée de trente-six ans, envisageait d'ouvrir un magasin en Australie, elle eut la mauvaise surprise de se découvrir à nouveau enceinte. Comment cela avait-il pu arriver ? Elle n'avait pas le temps pour un bébé ! Joe, lui, fut aux anges. Il voulait une deuxième fille. Malgré ses soixante et un ans, Maribelle accepta de s'occuper d'un petit quatrième.

Entièrement dévouée à ses petits-enfants, elle était davantage une mère pour eux que ne l'était Olivia, si souvent absente.

Cassandra vint au monde sept mois plus tard par césarienne. Cette fois-ci, Olivia mit plus longtemps à se rétablir, et elle fut contrariée de ne pas pouvoir reprendre le travail tout de suite. Bien que la petite fût jolie comme un cœur – Joe était ravi –, Olivia eut plus de peine à s'attacher à elle qu'à ses frères et sœur. La grossesse l'avait davantage ralentie, et l'accouchement s'était révélé plus difficile. Inconsciemment, Olivia en voulait à l'enfant de lui avoir pris du temps et de l'énergie au détriment de son entreprise. En outre, elle ne se sentait plus dans l'état d'esprit d'avoir un bébé. Les trois premiers étaient nés en l'espace de cinq ans, ils avaient grandi ensemble. Cassandra, qu'ils surnommaient Cassie, eut du mal à trouver sa place dans la famille. En plus de leur écart d'âge important, elle était différente physiquement de ses frères et sœur : alors que tous les enfants Grayson étaient blonds et avaient hérité des traits de leur père ou de leur mère, Cassie, avec ses cheveux d'un noir de jais et ses grands yeux verts, ne ressemblait à personne. Son premier mot ? « Non ! » Plus d'une fois, Maribelle chuchota à son gendre qu'elle lui rappelait Olivia, qui, elle aussi, avait eu des idées bien arrêtées étant petite. Cassie était toutefois plus difficile ; elle devint rapidement la dissidente de la famille.

Elle adorait son père. Très tôt, elle se plaignit du peu de temps que leur mère passait avec eux. Bien qu'Olivia s'efforçât d'assister aux événements importants, comme les spectacles d'école ou de danse, il lui était difficile de gérer le quotidien, ce dont Joe se chargeait bien mieux qu'elle. Il comprenait et ne la critiquait pas, sachant qu'il n'aurait pas pu prendre sa place. Olivia disait que Joe était un saint. Parfait comme père, parfait comme mari.

Ce fut un coup terrible lorsqu'il mourut, à soixante ans. Après trente-deux années de mariage, Olivia ne pouvait imaginer un monde sans lui. Ne trouvant pas d'autre moyen d'atténuer sa douleur, elle se plongea encore plus dans le travail. Cassie était déjà à l'université, ses frères mariés, et Liz maman. Ils n'avaient plus besoin d'elle au jour le jour. Quand Cass partit vivre en Angleterre, Maribelle, âgée de quatre-vingts ans, décida qu'il était temps pour elle de s'installer en maison de retraite. Elle avait offert trente ans de sa vie à sa fille en élevant ses enfants, lui permettant ainsi de diriger l'entreprise qui les nourrissait tous. Olivia lui en était profondément reconnaissante. Avec le départ de Cass et de Maribelle, et le vide qu'avait laissé Joe, elle ne vécut plus que pour son travail. Et les années filèrent.

Quatorze ans s'étaient écoulés depuis la mort de Joe. En ce début du mois de juin, Olivia attendait avec impatience les deux petites semaines qu'elle allait passer cet été en compagnie de ses fils et de ses filles. Elle avait manqué tant de moments de leur enfance qu'elle chérissait le moindre instant passé avec eux aujourd'hui. En revanche, il était trop tard pour réparer les dégâts avec Cass, qui avait coupé les ponts depuis le décès de son père. L'absence de Joe se faisait cruellement ressentir pour eux tous. Il avait été un homme si bon, si gentil, qu'Olivia avait encore le cœur serré chaque fois qu'elle pensait à lui. Elle n'ignorait pas la chance qu'elle avait eue de l'épouser, ni les bienfaits qu'il avait apportés à son existence.

Après la disparition de Joe, Olivia avait instauré le voyage annuel en famille pour se réconcilier avec ses enfants, bien qu'elle fût consciente que cela ne suffirait pas à refermer les blessures passées. A l'époque, elle ne s'était pas rendu compte que, pendant qu'elle assurait leur avenir, elle ratait leur présent. On ne peut pas toujours tout concilier, même avec la meilleure volonté du monde. Jusqu'à son dernier souffle, Joe avait eu une foi totale en elle ; il savait qu'elle aimait les siens même si elle n'était pas souvent là. Tous ses enfants ne se montraient pas aussi cléments.

Selon Maribelle, ils finiraient par lui pardonner, mais Olivia commençait à en douter. Les absences d'une mère pouvaient-elles se rattraper après coup ? Au moins pouvait-elle se dire qu'elle les avait toujours aimés et les aimait encore, peut-être plus qu'ils ne pouvaient le comprendre. Chacun de ses enfants avait réagi différemment. Liz, par exemple, s'était donné beaucoup de peine pour obtenir sa reconnaissance, alors qu'Olivia la lui accordait d'emblée. Si John ne semblait pas lui tenir rigueur de ses erreurs passées, Phillip gardait ses distances avec elle. Quant à Cass, elle lui reprocherait éternellement ses péchés, surtout celui de n'avoir pas été présente à la mort de Joe.

Au bout du compte, qui pouvait dire si les uns avaient tort et les autres raison ? Olivia se demandait souvent ce que leur aurait réservé la vie si elle avait arrêté de travailler à la naissance des enfants. Auraient-ils été plus heureux ? La présence de Maribelle et de Joe leur avait-elle suffi ? Personne ne le saurait jamais. Leur existence aurait sans doute été plus simple, et peut-être n'attachaient-ils aucune importance à l'empire qu'elle avait érigé pour eux. De toute façon, il était impossible de revenir en arrière : les dés avaient été jetés cinquante ans plus tôt lorsqu'elle avait décidé de donner la priorité à son travail plutôt qu'à sa famille.

Aujourd'hui, Olivia continuait de faire de son mieux, et c'est la raison pour laquelle elle leur offrait chaque été des vacances inoubliables. Elle espérait que le voyage de cette année, sur le yacht fabuleux qu'elle avait réservé, ne dérogerait pas à la règle.

Quoi qu'il en soit, l'héritage qu'elle leur transmettrait un jour, fruit de ces longues années de dur labeur, subviendrait à leurs besoins et à ceux de plusieurs générations à venir. C'était le cadeau qu'elle leur laissait, l'expression de son amour pour eux, qu'ils lui pardonnent ou non ses défauts et ses péchés.

3

Depuis quelques années, les invitations d'Olivia parvenaient à ses enfants par mail environ six semaines avant le départ. La date des vacances en famille était immuable – la deuxième quinzaine de juillet –, et le séjour se clôturait sur l'anniversaire d'Olivia le dernier soir. La destination, en revanche, était chaque fois une surprise. Olivia se démenait pour trouver un lieu original, grandiose, inoubliable.

A une époque, il lui avait fallu s'adapter à la présence de jeunes enfants. Aujourd'hui âgés de dix-sept à vingt-trois ans, ses petits-enfants pouvaient apprécier les mêmes vacances que les adultes, à condition qu'ils aient la possibilité de se divertir. Du côté des activités, Olivia devait penser à ses fils, qui adoraient la pêche et le nautisme – leur père avait partagé avec eux cette passion, et les deux frères étaient partis plusieurs fois en camp de voile étant petits. Phillip jouait également au golf dès qu'il en avait l'occasion. Mais la destination devait aussi plaire aux filles d'Olivia, à ses brus et à ses petites-filles. Pour sa part, elle tenait à se détendre et à s'amuser, ce qui excluait d'office les expériences éprouvantes, tel le trekking au Népal. Elle privilégiait le luxe à l'aventure. Quelles que soient les appréhensions de ses invités à l'idée de passer deux semaines sous le même toit, Olivia s'arrangeait pour concocter un programme qui prenne en compte les besoins et les désirs de tout le monde, s'adapte aux excentricités de chacun, et apaise les inquiétudes. C'était un vrai défi, qu'elle se faisait un plaisir de relever.

La première année, elle avait loué un château dans le Périgord. Bâti sur un terrain pittoresque au milieu des vignes, l'édifice s'était révélé d'une beauté incroyable. Ils avaient pu faire de superbes balades à cheval non loin de là, en Dordogne, et les enfants, tout jeunes à l'époque, s'étaient régalés. Ils avaient également passé des vacances dans une immense villa à Saint-Tropez, avec hors-bords et plage réservée, ainsi que dans une jolie propriété en Espagne, et sur une île privée grecque qui avait eu beaucoup de succès. Ils avaient séjourné à Saint-Jean-Cap-Ferrat dans une maison célèbre qui s'était vendue par la suite pour soixante-quinze millions de dollars ; dans un *Schloss* en Autriche ; sur une autre île privée, dans les Caraïbes, qu'ils avaient adorée malgré la chaleur ; et dans un manoir Vanderbilt à Newport. Olivia ne les avait jamais déçus, et elle espérait qu'il en irait de même cette fois-ci.

En ce matin du premier juin, Amanda Grayson, l'épouse de Phillip, fut la première à ouvrir le message d'Olivia et à découvrir le thème choisi cette année. Il s'agissait d'une croisière en Méditerranée au large des côtes françaises et italiennes, à bord du *Lady Luck,* un yacht motorisé de quatre-vingt-dix mètres construit deux ans plus tôt et ancré à Monaco. Le bateau offrait tout le confort et le luxe imaginables : salle de gym, spa, cinéma et salon de coiffure, équipage de vingt-quatre membres composé entre autres de coachs et de domestiques, et quantité de jeux nautiques pour amuser les jeunes – scooters des mers, voiliers et hors-bords. Olivia s'était surpassée.

Amanda parcourait sans ciller la liste des équipements inclus sur le yacht. Olivia étant à la fois la mère et l'employeur de son mari, elle considérait son invitation comme une obligation qu'elle se résignait chaque année à accepter. Car ces vacances avaient beau être somptueuses, elles n'en signifiaient pas moins qu'il lui fallait passer deux semaines avec sa très influente belle-mère. Amanda aurait préféré partir seule avec Phillip, mais celui-ci aimait retrouver son frère et sa sœur. Et elle devait reconnaître que le *Lady Luck* semblait fantastique.

Tout en lisant l'invitation, Amanda commença à réfléchir à la garde-robe qu'il lui faudrait constituer. Liz, sa belle-sœur, partagerait sans doute celle de ses filles, qui tenait dans une seule valise. Bien qu'ayant passé l'âge de porter leurs vêtements branchés, Liz pouvait se le permettre avec sa ligne. La femme de John, Sarah, avait toujours l'air d'une professeur d'université, quelle que soit sa tenue : on aurait juré qu'elle récupérait les affaires de ses étudiantes. Quant à Olivia, elle s'intéressait au commerce, pas à la mode. Elle se montrait bien plus avant-gardiste dans ses choix de meubles que dans celui de ses vêtements. Elle s'habillerait en robes de lin et foulards colorés, ou en Lily Pulitzer – un style chic très simple, adapté à son âge. Avant les vacances, elle irait sans doute chez le coiffeur pour parfaire son carré blanc devenu sa marque de fabrique. Côté bijoux, on la verrait avec des boucles d'oreilles sobres, son fidèle bracelet en or, sa fine alliance et le collier de perles que Joe lui avait offert pour marquer le début de leur succès et qu'elle n'avait jamais cessé de porter depuis.

En revanche, Amanda avait l'intention, si elle devait partir contre son gré vers des destinations somptueuses, de revêtir ses plus beaux atours, quand bien même elle serait la seule à se donner cette peine. Elle ne comprenait pas que les Grayson ne ressentent pas plus le besoin de s'afficher. Avec tout l'argent qu'ils gagnaient, pourquoi ne pas dépenser davantage ? C'était un art qu'elle tentait d'enseigner à Phillip depuis dix-neuf ans. Lorsqu'ils s'étaient rencontrés, il passait son MBA à l'école de commerce de Harvard tandis qu'elle étudiait le droit dans la même université. Ils s'étaient mariés dès qu'elle avait obtenu son diplôme, à la suite de quoi elle avait intégré un prestigieux cabinet d'avocats. Brûlant d'une ambition éhontée, Amanda avait grimpé les échelons à la vitesse de l'éclair : aujourd'hui, à quarante-quatre ans, elle était associée depuis dix ans déjà. Mais elle avait beau gagner très bien sa vie, sa fortune n'atteindrait jamais celle de Phillip, sans parler de l'argent dont il hériterait un jour. Joe avait fait des placements judicieux pour chacun de ses enfants. Ils vivaient donc très confortablement. Pour autant, ils n'avaient pas pour habitude d'étaler leurs richesses, à moins d'avoir une bonne raison de le faire, comme dans le cadre d'une donation importante à une œuvre de charité.

Depuis des années, Amanda incitait Phillip à profiter davantage de son argent. Ils avaient acquis une maison de ville dans le quartier huppé d'East Seventies à New York, qu'elle avait garnie de magnifiques meubles anciens achetés pour la plupart à Londres. Phillip s'était offert un élégant petit voilier qu'il gardait amarré dans un club nautique de Southampton, où ils possédaient un pied-à-terre. Si leurs carrières constituaient leur principale priorité, Amanda se préoccupait aussi beaucoup de leur vie sociale. Ils n'avaient pas d'enfants : cela prenait trop de temps et d'énergie, cela coûtait trop cher, et surtout, ils n'en avaient pas besoin. N'étaient-ils pas heureux tous les deux ? N'avaient-ils pas déjà une vie merveilleuse ?

Phillip s'était laissé convaincre et ne regrettait rien. D'ailleurs, sa sœur Cass n'avait pas fondé de famille non plus, pour les mêmes raisons que lui : de leur propre enfance, ils avaient gardé le souvenir d'avoir été privés de maman, une souffrance que Phillip ne souhaitait infliger à personne. Et, pas plus que sa femme, il n'avait la fibre parentale.

Amanda dégageait une froideur qu'il trouvait séduisante. L'indifférence qu'elle affichait pour tout ce qui ne concernait pas sa carrière constituait un défi pour lui. Sans être lui-même très démonstratif, Phillip n'en éprouvait pas moins une profonde affection pour Amanda, qu'elle lui retournait rarement, en parfaite reine de glace. Ses parents, avocats eux aussi, lui avaient paru tout aussi distants, ambitieux et égocentriques lorsqu'il les avait rencontrés. De leur côté, ils s'étaient montrés impressionnés par la richesse de Phillip et l'envergure de l'entreprise qu'il dirigerait un jour.

Amanda rêvait de ce moment, et elle s'agaçait d'attendre que sa belle-mère prenne sa retraite et confie enfin le commandement de l'empire à son fils aîné. Olivia exerçait un pouvoir absolu, tant sur l'Usine que sur ses enfants. Mais Phillip semblait se satisfaire de son poste de directeur financier. Il n'avait aucune envie de devenir P-DG, de souffrir des maux de tête que la fonction impliquait, de voir son temps et son énergie complètement engloutis dans les obligations. Lui, il aimait faire de la voile ou jouer au golf le week-end, et partir du bureau à six heures le soir. Travailler jusqu'à minuit comme Olivia le faisait si souvent ? Non merci. Passer sa vie dans des avions, d'une ville à l'autre, de pays en pays ? Très peu pour lui. Son frère John partageait son avis. Ils ne connaissaient que trop bien le prix à payer pour l'existence qu'avait menée leur mère.

Aux yeux d'Amanda, ce désintérêt pour le pouvoir était un défaut majeur, et elle ne manquait pas de le rappeler régulièrement à son mari. Elle lui reprochait d'être le toutou de sa mère, une accusation qu'il ne cherchait pas à démentir, même s'il n'appréciait guère de l'entendre. Chaque fois qu'ils se disputaient à ce sujet et qu'elle se lançait dans une diatribe contre Olivia, il ne l'écoutait pas, ou bien il s'en allait. Sa vie lui plaisait telle qu'elle était.

A la maison, c'était Amanda qui portait la culotte, qui gérait leur vie sociale et décidait de leurs fréquentations — celles dont l'influence pourrait lui permettre d'accéder au poste de juge qu'elle convoitait. Grande et majestueuse, Amanda avait les cheveux blonds, un regard bleu et froid et une silhouette parfaite grâce au sport qu'elle pratiquait régulièrement en semaine. Elle s'habillait bien, voire très bien – autrement dit, dans les grandes maisons de couture. Phillip acceptait volontiers de financer sa garde-robe, appréciant d'avoir une belle femme à son bras. Fille unique, Amanda n'était pas particulièrement attachée à sa belle-famille : elle trouvait les deux sœurs de Phillip un peu bizarres, son frère insignifiant en tant qu'artiste, et sa belle-sœur sans intérêt. La femme de John, Sarah, vivait à l'écart des préoccupations mondaines, cantonnée dans son univers d'intellectuels et d'universitaires.

La seule qu'Amanda admirait – sans pour autant l'aimer –, c'était Olivia. Sa belle-mère mordait la vie passionnément, prenait le monde par les cornes avec la force de son génie créatif et financier. Sa réussite forçait le respect. Si seulement Phillip lui ressemblait plus ! Mais ni lui ni son frère n'avaient hérité de son ambition. Ils tenaient plus de Joe, qui s'était satisfait de seconder sa femme depuis les coulisses. Amanda regrettait de ne pas avoir eu les mêmes opportunités que sa belle-mère. Elle profitait toutefois de son nom et n'hésitait pas à s'en servir dès qu'il pouvait lui être utile. Elle était prête à tout pour arriver à ses fins : être nommée à la cour fédérale, devenir juge. A son grand agacement, Phillip refusait de lever le petit doigt pour elle, arguant qu'il ne connaissait pas les bonnes personnes. Amanda était certaine en revanche que sa belle-mère pourrait avoir de l'influence, mais elle n'avait jamais osé lui demander son aide, et Olivia ne la lui avait jamais proposée non plus. Bien sûr, songea Amanda, elles n'entretenaient pas des relations très chaleureuses et avaient peu de points communs. Olivia ne s'intéressait qu'à la rubrique économique, dont elle faisait régulièrement la une. Phillip n'y était jamais cité, mais cela lui était égal, de même qu'il se fichait de voir son nom ou sa tête dans les pages people. Amanda en était là de ses réflexions quand elle fut interrompue par son mari.

— Qu'est-ce que tu lis de si intéressant ? lui demanda-t-il en la voyant absorbée par son écran, son café refroidissant à côté d'elle.

Il s'en servit une tasse, avant de s'asseoir en face d'elle à la table de la cuisine. Comme à son habitude, Amanda avait l'allure d'un mannequin avec son tailleur en lin couleur crème, son maquillage parfait et ses longs cheveux blonds tirés en arrière.

— L'invitation, marmonna-t-elle sans détourner les yeux.

— Quelle invitation ?

— Pour le voyage d'anniversaire de ta mère.

Phillip alla se chercher un yaourt dans le réfrigérateur. Amanda ne cuisinait pas – elle avait mieux à faire, et elle suivait constamment un régime. Comme presque tous les matins, elle s'était rendue à sa salle de gym dès six heures. Elle paraissait d'ailleurs bien plus jeune que son âge. On lui aurait facilement donné trente ans au lieu de quarante-quatre.

Phillip savait bien que la perspective de passer quinze jours enfermée avec sa famille ne réjouissait pas Amanda. Sa femme n'appréciait pas la présence de ses nièces et de son neveu, même si aujourd'hui on ne pouvait plus leur reprocher d'être turbulents comme autrefois. En fait, elle n'avait rien à leur dire. Chaque année, ils s'ignoraient poliment. Pour sa part, Phillip aimait bien les voir de temps en temps ; c'était son seul contact avec des jeunes. Il allait à la pêche avec son frère et son neveu, un garçon intelligent qui terminait son avant-dernière année de lycée. Alex espérait partir étudier à Stanford, plutôt qu'à Princeton où sa mère enseignait la littérature.

Phillip avait appris à ignorer les griefs d'Amanda, puisqu'elle finissait par venir malgré tout. Il regrettait seulement de n'avoir pas connu de vacances en famille quand leur père était encore en vie. Il se souvenait d'un séjour dans le Maine pendant lequel sa mère avait passé son temps au téléphone ; elle et Joe n'avaient pas cessé de parler affaires et de planifier les nouvelles expansions qu'elle avait en tête. Olivia ne se préoccupait que de son entreprise à l'époque – c'était du moins l'impression que Phillip avait eue. Leur figure maternelle, à lui et à ses frère et sœurs, avait été leur grand-mère Maribelle – Mamibelle, comme ils la surnommaient. Olivia s'était contentée de faire des apparitions entre deux voyages. Leur père avait eu beau leur répéter que « maman les aimait », Phillip n'en avait eu aucune preuve étant enfant.

Toujours aussi dévoué à sa grand-mère, il lui rendait visite régulièrement dans sa maison de retraite luxueuse de Long Island. Elle semblait heureuse, comme elle l'avait été toute sa vie. C'était ce que Phillip retenait de son enfance : l'amour et la gaieté de Mamibelle. A quatre-vingt-quinze ans, elle avait gardé son regard pétillant, et elle riait quand Phillip lui demandait si elle avait un nouvel amoureux. Quelques années plus tôt, un monsieur de quatre-vingt-douze ans lui avait témoigné beaucoup d'attention. A sa mort, Maribelle n'avait pas pour autant sombré dans la tristesse : quelles que soient les circonstances, elle voyait les choses du bon côté et n'oubliait jamais les bonheurs que la vie lui avait apportés – ses quatre petits-enfants, notamment, une des plus grandes joies de son existence.

— Où est-ce que ma mère nous emmène cette fois-ci ? s'enquit Phillip avec intérêt.

— Elle a loué un bateau.

Il haussa un sourcil, surpris.

— Je ne sais pas si Liz va venir, elle a le mal de mer. Ma mère le sait, pourtant.

— Je ne crois pas que ta sœur sera malade. Le yacht fait presque la taille du *Queen Elizabeth 2*, il est équipé de stabilisateurs et de ce qui se fait de plus moderne pour assurer un voyage en douceur. Regarde, tout est dans le mail.

Phillip tourna l'ordinateur vers lui pour lire le message. Après avoir jeté un coup d'œil aux photos, il laissa échapper un sifflement admiratif.

— Quatre-vingt-dix mètres, ça, c'est du bateau ! Vingt-quatre membres d'équipage, spa, salon de coiffure, cinéma, deux voiliers et trois hors-bords... Ma mère a fait fort, cette année ! Son soixante-dixième anniversaire doit être plus important pour elle que je ne le pensais. Tu as raison, Liz ne devrait pas avoir le mal de mer. Ça va être génial.

Le regard noir que lui jeta Amanda n'atténua en rien sa bonne humeur. Le yacht avait l'air fabuleux. Sa femme finirait par se laisser séduire par le *Lady Luck*. Pour Phillip, ce bateau, c'était le paradis. Il se réjouissait à l'idée d'aller pêcher avec son frère, d'essayer les voiliers. Et dire que ceux-ci étaient listés dans la catégorie « jeux nautiques » !

— Je n'ai rien à me mettre, déclara froidement Amanda.

— J'entends ça tous les ans, répliqua-t-il en souriant. Va t'acheter quelque chose, renouvelle ta garde-robe spéciale « voyage en mer ».

Phillip savait combien elle attachait d'importance à son apparence. Les vêtements étaient essentiels à son bien-être, en vacances comme au quotidien. Il ne lui refusait jamais rien, prenant plaisir à gâter sa femme. D'une certaine manière, ils s'étaient bien trouvés, malgré leurs divergences au sujet des ambitions de carrière de Phillip.

Cette fois-ci, elle lui rendit son sourire, avant de boire une gorgée de son café froid.

— Tu sais que je déteste ces vacances, soupira-t-elle.

— Elles se révèlent toujours moins pénibles que tu ne le pensais, lui rappela-t-il. On va voir des coins sympas, et le bateau est épatant. Tu n'es jamais déçue, reconnais-le.

Amanda acquiesça à contrecœur.

— Va donc faire du shopping. Tu te sentiras mieux après.

— Merci, murmura-t-elle.

Et elle lui déposa un baiser sur la joue en se levant pour aller réchauffer le café.

Phillip avait raison : un yacht comme le *Lady Luck* ne pouvait décevoir quiconque. Et elle irait peut-être faire un tour dans les magasins dès cet après-midi.

Quand elle revint vers Phillip, il était absorbé dans la lecture du message de sa mère.

— Alors, je dis oui ? demanda-t-il en relevant la tête.

— Est-ce que j'ai le choix ?

— Pas vraiment.

Olivia aurait été accablée s'ils ne venaient pas, d'autant plus qu'elle s'efforçait de rendre ces vacances aussi plaisantes que possible – ce dont ses enfants lui étaient reconnaissants. Ils avaient bien conscience qu'elle cherchait à rattraper le temps perdu.

— Accepte, dans ce cas, marmonna Amanda.

Phillip envoya un bref message à sa mère, puis il se tourna vers sa femme en souriant.

— Voilà, c'est fait. Passe une bonne journée, ajouta-t-il en la voyant ramasser sa mallette et son sac à main.

— Merci. A ce soir.

Amanda partit sans prendre la peine de l'embrasser, comme de coutume. Etrangement, elle lui semblait toujours inaccessible, et c'est ce qui le poussait à vouloir gagner son cœur depuis dix-neuf ans. Amanda resterait une femme insaisissable qu'il continuerait à aimer sans jamais la conquérir complètement. C'était peut-être malsain, mais l'idée ne le choquait pas plus que ça ; après tout, n'avait-il pas été habitué très jeune à être privé de la personne qu'il aimait ?

Liz, la sœur de Phillip, regardait fixement la page blanche de son écran lorsque la voix électronique de l'ordinateur lui annonça l'arrivée d'un e-mail de sa mère. Elle grimaça, devinant aisément l'objet du message – à cette période, ce ne pouvait être que l'invitation pour son voyage d'anniversaire. Or Liz détestait ces vacances. Immanquablement, elle se sentait de trop.

Toute sa vie elle avait eu l'impression d'être la ratée de la famille. Elle avait toujours rêvé d'être écrivain. Vingt ans plus tôt, elle avait publié quelques nouvelles, avant de rédiger un roman pour lequel un ami l'avait aidée à trouver un agent. Mais aucun éditeur n'avait voulu de son texte : il n'était pas assez commercial, les personnages avaient trop de défauts, et le plan ne tenait pas la route. Par trois fois, son agent lui avait demandé de réécrire le roman, affirmant qu'aucun auteur n'était publié dès le premier coup. Par trois fois, il n'avait pas pu le vendre. Liz avait alors composé des nouvelles et poésies, qui avaient été publiées dans un magazine littéraire. Puis elle s'était mariée, avait eu des enfants, et sa principale préoccupation avait alors été de garder la tête hors de l'eau. Elle s'était sentie trop épuisée émotionnellement pour écrire, trop instable pour avoir ne serait-ce que l'envie d'essayer.

Elle avait fini par s'y remettre, mais depuis trois ans, rien. En panne sèche d'inspiration, elle ne parvenait pas à terminer quoi que ce soit. Comme ses deux filles ne vivaient plus à la maison, Liz s'était forcée ces dernières semaines à s'asseoir tous les jours devant son ordinateur, sans résultat. Elle restait là à pleurer. Non seulement elle faisait un blocage, mais elle ne pouvait s'empêcher de penser de surcroît qu'elle était la seule de la famille à n'avoir rien accompli. Cela ne comptait pas d'avoir publié quelques textes que personne ne lisait, et peu importait que son agent lui ait dit un jour qu'elle avait du talent. Ça, c'était dans sa jeunesse. Aujourd'hui, à quarante-quatre ans, elle ne pouvait s'enorgueillir d'aucune réussite, d'aucune victoire, d'aucune carrière. Même la fonction de mère au foyer lui était désormais refusée.

Après avoir obtenu une licence à Columbia, sa fille aînée, Sophie, passait un master d'informatique au MIT de Boston. Petit génie des maths, elle envisageait de poursuivre ses études dans une école de commerce. Jolie, intelligente, indépendante, elle avait hérité du sens des affaires de sa grand-mère et se montrait plus autonome que sa mère malgré ses vingt-trois ans. Sophie était le fruit du premier mariage de Liz avec un pilote de Formule 1 français. Follement amoureuse, Liz avait abandonné la fac à vingt et un ans pour le suivre, et était tombée enceinte presque aussitôt. Il s'était tué dans une course quelques semaines avant la naissance de Sophie. Deux ans plus tard, Liz partait à Los Angeles avec sa fille dans ses bagages. Elle avait alors vingt-trois ans – l'âge de Sophie aujourd'hui –, mais elle ne possédait aucune de ses aptitudes. Loin d'avoir la tête sur les épaules, elle était une idéaliste. Au lieu de trouver un emploi de scénariste comme elle l'envisageait, elle avait craqué pour un acteur renommé, Jasper Jones, le plus bel homme qu'elle eût jamais connu. Il l'avait épousée alors qu'elle était enceinte de six mois, puis ils s'étaient séparés un an plus tard.

Carole avait huit mois au moment du divorce. Aujourd'hui, à vingt ans, c'était une rêveuse comme ses parents. Non pas qu'elle fût dépourvue de talents – c'était une fille brillante –, mais elle manquait de détermination. Elle parlait de devenir artiste, sans y penser sérieusement ; elle avait pris des cours de théâtre, mais elle avait le trac sur scène ; elle s'était essayée au mannequinat et voulait s'installer à Los Angeles, mais elle n'avait rien planifié de précis. Une ou deux fois par an, elle rendait visite à son père en Californie, où celui-ci réalisait des films après une carrière d'acteur en dents de scie. Jasper avait épousé une productrice plus réputée que lui, avec qui il avait eu trois garçons. Carole adorait séjourner chez eux, de même qu'elle aimait l'atmosphère de Los Angeles. L'idée d'aller vivre avec son père la tentait, mais elle ne se sentait pas encore prête à quitter New York.

Liz se faisait un sang d'encre pour Carole – elle était devenue une vraie mère poule. Ses filles la taquinaient souvent à ce sujet, car elle les appelait trois fois par jour pour prendre de leurs nouvelles. Ces vingt dernières années, elle n'avait vécu que pour elles, redoutant plus que tout de manquer le coche de la maternité comme sa propre mère l'avait fait avec elle. Mais maintenant que Sophie et Carole avaient quitté le nid, Liz avait l'impression de ne plus savoir écrire. D'où son appréhension grandissante à l'idée de retrouver sa famille : une fois de plus, il lui faudrait expliquer pourquoi elle n'avait rien fait l'année passée. Comment espérer que des gens comme eux la comprennent ?

A ses yeux, son frère Phillip n'occupait rien de moins que la seconde place dans l'empire que leur mère avait bâti ; il était le prétendant au trône. Amanda, associée dans un célèbre cabinet d'avocats, leur avait assuré qu'elle serait juge un jour. Belle, mince et extrêmement bien habillée, elle les regardait tous de haut. Son autre frère, John, était un artiste incroyable et un génie du design, tandis que sa femme, titulaire d'un doctorat, enseignait la littérature à Princeton. Quant à sa petite sœur Cass, qui ne se joignait jamais à eux pour les traditionnelles vacances, elle comptait parmi les plus grands producteurs de musique de la planète et vivait depuis cinq ans à Londres avec une rock star mondiale, Danny Hell. Comment Liz pouvait-elle rivaliser avec tout ce beau monde, quand elle n'avait fait qu'écrire quelques nouvelles sans valeur et rater deux mariages ? Sophie et Carole, ses filles, étaient ses seules réussites, mais cela n'impressionnait personne dans la famille. Sa mère lisait certes ses écrits avec bienveillance et essayait de l'encourager, mais Liz n'y voyait que de la politesse. En réalité, ils avaient pitié d'elle et la considéraient comme une bonne à rien. Et la vérité, c'était qu'elle n'avait pas de travail et vivait de ses rentes, paralysée par sa peur de l'échec.

Elle habitait une ferme dans le Connecticut, achetée dix ans plus tôt et qu'elle avait eu l'intention de rénover. Cela non plus, elle n'y était pas arrivée. Elle ne trouvait pas le temps. Malgré une superbe ossature, la bâtisse voyait de nouvelles fuites se déclarer constamment, qui la mettaient en péril. D'une certaine manière, sa vie ressemblait à cette maison : elle avait du potentiel, mais se délitait petit à petit.

Et Liz n'avait pas le courage de suivre l'exemple de sa petite sœur en refusant les vacances en famille. Elle faisait toujours ce qu'on attendait d'elle et ne voulait contrarier personne. Ses filles s'amusaient bien, et Sophie était aussi proche de sa grand-mère que Liz de la sienne. Pourtant, au retour de chaque voyage, elle se disait : plus jamais. C'était trop oppressant de se comparer à ses proches, de supporter leurs commentaires désinvoltes, leurs remarques humiliantes, leurs critiques qui se voulaient constructives. Ils ne comprenaient pas qu'elle puisse ne rien faire de sa vie et de son temps, surtout maintenant qu'elle n'avait plus les filles à la maison. Comment leur expliquer qu'il lui fallait parfois toute la journée pour réussir à se sortir du lit ?

Mamibelle était la seule à avoir deviné l'étendue de son mal-être. Liz allait la voir à Long Island chaque semaine. Comme pour Phillip, c'était elle qui avait rempli le rôle de mère tout au long de sa vie. Olivia était davantage une amie à ses yeux. Bien qu'elle se montrât toujours très gentille et compatissante, elle était trop différente d'elle pour la comprendre. Chaque année, le voyage d'anniversaire ne faisait que renforcer cette impression. Liz passait deux semaines dans des lieux féeriques à souffrir le martyre au milieu des siens, avec la sensation d'être un accident de la nature.

De là venait sa réticence à lire le message envoyé par sa mère. Pendant un long moment, elle resta immobile avant de se décider enfin à cliquer dessus.

— Merde, lâcha-t-elle à voix haute, en découvrant les photos de l'énorme yacht. Il ne manquait plus que ça !

Elle avait le mal de mer à la seule vue de ce bateau. Et la description de ce qu'il avait à offrir ne lui fut d'aucun secours. Mais elle savait avec certitude que Sophie et Carole adoreraient séjourner sur ce yacht fabuleux. Comment pourrait-elle les priver de vacances aussi paradisiaques ? De plus, elle avait envie de passer du temps avec ses filles, qu'elle ne voyait plus assez à son goût. Comme chaque année, elle eut le sentiment de ne pas avoir le choix. Si elle voulait voir ses enfants, il lui faudrait supporter le reste de la famille. Une perspective ô combien déprimante...

Après avoir relu l'invitation, elle la réexpédia à ses deux filles, puis cliqua sur « répondre », le cœur lourd.

« Merci, Maman ! écrivit-elle. Ça a l'air incroyable ! Tu peux compter sur nous. Les filles vont être aux anges ! Je t'embrasse, Liz. »

Son sort était scellé.

Puis Liz se saisit d'un bloc-notes et sortit dans le jardin, se dirigeant vers deux chaises longues cassées, aux coussins déchirés (si l'on s'y asseyait doucement, elles tenaient néanmoins le coup). Une idée un peu idiote de livre pour enfants lui trottait dans la tête. Peut-être cet exercice la distrairait-il. De toute façon, elle n'allait pas écrire le roman de l'année dans les six semaines à venir, alors autant s'amuser un peu, se faire plaisir. De la littérature jeunesse, voilà qui ne risquait pas d'impressionner ses proches...

Sarah Grayson rentra en coup de vent entre deux cours pour récupérer des livres qu'elle avait oubliés. Tout était calme dans la petite maison douillette située en bordure du campus de Princeton : John était au travail, leur fils Alex au lycée, et leur golden retriever se faisait dorer au soleil. Le chien releva la tête en l'entendant, puis il la laissa retomber, trouvant à peine la force de remuer la queue avant de replonger dans le sommeil.

Sarah, consultant rapidement sa messagerie, eut la surprise de découvrir l'invitation de sa belle-mère. Elle resta bouche bée lorsqu'elle découvrit la photo du *Lady Luck*.

— Oh, la vache ! s'exclama-t-elle, tout en s'affalant dans son fauteuil de bureau.

C'était atterrant. Pourtant, elle savait qu'Alex serait ravi – et John aussi, sans doute. Fille de grands activistes de gauche, elle avait du mal à accepter ces vacances d'été, même si elle s'y amusait bien. Son père, ancien professeur de biologie à l'université de Berkeley en Californie, avait été l'un des premiers défenseurs du mouvement des droits civiques, tandis que sa mère avait enseigné les études féminines à l'époque où elles commençaient à être en vogue. Les parents de Sarah avaient beau savoir que John était riche, ils ne se doutaient pas à quel point. Elle non plus, à vrai dire. Par chance, John et Sarah partageaient les mêmes opinions politiques et la même philosophie de vie. Ils reversaient tous les ans le plus gros du salaire de John à des associations philanthropiques et inculquaient à leur fils des valeurs saines, loin de l'attrait pour l'enrichissement personnel et la fascination pour l'argent.

Ils vivaient dans une maison modeste, au sein de la communauté universitaire. Alex, bien que conscient de la richesse de sa grand-mère, ne savait pas que son père hériterait un jour d'un quart de sa fortune ni qu'il possédait déjà beaucoup d'argent. Ses parents prenaient soin de n'en rien montrer. John se rendait quotidiennement en ville au volant d'une Toyota, tandis que Sarah avait une vieille Honda, achetée mille dollars à un étudiant. Le jour où Alex leur avait demandé un VTT, ils l'avaient encouragé à trouver un petit job après l'école pour se l'offrir lui-même – Sarah ne voulait pas que son fils soit corrompu par la fortune colossale des Grayson. Les vacances d'été avaient toujours un petit air de voyage à Disneyland pour eux. Pendant des années, Alex avait été trop jeune pour se rendre compte de ce que coûtaient les châteaux et les villas que sa grand-mère louait, mais comment justifier le luxe du yacht qu'elle avait réservé cette fois-ci ?

Sarah se sentait coupable rien qu'en regardant les photos du bateau, et plus encore à l'idée de passer deux semaines à son bord. Olivia aurait mieux fait de donner tout cet argent à ceux qui en avaient besoin. Heureusement, l'Usine versait chaque année d'importantes sommes à des causes utiles, ce qui atténuait un peu le malaise de Sarah. Elle connaissait aussi l'importance de ces vacances pour Olivia, qui souhaitait offrir le meilleur à ses enfants et petits-enfants. Elle imaginait très bien la joie de son mari à la perspective d'aller pêcher et faire de la voile avec son frère. Quand ils se retrouvaient en dehors du travail, ces deux-là redevenaient de vrais gamins... Non pas que John eût cessé de l'être un jour, de l'avis de sa femme : à quarante et un ans, il avait toujours l'allure et le comportement d'un petit garçon.

Sarah, elle, venait tout juste de fêter ses quarante ans. Lorsqu'elle avait épousé John à sa sortie de l'université, ils envisageaient de s'engager dans le Corps de la Paix et de partir en Amérique du Sud, mais elle était tombée enceinte pendant leur lune de miel, ce qui avait chamboulé leur projet. Olivia avait convaincu son fils de passer un master en design pour pouvoir intégrer l'entreprise et subvenir aux besoins de sa famille. John n'avait pas eu le cœur de refuser. Sarah avait elle aussi repris ses études, obtenant un master en littératures russe et européenne, puis un doctorat en littérature américaine. Elle enseignait à Princeton depuis maintenant dix ans. Quitter New York leur avait fait beaucoup de bien, et ils s'étaient fondus aisément dans la communauté universitaire. Ne voulant pas faire de peine à sa mère en démissionnant, John avait remisé au placard ses aspirations artistiques et se contentait de peindre le week-end. Il lui arrivait d'exposer dans une galerie locale, ou à l'université lorsque les professeurs et leurs conjoints étaient invités à présenter leurs œuvres ;

chaque fois, il vendait toutes ses toiles. Quoique valorisant, ce succès lui laissait un goût amer, car il regrettait d'autant plus de ne pouvoir consacrer tout son temps à la peinture.

La facilité avec laquelle ils avaient eu Alex leur avait fait espérer qu'ils fonderaient une grande famille. Sarah voulait quatre ou cinq enfants – ils auraient pu se le permettre avec l'argent de John –, mais une grossesse extra-utérine deux ans après la naissance d'Alex était venue anéantir leurs rêves. Après cinq fécondations in-vitro infructueuses, ils avaient dû se rendre à l'évidence et renoncer. La déception fut douloureuse. Pendant un temps, ils voulurent adopter un enfant d'Amérique centrale ou du Sud, mais, une fois leurs études terminées, ils se retrouvèrent vite plongés dans leur travail respectif et décidèrent finalement qu'Alex, véritable petit rayon de soleil, leur suffisait.

Comme ses cousines Sophie et Carole, Alex était très proche de sa grand-mère. Il attendait toujours avec impatience les vacances d'été et prenait régulièrement le train jusqu'à New York pour déjeuner avec elle. Olivia lui avait promis de lui offrir un voyage en Chine dès qu'il aurait fini le lycée, et il ne parlait plus que de ça. Nul doute qu'il sauterait de joie en voyant le yacht que sa grand-mère avait loué cette année.

Avec un soupir, Sarah rédigea une réponse rapide à Olivia pour la remercier et lui confirmer leur présence. Puis elle attrapa les livres qu'elle était venue chercher, repassa devant le chien qui, cette fois, remua la queue avec un peu plus d'enthousiasme, et sortit de la maison. Lorsqu'elle pénétra dans sa salle de classe dix minutes plus tard, elle ne pensait plus du tout au yacht. Son esprit était tout entier tourné vers le cours qu'elle s'apprêtait à donner. Elle adorait son métier de professeur. Comme chaque année, et plus encore cette fois-ci, John et elle éviteraient de parler de leurs vacances à leur entourage. Personne ici ne comprendrait. Les yachts de luxe et les croisières en Méditerranée appartenaient au monde d'Olivia, pas au leur.

Il était quinze heures à Londres quand Cass, petite dernière de la fratrie, reçut l'invitation de sa mère sur son BlackBerry. Elle se trouvait en réunion, en train d'organiser une tournée de concerts pour un de leurs plus gros clients, et il lui suffit d'un coup d'œil sur la première photo du bateau pour deviner le sujet du message. Elle le referma aussitôt sans prendre la peine d'en lire les détails. Pourquoi sa mère s'obstinait-elle à l'inviter chaque année, alors qu'elle n'avait pas accepté une seule fois en quatorze ans ? Hors de question qu'elle se laisse amadouer par des vacances dans un château en France ou sur un yacht somptueux. Cela ne l'intéressait pas. Elle avait quitté les Etats-Unis à vingt ans, juste après la mort de son père, et elle avait tenté sa chance en Angleterre. Elle avait monté sa propre affaire et travaillait dur pour la faire prospérer. Aujourd'hui, elle s'était fait une place dans le monde de la musique en tant que productrice et gagnait très bien sa vie. Elle ne manquait pas d'amis et vivait depuis cinq ans avec un homme qu'elle aimait. Elle était pleinement satisfaite.

De sa famille, elle n'attendait rien, surtout pas d'Olivia. Celle-ci avait raté le coche, et il n'y avait pas de retour en arrière possible, quoi qu'en dise Maribelle. Cass n'avait aucun souvenir d'enfance avec sa mère. Pour ses autres enfants, Olivia avait fait l'effort de rentrer le soir à une heure correcte, mais lorsque sa fille cadette avait pointé le bout de son nez, sept ans après

John, elle connaissait alors ses années les plus démentes sur le plan professionnel. A présent, Cass n'avait pas envie de lui offrir une seconde chance.

Elle reprochait en outre à sa mère de n'avoir pas été là au moment du décès de son père. Victime d'une crise cardiaque foudroyante, Joe s'était accroché à la vie pendant deux jours – Cassie était convaincue qu'il avait attendu le retour de sa femme. Mais il avait fallu toute une journée pour réussir à la joindre aux Philippines, et deux jours de plus pour qu'elle revienne à la maison. Joe était mort quelques heures seulement avant son arrivée. Persuadée que son père aurait survécu si Olivia était rentrée à temps, Cassie ne le lui avait pas pardonné. Trois mois plus tard, elle partait en Angleterre.

Depuis, elle n'avait revu ses frères et sa sœur qu'en de rares occasions. Elle ne se sentait aucun point commun avec eux. Phillip n'était qu'un réac prétentieux, et sa femme, une vraie garce. Cass n'avait rien contre Sarah et John, mais ils n'étaient pas du même monde. Quant à la pauvre Liz, elle était tellement peu confiante, tellement complexée par rapport à leur mère, qu'elle osait à peine respirer. Cassie évitait autant que possible de penser à eux tant cela la déprimait.

Elle n'avait gardé des liens forts qu'avec sa grand-mère, à qui elle rendait visite chaque fois qu'elle se trouvait aux Etats-Unis pour le travail. Il lui arrivait même de faire le trajet spécialement pour passer un après-midi en sa compagnie. Avec sa bonté légendaire, Mamibelle ne cessait de la supplier d'ouvrir son cœur à sa mère. Cassie l'écoutait sans rien dire, ne voulant pas la contrarier ni se disputer avec elle.

Malgré son ressentiment, elle acceptait de déjeuner avec Olivia une ou deux fois par an, à New York ou à Londres, pour faire plaisir à sa grand-mère. Ces rencontres, éprouvantes, ne s'éternisaient jamais, mère et fille ne sachant quoi se dire. Olivia aurait voulu rattraper ses erreurs passées, mais elle ne savait pas comment. Cassie ne lui confiait rien ; elle ne lui avait même pas parlé de son compagnon, Danny Hell : si Olivia connaissait son existence, c'était grâce à Liz, qui avait appris leur relation dans la presse people. Olivia savait seulement que l'affaire de Cassie marchait très bien et que celle-ci ne voulait pas d'enfants. Elle n'avait pas le temps, disait-elle, et aucune envie d'imposer à quiconque une enfance comme la sienne. Le message était clair.

Cass se montrait tout aussi catégorique dans son refus de se joindre à eux pour les vacances. De son point de vue, elle ne faisait plus partie de la famille. Phillip, d'ailleurs, ne cherchait aucunement à la voir : leurs chemins ne s'étaient pas croisés depuis dix ans. Bien que plus indulgent, John était gêné par la position extrême que Cassie avait adoptée, et il craignait de faire de la peine à sa mère en renouant avec elle. Quant à Liz, elle aurait aimé avoir une sœur à qui parler et à qui présenter ses filles. Mais il était passé trop d'eau sous les ponts. Seule Maribelle n'avait pas renoncé à l'espoir que Cass revienne parmi eux. Elle pressait Olivia de maintenir le contact, persuadée qu'un jour Cass regagnerait le nid. Tout en n'y croyant plus, Olivia continuait donc à inviter sa fille pour les vacances, et à déjeuner avec elle lorsque l'occasion se présentait.

De retour dans son bureau, Cass rédigea la même réponse concise que chaque année : « Non merci. Bonnes vacances, Cassie. »

Olivia reçut le message sur son BlackBerry juste après l'interview avec le *New York Times*. Elle avait beau s'y attendre, ce refus lui serra le cœur. Elle se sentait mourir un peu chaque fois que Cass la rejetait, même si elle comprenait pourquoi et ne lui en voulait pas. La mère et la fille, qui se ressemblaient tant à en croire Maribelle, poussèrent un soupir chacune de leur côté de l'Atlantique, puis se remirent au travail.

4

Lorsque Phillip rentra du bureau la veille de leur départ, il trouva Amanda en train de remplir quatre valises, auxquelles venaient s'ajouter une housse à vêtements suspendue à la porte de la chambre, un sac dévolu aux chaussures et une boîte à chapeaux Louis Vuitton posée à même le sol et déjà presque pleine. Phillip considéra la scène, abasourdi.

— Ma mère nous a invités combien de temps, déjà ? Un an ? Je viens de compter sept valises.

— Tu oublies celle pour les affaires de toilettes. On ne peut plus les garder en cabine, maintenant.

— Je suis rassuré. J'avais peur qu'on ne parte trop chargés…

— Je ne vais quand même pas m'habiller en jean et en tee-shirt sur un bateau de cette classe, répliqua Amanda, contrariée.

Les besoins vestimentaires de Phillip étaient bien plus modestes : quelques pantalons de toile, deux jeans dont un blanc, des chemises, un blazer, des baskets, des tongs et une paire de mocassins, deux maillots de bain et une cravate, voilà qui suffirait à faire face à toutes les situations, du dîner au restaurant jusqu'à la baignade en mer. Et cela rentrait dans une seule valise, pour le plus grand agacement d'Amanda.

Dix minutes plus tard, Phillip avait fini de préparer ses affaires, alors qu'elle choisissait encore des robes de soie et des tuniques de plage. Pas question de porter la même chose deux fois de suite, sachant que sa belle-mère n'en ferait rien non plus. Pour Liz et Sarah, c'était une autre histoire : elles n'avaient de toute façon aucun style. Sur ce plan-là, seules les filles de Liz trouvaient grâce aux yeux d'Amanda.

— Tu sais, chérie, ce n'est pas un concours. Ma sœur se contente d'une seule valise.

— C'est parce qu'elle met les fringues de ses filles, répliqua Amanda.

Et qu'elle n'a pas peur de paraître ridicule avec ses bikinis d'adolescente, se retint-elle d'ajouter. Sarah, elle, ne ressemblait à rien dans ses maillots de bain qu'elle portait déjà à l'époque de son mariage, dix-huit ans plus tôt, quand elle pesait cinq kilos de moins. Elle s'habillait comme une étudiante. Plus choquant encore, elle adorait chiner dans les friperies. Comment l'épouse d'un Grayson pouvait-elle faire une chose pareille ? se demandait Amanda. De son côté, elle avait complété sa garde-robe chez Saks, Barneys et Bergdorf, et acheté trois nouveaux chapeaux. Elle ne s'exposait jamais au soleil sans se couvrir la tête et s'enduire de crème solaire – un des facteurs qui expliquaient qu'elle fasse plus jeune que son âge. Quarante-quatre ans, cela devenait sérieux, mais elle s'en sortait plutôt bien. Elle allait régulièrement chez son dermatologue et se faisait faire des gommages du visage toutes les semaines, en plus des masques qu'elle s'appliquait à la maison. Amanda n'avait l'intention ni de vieillir prématurément ni de négliger son apparence.

— Tu as mangé ? s'enquit Phillip, qui mourait de faim.

— J'ai pris une salade au bureau avant de partir.

En la voyant ranger une autre robe dans sa valise, Phillip songea que, même en se changeant quatre fois par jour pendant deux semaines, elle ne réussirait jamais à porter tous les vêtements qu'elle prévoyait – ou ne serait-ce que ceux qu'elle venait d'acheter.

— Tu veux manger quelque chose ? demanda-t-elle avec l'air d'espérer une réponse négative.

Elle n'allait certainement pas préparer à dîner maintenant, alors qu'ils devaient se lever à l'aube le lendemain.

— Ne t'inquiète pas, je vais aller me faire un sandwich. D'après ce que j'ai compris, on prend le même vol que Sarah et John.

Phillip semblait s'en réjouir. Les deux frères s'entendaient bien, malgré leurs différences.

— Vu l'argent que ta mère a dépensé pour ce yacht, elle avait certainement les moyens de nous réserver aussi un avion. Les vols commerciaux sont un vrai cauchemar, de nos jours.

A l'entendre, elle avait passé sa vie à bord de jets privés, alors qu'elle n'en avait jamais pris un seul. D'où sa frustration.

— Ça coûterait beaucoup trop cher ! Je préfère qu'elle dépense cet argent pour les vacances plutôt que dans le trajet, répliqua Phillip, l'éternel économe.

Sur ces mots, il alla manger un morceau dans la cuisine. A son retour dans la chambre, Amanda était toujours dans ses valises. Il y avait peut-être une méthode dans sa folie, mais elle semblait surtout suivre le principe « Ne rien laisser ici ». Que ferait-elle de tout ça sur le bateau ? A part paraître ridicule ?

— Ta mère apprécie toujours ma façon de m'habiller, fit-elle remarquer avec un petit air vexé.

Puis, désignant les valises d'un geste majestueux :

— Tu peux les refermer, maintenant.

Voilà qui donnait à Phillip un avant-goût du voyage : sa femme arborerait fièrement ses nouvelles tenues, tout en regardant de haut ses deux belles-sœurs qu'elle jugeait ennuyeuses et mal fagotées. Amanda n'avait jamais cherché à les connaître mieux. Phillip n'osait pas lui demander de faire des efforts, craignant de la contrarier alors qu'elle se montrait parfois plus câline pendant les vacances – et le *Lady Luck* possédait un fort potentiel romantique. Malheureusement, Amanda était peu sensible à ce genre de choses. Phillip savait que la vie est faite de compromis. L'idée d'avoir épousé une femme de carrière lui plaisait ; en contrepartie, il tolérait l'attitude méprisante d'Amanda envers ses proches, quand bien même ceux-ci la traitaient avec politesse et amabilité.

En voulant porter les valises dans l'entrée, Phillip s'aperçut qu'elles pesaient une tonne.

— Tu les as remplies de pierres, ou quoi ?

— Non, de chaussures, répondit-elle innocemment.

— N'oublie pas, la brochure dit qu'elles sont interdites sur le pont.

— Je sais.

Emporté par son enthousiasme à l'idée de partir en croisière avec son épouse, Phillip ne put s'empêcher de se rapprocher d'elle lorsqu'elle le rejoignit au lit après avoir pris un bain. Mais elle était trop fatiguée, et ils devaient se lever tôt le lendemain. Phillip ne trouva pour une fois rien de stimulant dans ce refus, et c'est avec une certaine tristesse qu'il tourna le dos à sa femme et ferma les yeux.

Au même moment, un chaos total régnait chez John et Sarah. John était rentré tard du bureau, et Sarah devait à la fois corriger les examens de fin d'année et répondre à une multitude de mails envoyés par les étudiants de son cours d'été. Pour couronner le tout, Alex avait invité une dizaine de copains pour une soirée pizzas autour de la piscine, alors qu'il y avait des valises partout dans la maison et que rien n'était prêt. Sarah avait fait promettre à son fils de rentrer les serviettes à l'intérieur et de les faire sécher avant leur départ le lendemain matin. Elle n'avait aucune envie de retrouver du linge moisi à leur retour. Par souci d'économie, elle avait donné congé à leur femme de ménage – qui venait d'habitude une fois par semaine – pour toute la durée de leur absence.

Sarah n'avait pas réfléchi à ce qu'elle emporterait sur le bateau. Autant dire qu'elle prendrait les premiers vêtements qui lui tomberaient sous la main. De son côté, John venait de recevoir une lettre de l'université l'invitant à participer à une exposition en octobre, et il s'était isolé dans son atelier. Dès qu'il était question de son art, il oubliait le reste.

Sarah le trouva plongé dans l'examen de plusieurs tableaux qu'il avait alignés contre le mur. Ne l'ayant pas entendue approcher, il se retourna d'un air surpris, puis lui lança un regard plein de tendresse. Les cheveux dans tous les sens, Sarah portait un jean coupé en guise de short, des tongs et un débardeur. Si elle regrettait de ne pas avoir perdu, avant de partir en voyage, les trois kilos en trop dont elle se plaignait toujours, elle savait néanmoins que John l'aimait comme ça. Après dix-huit ans de mariage, ils étaient amoureux comme au premier jour.

— J'hésite, marmonna-t-il. Je dois en sélectionner douze. Qu'est-ce que tu en penses ? Je ne suis pas sûr que ce que je fais en ce moment soit abouti. J'aurais préféré qu'ils me laissent plus de temps, je ne suis pas prêt.

— Tu dis ça à chaque fois, lui rappela-t-elle en l'enlaçant par-derrière. Mais tu as un talent fou. Il n'y a que toi pour penser que ce n'est pas « abouti ». En ce qui me concerne, j'aime beaucoup ton nouveau style. C'est très fort.

Sa palette se faisait de plus en plus audacieuse. La peinture était sa passion, tout comme Sarah était l'amour de sa vie et Alex l'enfant chéri de cet amour. John et Sarah avaient parfois l'impression de partager une seule et même âme ; ils se sentaient bénis de s'être trouvés.

John lui sourit par-dessus son épaule.

— Tu aimes toujours ce que je fais. Quelle chance j'ai eue de te rencontrer !

— Le hasard fait parfois bien les choses. Sans vouloir minimiser les préoccupations d'un grand artiste, il serait temps qu'on fasse nos valises si on ne veut pas se balader tout nus sur le bateau de luxe de ta mère.

Chaque année, l'angoisse de ne pas savoir ce qu'elle devait emporter poussait Sarah à préparer ses bagages à la dernière minute. Bien sûr, elle était très prise par son travail et constamment sollicitée par ses étudiants, mais elle détestait par-dessus tout se préoccuper de sa tenue vestimentaire. D'autant plus lorsqu'il s'agissait de retrouver l'univers très sélect de sa belle-mère, à des années-lumière de leur vie simple et douillette.

Ayant grandi dans les hautes sphères de la société, John s'y sentait aussi à l'aise que dans leur milieu bohème, alors que Sarah n'avait jamais mis les pieds dans cet autre monde avant de l'épouser. Elle ne se souvenait pas d'avoir vu son père en cravate, et c'est de sa mère qu'elle tenait l'habitude de porter des Birkenstock partout où elle allait. Avec Olivia, elle était néanmoins obligée de faire un effort. Les premiers temps, elle avait été traumatisée à l'idée de commettre un impair, ou d'utiliser la mauvaise fourchette lorsqu'elle dînait à l'élégante table de sa belle-mère.

Lorsqu'elle avait rencontré John à l'université, elle avait tout de suite été conquise par sa douceur et son intelligence. Simple et sans prétention, il se montrait charmant avec tous ceux qu'il croisait, riches ou pauvres. On ne pouvait pas en dire autant de son frère Phillip, que Sarah trouvait terriblement snob. Olivia n'avait pas ce défaut, mais sa réussite et son pouvoir étaient tels qu'elle avait, malgré elle, le monde à ses pieds. Sarah avait mis du temps à s'y faire. Heureusement, sa présence dans ce milieu à part n'était requise que lors des vacances annuelles, ou quand Olivia organisait un dîner dans sa propriété de Bedford – ce qui n'arrivait que très rarement compte tenu de ses nombreux déplacements. Bien sûr, Sarah devait reconnaître que la sécurité garantie par la fortune de John était une immense chance : jamais ils ne seraient obligés de vendre leur maison, jamais Alex ne manquerait de rien. Pour le moment, toutefois, des contraintes matérielles s'imposaient à elle.

— Tous les ans, c'est pareil, se lamenta-t-elle. Faire ma valise me rend folle.

— Tu es toujours très belle, même toute nue, répliqua John en se retournant pour l'embrasser.

Ils restèrent enlacés un long moment. Sarah songea que la vie avec lui n'était que pur bonheur.

— Moi, je me fiche de ce que tu portes, reprit-il. Et ma mère aussi. Elle veut juste qu'on s'amuse. Je crois que ça va être super, cette année.

Si Alex et John trépignaient d'impatience à l'idée de ce voyage en bateau, ce n'était pas le cas de Sarah. Les châteaux que louait Olivia présentaient au moins un intérêt historique ; dans le cas présent, le yacht n'était qu'un étalage de luxe beaucoup trop tape-à-l'œil à son goût.

— Tu as surtout hâte d'aller pêcher avec ton frère, je parie.

— C'est vrai, reconnut John. On en a parlé tous les deux pas plus tard que ce matin.

Il rangea soigneusement ses toiles, avant d'éteindre les lumières de l'atelier. Le choix des œuvres qu'il voulait exposer attendrait son retour.

— Au fait, on prend le même vol que Phillip et Amanda jusqu'à Nice, précisa-t-il.

— J'espère que ta mère nous a réservé des places en classe économique. Je ne supporte pas qu'elle gaspille son argent.

Sarah refusait de voyager en première. Selon elle, c'était immoral ; elle ne voulait pas qu'Alex prenne de mauvaises habitudes et qu'il oublie ce qui comptait vraiment dans la vie.

— Je crains que tes espoirs ne soient déçus, la prévint John gentiment.

Connaissant sa mère, il n'y avait aucune chance pour qu'elle les envoie en France en classe économique. John se mit à rire en songeant à quel point son frère et lui avaient épousé des femmes différentes.

— A tous les coups, Amanda se plaint que maman ne nous ait pas réservé un avion. Elle dit ça chaque année.

— C'est n'importe quoi, s'indigna Sarah. Jamais je ne monterais dans un jet privé. Ta mère ferait mieux de donner cet argent aux pauvres.

— Elle le fait, ne t'inquiète pas.

Sarah le savait, sans quoi elle n'aurait même pas accepté ce voyage. Dépenser autant d'argent allait totalement à l'encontre de ses valeurs. Elle ne pouvait ni ne voulait imaginer le prix qu'Olivia avait payé pour le yacht ; l'idée la faisait frémir.

En traversant la cuisine pour gagner leur chambre, ils jetèrent un coup d'œil dehors sur Alex et ses amis. Le groupe s'était agrandi, la soirée tournait à la fête. Voyant cinq ou six jeunes jouer au water-polo dans la piscine, Sarah sortit pour leur rappeler de ne pas trop chahuter. Lorsqu'elle revint dans la cuisine, John s'était servi une part de pizza. Elle l'imita.

— Arrête de t'angoisser, la sermonna-t-il, ce sont de gentils gamins. Ils ne font que s'amuser.

— Je ne veux pas qu'un de ces gentils gamins se fasse mal, répliqua Sarah, très sérieuse.

Un an plus tôt, un de ses étudiants avait eu un accident de piscine et était aujourd'hui en chaise roulante. Elle n'avait aucune envie que ce genre de tragédie se produise chez eux.

Alex faisait partie de l'équipe de natation de son lycée et jouait également au football, au Lacrosse et au basket. A dix-sept ans, il s'intéressait davantage au sport qu'aux filles, ce qui, d'un certain côté, rassurait ses parents : jusque-là, ils avaient évité les drames, les échecs amoureux et les cœurs brisés. Alex adorait traîner avec ses amis, qu'il invitait aussi souvent que possible. Parfois, on comptait plus d'une dizaine de lycéens et cinq ou six étudiants de Sarah affalés sur les canapés du salon, ou en train de faire un barbecue dans le jardin.

En rentrant dans la chambre, Sarah posa un regard désespéré sur les valises vides. Avec un petit rire, John l'attira sur le lit et glissa une main sous son tee-shirt, caressant sa poitrine généreuse. Il adorait le corps de sa femme, comme tout le reste chez elle. Quand il commença à tirer sur son short pour la déshabiller, elle le repoussa et alla fermer la porte à clé.

— Il y a des jeunes à la maison, je te rappelle.

— Quand est-ce qu'il n'y en a pas ? répliqua-t-il avec le sourire.

Certes, ils n'avaient réussi à avoir qu'un seul enfant, mais ceux des autres étaient toujours fourrés chez eux. Lorsqu'il rentrait du travail, John trouvait la maison vibrante de vie et de rires. C'était le foyer dont il aurait rêvé étant petit, un nid douillet et chaleureux que les parents ne désertaient presque jamais.

En quelques minutes, leurs vêtements se retrouvèrent par terre. John éteignit la lumière et ils s'abandonnèrent à une passion débridée. Comblés, à bout de souffle, ils restèrent longtemps cramponnés l'un à l'autre comme les survivants d'une tempête.

— Waouh ! souffla John d'une voix rauque.

— Avec toi, c'est toujours *waouh*, dit gaiement Sarah. J'espère qu'on ne sera jamais trop vieux pour ça.

— Ça m'étonnerait. Je crois que je continuerai à te sauter dessus même à quatre-vingt-dix ans. Et dès qu'Alex aura quitté la maison, je te poursuivrai dans la cuisine tous les soirs, nu comme un ver.

— J'ai hâte, répondit Sarah avec un large sourire.

Lorsqu'elle se redressa, elle songea qu'il fallait confier le chien aux voisins, qui avaient promis de s'en occuper pendant leur absence…

— Merde, on a oublié Jeff, soupira-t-elle. Tu veux bien l'amener à côté ?

— Pas de problème.

— Et ne les laisse pas t'offrir un verre de vin, tu y resterais toute la nuit.

— OK, chef.

Lorsqu'il revint une demi-heure plus tard, Sarah avait rempli la moitié d'une valise de jeans longs ou coupés, de shorts délavés, de tee-shirts à slogans ou arborant le logo de Princeton et de robes à fleurs. Elle avait pris aussi deux paires de tongs, ses sandales en cuir et des baskets au cas où ils s'aventureraient en terrain accidenté. Connaissant la mère de John, c'était peu probable, mais sa belle-sœur Liz aimait courir de temps en temps, et peut-être feraient-ils un peu de randonnée avec les jeunes – sans Amanda, bien sûr, qui n'aurait emporté que des sandales dorées et des stilettos.

John fourra dans un sac ses pantalons d'été, son blazer bleu léger, quelques jeans et chemises, et les mocassins qu'il porterait sans chaussettes pour le dîner. La tenue appropriée pour des vacances d'été avec sa mère. Sarah ajouta un ou deux foulards à sa pile de vêtements, puis ferma sa valise et la posa à côté de celle de John. Il était près de minuit.

— Bon, c'est fait, lâcha-t-elle, aussi exténuée que si elle venait de gravir l'Everest. À quelle heure on renvoie les jeunes chez eux ?

— Une heure, peut-être ? Alex a fait ses valises ?

— Ça m'étonnerait. Je vais aller voir.

En entrant dans la chambre de son fils, elle fut agréablement surprise de constater qu'il avait déjà aligné par terre sa valise, son sac de sport et les sacoches contenant son appareil photo et son ordinateur. Son petit garçon grandissait... Elle le trouva d'ailleurs dans la cuisine, occupé à jeter les cartons de pizzas vides.

— Merci, maman, on s'est bien amusés, dit-il en l'embrassant sur la joue. Tu veux que je t'aide pour les serviettes ?

— Avec plaisir.

Sarah était consciente de sa chance. Elle avait un mari fabuleux et un fils formidable. Alex ressemblait à John, mais il avait la tignasse frisée de sa mère. Pendant les chaudes journées d'été du New Jersey, Sarah avait toujours l'air d'avoir mis les doigts dans une prise. Son fils avait des boucles un peu moins sauvages, qui lui allaient à ravir.

Il l'aida à remplir la machine à laver, puis Sarah vérifia qu'il n'avait pas oublié d'assiettes ou de verres dehors ; elle ne trouva que quelques cannettes de soda dans la poubelle, qu'elle rentra à l'intérieur. Enfin, elle alla se coucher. La nuit allait être courte : ils devaient se lever à quatre heures pour se rendre à l'aéroport. Heureusement, ils pourraient dormir dans l'avion. L'atterrissage était prévu à Nice à vingt heures, heure locale, et ils espéraient arriver sur le bateau avant le coucher du soleil.

Sitôt que Sarah le rejoignit au lit, John glissa une main entre ses jambes, un sourire aux lèvres. Trop endormi pour aller plus loin, il replongea dans le sommeil tandis qu'elle se pelotonnait contre lui. Il était en train de rêver qu'il lui faisait l'amour sur le yacht.

Au même moment, Liz, dans sa ferme du Connecticut, travaillait avec acharnement sur son livre, le texte le plus étrange qu'elle eût jamais écrit. Mi-réel, mi-fantastique, il racontait l'histoire allégorique d'une petite fille solitaire qui se crée un monde et le peuple de personnages imaginaires. Cette petite fille, c'était elle. Enfant, Liz s'était inventé un ami fictif qui l'avait aidée dans ses moments de doute. Au fil de la rédaction, elle avait eu l'impression de résoudre certains mystères de sa vie. Le livre n'était ni un roman ni une histoire pour enfants, et elle n'aurait su dire s'il était d'une grande qualité littéraire – il pouvait s'agir de son meilleur comme de son pire ouvrage. Mais il venait du plus profond d'elle-même. Comme un rêve qui aurait sauté directement sur la page. Après avoir passé six semaines jour et nuit sur ce texte, elle le jugeait presque terminé. Personne n'en avait lu un seul mot. Comme d'habitude, Liz avait peur. Peut-être ce livre prouverait-il une fois pour toutes qu'elle n'avait pas de talent.

Sophie et Carole étaient venues le week-end précédent pour préparer leurs valises, qu'elles avaient laissées chez leur mère avant de repartir pour New York. En comptant celles de Liz, cela en faisait six qui attendaient près de la porte d'entrée. Le départ était prévu pour ce soir, vingt-deux heures à l'aéroport, minuit pour le décollage. Lorsque Liz releva la tête de son ordinateur, elle constata, stupéfaite, qu'elle avait travaillé quinze heures d'affilée. Depuis un mois et demi, son livre l'accaparait tout entière.

Elle voulait le faire lire à Sarah pendant la croisière, mais redoutait que celle-ci le déteste. Elle ne pourrait pas supporter un nouvel échec. Depuis des années, sa belle-sœur écrivait des nouvelles et de courts romans, d'une grande portée intellectuelle, qu'elle publiait aux presses universitaires. Si ses écrits étaient inconnus du grand public, Liz les avait tous lus. Elle les trouvait bons. Le style de Sarah rappelait celui de Joyce Carol Oates, son idole littéraire, qui enseignait elle aussi à

Princeton. Ce ne serait pas évident pour Liz de montrer sa petite histoire fantastique à Sarah, mais il le fallait. Du courage, que diable ! Elle l'imprima donc et fourra le manuscrit dans son bagage à main, avec son ordinateur. Il lui restait une heure pour se préparer avant que la navette de l'aéroport ne vienne la chercher.

Sous la douche, elle pria pour que son livre ne soit pas trop mauvais. Elle n'en avait même pas parlé à ses filles : elle avait connu trop de faux départs, écrit trop d'intrigues qui ne menaient nulle part, commencé trop de textes et de poèmes qui croupissaient dans des tiroirs. Là, au moins, elle avait terminé son livre, et ce en six semaines à peine. L'histoire avait jailli de ses mains comme un torrent de perles.

Sophie et Carole l'avaient aidée à choisir des tenues pour le bateau. Liz ne possédait rien de fabuleux, et cela lui était égal – elle laissait volontiers à Amanda le soin de ressembler à une gravure de mode. Elle avait prévu pour sa part d'emporter les deux vieux bikinis qu'elle ressortait chaque année, tandis que ses filles bronzeraient seins nus en Europe comme toutes les jeunes femmes de leur génération. Liz aurait pu se le permettre aussi, même à quarante-quatre ans : elle avait eu des bébés assez jeune pour que son corps n'en ait gardé aucune marque. Elle craignait néanmoins que sa mère ne réprouve cette pratique ; on attendait d'elle une attitude décente, surtout en présence du personnel navigant.

Liz s'aperçut qu'elle avait oublié de prévoir une tenue pour le voyage en avion. Ne trouvant rien dans son armoire, elle attrapa un short blanc dans les affaires que Sophie gardait à la maison, et l'assortit avec un de ses tee-shirts en coton et une paire de sandales qui se laçaient le long du mollet. Elle ne prit pas la peine de se maquiller ni de se sécher les cheveux. Elle n'avait pas le temps de toute façon. Quand la navette arriva, elle se précipita dehors avec toutes les valises. Le conducteur les chargea dans le coffre, tandis qu'elle vérifiait que les lumières étaient éteintes et qu'elle avait bien son manuscrit dans son bagage à main, puis elle brancha l'alarme et ferma la porte à double tour.

La camionnette venait de partir lorsque son téléphone portable se mit à sonner. C'était Sophie, l'adulte responsable de la famille, qui venait s'assurer que tout se déroulait sans accroc. Moins organisée, Carole se montrait souvent distraite, un peu dans la lune – comme sa mère.

— Tu as branché l'alarme ? lui demanda Sophie d'un ton maternel. Tu as éteint toutes les lumières ? Tu as pris ton passeport ?

— Bien sûr.

Liz aurait pu s'agacer de cet interrogatoire, mais elle savait que sa fille avait de bonnes intentions, et de bonnes raisons aussi de s'inquiéter.

— Tu as nos valises ?

— Non, juste les miennes, pourquoi ? répondit-elle innocemment.

Sophie poussa un petit cri.

— Je te fais marcher, ma chérie, dit-elle en riant. Je crois que j'ai pensé à tout.

Y compris à mon précieux manuscrit, songea-t-elle. Pour la première fois, elle avait le sentiment d'avoir fait ce qu'elle avait à faire. Jamais elle ne s'était sentie aussi bien que ces six dernières semaines. Pour un peu, elle était presque sereine à l'idée de passer quinze jours avec sa mère. Presque. Car toute sa vie, Liz avait cherché son approbation sans avoir l'impression de l'obtenir, non pas parce qu'Olivia se montrait critique à son égard, mais parce que Liz s'était toujours considérée comme une bonne à rien. Son parcours avait été semé de rêves brisés, de relations ratées, de résultats décevants et de promesses non tenues. Etre une mère pour ses filles, voilà la seule mission qu'elle avait à peu près réussie, s'étant découvert l'instinct maternel qu'Olivia n'avait jamais eu. Mais cette dernière avait bâti un empire... Il était impossible de rivaliser avec elle.

Liz voyait sa mère comme une déesse régnant au sommet d'une montagne, sans aucun chemin pour l'atteindre. Petite, elle avait désiré si ardemment lui faire plaisir, la rendre heureuse et fière, qu'elle en avait été paralysée d'angoisse. Comment impressionner une déesse quand on est une simple mortelle ? Contrairement à sa petite sœur et à son frère aîné, Liz ne lui en gardait pas rancune. Son absence n'en avait pas moins laissé un vide dans son âme que rien ne pouvait combler, hormis l'amour qu'elle éprouvait pour ses filles et que celles-ci lui rendaient. Ces deux bébés-surprises avaient été les plus grands bonheurs de sa vie, bien plus que les deux hommes qu'elle avait épousés.

Son mariage avec le père de Sophie n'aurait pas duré, quand bien même celui-ci ne serait pas mort. Et le père de Carole n'était qu'un excentrique narcissique, certes séduisant et plein de charme, mais qui avait passé sa vie à engendrer de magnifiques enfants sans jamais s'occuper d'eux. Il n'y avait rien à attendre de lui. Les partenaires que Liz avait eus depuis ne valaient guère mieux ; elle était la première à reconnaître qu'elle se laissait séduire par de belles paroles et un physique avantageux. Aucun n'avait été capable de l'aimer et de s'engager dans une vraie relation. Ces types n'étaient pas plus disponibles pour elle que sa mère ne l'avait été dans son enfance. Il lui aurait fallu quelqu'un comme son père, mais ce genre d'hommes ne l'attirait pas, si bien qu'elle était vouée à une existence de solitude et de frustration. Ces dernières années, elle avait renoncé à chercher, jugeant qu'il était trop tard, à quarante-quatre ans, pour trouver l'amour de sa vie ; elle se contentait donc de brèves liaisons.

Ses filles l'attendaient lorsqu'elle arriva à l'aéroport. D'humeur enjouée, toutes trois allèrent enregistrer leurs bagages, non sans éveiller des lueurs d'admiration dans les regards des hommes alentour. C'est alors que Sophie remarqua la tenue de sa mère.

— Où est-ce que tu as trouvé ce short ? la questionna-t-elle.

— Dans ton armoire. J'avais oublié de prévoir une tenue pour l'avion, mais je te le rendrai une fois sur le bateau.

Sophie sourit devant la mine contrite de sa mère.

— Si je l'ai laissé à la maison, c'est parce qu'il est beaucoup trop court. Tu vas te faire draguer, maman, observa-t-elle avec un ton de reproche dans la voix.

— A mon âge, plus personne ne me regarde, ma chérie.

— Tu te trompes. J'ai repéré au moins dix mecs en train de te mater.

— Vraiment ? Eh bien, je n'ai plus qu'à me cacher sous une couverture dans l'avion.

Ses deux filles étaient tout aussi ravissantes : Sophie, une copie de sa mère en brune, portait une petite robe de lin blanche, tandis que Carole avait comme d'habitude un look fantastique avec sa minijupe à fleurs, son tee-shirt blanc et ses spartiates. Elle avait hérité de la beauté de ses deux parents.

Olivia leur avait offert un voyage en première classe. Ravies, les trois femmes s'installèrent à leurs places.

Peu après le décollage, Liz sortit son manuscrit pour le relire. Ses filles n'y prêtèrent pas attention, tant elles étaient excitées par la croisière qui les attendait. Elles adoraient leur grand-mère ; Olivia leur consacrait à présent beaucoup plus de temps qu'elle n'en avait passé avec ses propres enfants, et, de leur côté, les jeunes s'intéressaient à ce qu'elle avait accompli.

Une hôtesse de l'air leur proposa du champagne. Sophie et Carole acceptèrent, tandis que Liz préféra un Bloody Mary, qu'elle sirota lentement tout en continuant à corriger son livre. Puis elle posa son verre à côté d'elle et l'oublia tout à fait, jusqu'au moment où, l'avion traversant une zone de turbulences, il se renversa sur ses genoux. L'hôtesse s'empressa d'apporter des serviettes humides pour nettoyer les dégâts. Liz réussit à sauver son manuscrit, mais son tee-shirt blanc et le short de Sophie étaient tout tachés, et elle n'avait rien pour se changer. Avec un petit rire, elle haussa les épaules : tant pis, cela attendrait leur arrivée sur le bateau.

Deux heures plus tard, alors que l'avion survolait l'océan, toutes trois avaient transformé leurs sièges en couchettes et dormaient profondément sous leurs couettes. Les deux semaines sur le yacht allaient être fabuleuses. En dehors du petit incident avec le Bloody Mary, tout commençait merveilleusement bien.

5

Lorsque Olivia atteignit le port de Monaco et découvrit le yacht qu'elle avait loué, elle eut le souffle coupé : c'était une véritable merveille flottante, quatre-vingt-dix mètres de luxe à l'état pur. Le capitaine l'accueillit sur le quai et l'escorta à bord pour lui présenter l'équipage, douze hommes et douze femmes, qui l'attendaient alignés sur le pont, en uniforme. Derrière un grand bar en plein air, sur lequel trônait un spectaculaire arrangement d'orchidées dans un vase en cristal, une hôtesse lui offrit une coupe de champagne, qu'elle déclina : le voyage l'avait épuisée, et elle ne buvait que rarement.

Un magnifique salon d'extérieur ornait le pont principal, tandis que le pont supérieur offrait un héliport et un vaste espace de bronzage. Le commissaire de bord lui montra la salle de cinéma, le gymnase et le spa, tous pourvus de personnel. Dans le salon de coiffure, trois jeunes femmes attendaient, au garde-à-vous. Olivia aperçut la salle à manger et la terrasse, jeta un coup d'œil dans les chambres somptueuses que ses enfants allaient occuper, et fut finalement conduite dans la sienne, baptisée « Suite du Propriétaire », superbement meublée et décorée. Olivia songea à la chance qu'elle avait de pouvoir offrir ce cadeau à ses proches. Les années de dur labeur en avaient valu la peine, quand bien même elle avait raté des moments importants avec eux. Son regard s'attarda sur l'immense lit et ses draps en lin repassés avec soin. Olivia avait hâte de s'y glisser. Elle voulait se reposer avant l'arrivée des enfants le lendemain, car leur emploi du temps serait dès lors très chargé.

Quand l'hôtesse eut fini de défaire ses valises, Olivia prit un long bain, puis remonta sur le pont, vêtue d'un caftan de lin blanc. La table, décorée de petits bouquets et de coquillages argentés, avait été mise sur la terrasse, et on lui apporta le repas qu'elle avait commandé dans un magnifique service de porcelaine française : une omelette et une salade, suivies de fruits frais en dessert. Alors qu'elle se relaxait en observant les allées et venues des autres yachts sur le port, un steward lui annonça qu'on la demandait au téléphone. Elle pria pour que ce ne soit pas un de ses enfants qui annulait à la dernière minute suite à un fâcheux contretemps. Prenant le combiné que le garçon lui tendait, elle eut la surprise d'entendre la voix de Peter Williams. Une crise juridique avait-elle éclaté à l'Usine ?

— J'ai eu une semaine tellement chargée que je n'ai pas eu le temps de te dire au revoir, s'excusa Peter. Alors, il est comment, ce bateau ?

— Absolument incroyable, répondit-elle en souriant, soulagée qu'il ne s'agisse que d'un appel de courtoisie. Le plus beau yacht que j'aie jamais vu. Je crois que je vais refuser d'en descendre à la fin de la croisière.

— Pourquoi pas ? Ce serait une excellente idée.

Les deux amis n'avaient pas bavardé ensemble depuis un bon moment, trop occupés à régler les problèmes de l'entreprise – ou à les éviter. Peter connaissait l'importance qu'elle attachait à ces vacances en famille. Cela lui faisait beaucoup de bien : elle revenait rajeunie, la tête remplie de joyeux souvenirs et de nouveaux projets.

— Je pense que mes petits-enfants vont adorer. Ce bateau ressemble plus à un paquebot qu'à un yacht. Et j'ai envie de tester les divers plaisirs qu'il offre : je tiens à apprendre le ski nautique avant mon retour.

— Sois prudente, Olivia, l'exhorta Peter d'une voix inquiète.

Elle se mit à rire.

— J'ai toujours voulu conduire une moto, mais pour ça, c'est trop tard.

— Je suis rassuré de te l'entendre dire. En même temps, il n'est jamais trop tard avec l'énergie que tu as.

— Oh, si, insista-t-elle, soudain sérieuse. Je fête un terrible anniversaire à la fin de ce voyage.

— Il n'y a pas d'anniversaire terrible quand on est en pleine forme comme toi. Je ne sais même plus quel chiffre tu fêtes, mais je peux t'assurer que tu ne fais pas ton âge.

— Tu te trompes, répliqua-t-elle obstinément. J'y réfléchissais justement ce soir, et je me demandais où passent les années. On est jeune, et subitement, tout est fini.

— N'importe quoi. Tu n'as pas changé depuis vingt ans.

— Ta vue baisse, Peter, mais merci quand même. Et toi, quand pars-tu ?

Peter passait ses vacances dans le Maine, où il possédait une très jolie maison. Olivia y avait déjeuné une fois alors qu'elle repérait des sites dans la région pour un nouveau magasin. C'était une vieille demeure familiale meublée dans le style colonial et pourvue d'un immense porche à l'ancienne.

— Je pars la semaine prochaine avec Eric, expliqua-t-il. Emily est déjà là-haut avec notre fille. On va pêcher et faire de la voile, et jouer au golf. Ça fait des mois que je n'ai pas eu le temps d'en faire.

— Je crains que ce ne soit à cause de moi, fit remarquer Olivia d'un ton d'excuse.

Elle se laissa aller en arrière dans son fauteuil, admirant les alentours.

— Tu ne peux pas savoir à quel point c'est ravissant, ici. Je suis sur ce superbe yacht dans le port de Monaco, avec le château juste au-dessus de moi... Je n'en reviens pas de la chance que j'ai.

Olivia avait su garder le sens des réalités, et Peter l'admirait pour cela. Elle n'était pas blasée, ne considérait pas sa fortune comme allant de soi.

— Tu mérites amplement cette chance, lui assura-t-il. J'espère que tu vas passer d'excellentes vacances.

— Merci, Peter, pareil pour toi. C'était gentil d'appeler.

— On se voit à ton retour. Et bon anniversaire, au fait.

— Oublions ça, d'accord ? dit-elle en riant.

Même si, à côté de sa mère, elle n'était encore qu'une jeunette, soixante-dix ans lui semblaient terriblement vieux.

Lorsqu'ils eurent raccroché, elle resta assise à contempler la mer, en pensant au travail qu'elle avait laissé à New York. Tous les matins, ses fils et elle se réuniraient sur le pont pour passer en revue les fax et les e-mails qu'elle continuerait de recevoir pendant la croisière. On la tenait au courant de tout, même lorsqu'elle s'absentait : il se passait bien trop de choses pour qu'elle néglige les affaires pendant deux semaines, et il en allait de même pour Phillip et John.

Elle se retira bientôt dans sa cabine et lut un moment, avant d'éteindre la lumière. Elle avait demandé à l'hôtesse principale de la réveiller tôt, car elle souhaitait visiter Monaco, faire un peu de shopping et se familiariser avec le bateau avant la venue des enfants. Phillip et John arrivaient le soir par le même avion ; Liz et ses filles les rejoindraient le lendemain matin, après quoi ils prendraient la mer. Olivia trépignait d'impatience. Sa dernière pensée avant de sombrer dans le sommeil fut que ces quinze jours à bord du *Lady Luck* allaient être inoubliables. Dans l'obscurité et le silence de la cabine, elle dormit toute la nuit comme un bébé.

Olivia passa un agréable moment à Monaco, flânant dans les boutiques des plus grandes marques parisiennes – Dior, Chanel, Yves Saint Laurent, Lanvin, Hermès, Louis Vuitton –, sans toutefois dépenser des fortunes. D'ordinaire, elle était bien trop occupée pour faire du shopping. Elle avait recours aux services d'une styliste personnelle, qui connaissait ses goûts, faisait les courses à sa place et lui envoyait sa sélection directement à Bedford. Autant dire que le lèche-vitrines était pour elle un luxe.

Le capitaine lui avait assigné un steward pour l'accompagner et porter ses sacs, ainsi qu'une voiture avec chauffeur. A son retour sur le bateau, Olivia trouva le déjeuner servi, puis elle passa l'après-midi à lire un roman – chose exceptionnelle pour elle qui ne disposait jamais d'autant de temps libre. A six heures, après un massage et une douche, elle enfila un caftan de soie couleur lavande et s'accorda une coupe de champagne sur le pont. Elle avait hâte de retrouver ses enfants et petits-enfants ! Elle les voyait déjà, s'extasiant devant les jeux nautiques, en particulier Alex.

Il lui tardait aussi d'atteindre leur première escale, Portofino. Elle y avait passé autrefois un week-end avec Joe à l'hôtel Splendido, lorsqu'ils avaient ouvert leur magasin près de Milan. C'était une charmante bourgade portuaire, avec des restaurants pittoresques et une enfilade de petites boutiques, une vieille église et un château en haut de la colline joliment illuminés la nuit. Le capitaine lui avait expliqué que la taille du yacht ne leur permettait pas d'entrer dans le port et qu'ils mouilleraient non loin de là près des rochers. Le village était facilement accessible en navette, et ils pourraient piquer une tête à la nuit tombée, pendant qu'ils seraient à l'ancre. Olivia était prête à parier que l'idée plairait aux jeunes.

Vers vingt et une heure, le commissaire de bord vint lui annoncer que leur vol n'avait pas eu de retard et qu'ils étaient en route pour Monaco. Une heure plus tard, Olivia vit une voiture se garer sur le port, suivie d'un fourgon à bagages. Les cinq occupants descendirent, fatigués et froissés, mais leurs visages s'éclairèrent sitôt qu'ils aperçurent le yacht. Olivia, appuyée contre le bastingage, leur fit signe de la main, un grand sourire aux lèvres, et ils poussèrent des exclamations enthousiastes. Alex s'engagea joyeusement sur la passerelle, suivi de Phillip et de John ; les deux belles-filles d'Olivia fermaient la marche. Cachée sous un énorme chapeau blanc, Amanda portait une robe impeccable malgré les six heures de vol, et elle monta à bord comme une reine en son royaume. Vêtue d'un jean coupé, d'un tee-shirt de Princeton et de sandales, ses cheveux frisés en désordre, Sarah affichait un sourire nerveux, visiblement intimidée. Olivia savait qu'elle finirait par se détendre – comme chaque année. Quelques instants plus tard, tous étaient réunis autour d'elle et bavardaient avec animation. Alex l'embrassa affectueusement, et elle lui rendit son étreinte avec tout autant de chaleur.

— Waouh ! Ça, c'est du bateau, mamie ! s'écria-t-il, émerveillé.

— Attends que je te montre le reste ! répliqua Olivia. Il y a tout un tas de jeux nautiques qu'on pourra sortir dès demain.

Elle avait demandé au chef cuisinier de leur préparer un buffet : sushis de toutes sortes (ses enfants en étaient friands), viandes chaudes ou froides, poulet émincé, salades et pâtes en tous genres, et une table entière dédiée à d'élégants desserts. Un vrai festin ! L'hôtesse leur servit du champagne, et bientôt, tout le monde dînait et discutait, revigoré. Même Sarah semblait plus à l'aise. Quant à Alex, il s'était installé à côté de sa grand-mère et énumérait les projets fantastiques qu'il avait pour ces vacances.

Ils restèrent sur le pont jusqu'à près de minuit, puis les adultes se retirèrent dans leurs cabines. Olivia surprit entre John et Sarah un regard conspirateur qui la fit sourire. C'était un plaisir de voir leur couple si heureux, si solide, comme l'avait été celui qu'elle avait formé avec Joe. A dire vrai, sa relation avec Joe s'était affermie avec le temps. Leurs quatre enfants, l'entreprise qu'ils avaient érigée ensemble et le profond respect qu'ils se vouaient mutuellement avaient contribué à renforcer leurs liens. Pour leur part, John et Sarah se comportaient comme au premier jour, autrement dit comme deux jeunes tourtereaux.

Alex resta avec sa grand-mère pour bavarder et reprendre des desserts – les pâtisseries étaient succulentes et il y avait une dizaine de parfums de sorbet. Le jeune garçon n'était pas pressé d'aller se coucher, décalage horaire oblige. Il lui parla des sports qu'il pratiquait et qui le passionnaient, mais aussi de son espoir d'obtenir une admission anticipée à Stanford dans les mois à venir. Olivia lui promit que si sa demande était acceptée, elle passerait le voir chaque fois qu'elle se rendrait sur la côte ouest, ce qui lui arrivait assez souvent.

Elle lui fit visiter la salle de cinéma, qui lui plut beaucoup, et celle de remise en forme. Un membre de l'équipage leur montra ensuite les rafts, les bouées et les hors-bords, les voiliers – il y en avait trois ! –, et six ou sept jet-skis. Ils admirèrent les jeux gonflables : l'un d'eux ressemblait à une banane géante qui pouvait transporter une demi-douzaine de personnes, à condition que celles-ci arrivent à rester dessus. C'était là toute la difficulté ! Alex regardait ces merveilles les yeux écarquillés, impatient de les essayer.

— Tu feras faire un tour en jet-ski à ta vieille grand-mère ? lui demanda Olivia.

— Et comment ! répondit-il en souriant de toutes ses dents. Demain, si tu veux.

Ils rirent de bon cœur, et Alex la serra dans ses bras pour sceller leur accord.

— Je ne plaisante pas, prévint-elle. J'ai toujours rêvé de faire ça.

— Ça marche, Mamie.

A deux heures du matin Alex rejoignit sa cabine. En l'accompagnant, Olivia nota que ses valises avaient été défaites. La chambre était équipée d'un immense écran de télé, avec tout un meuble rempli de vidéos.

— Ne te couche pas trop tard, lui conseilla-t-elle. Ce serait bête que tu sois complètement épuisé demain.

Tu pourras faire la grasse matinée, mais on partira en milieu de journée dès que Liz et les filles seront arrivées.

— Cool, j'ai hâte d'essayer la banane gonflable avec Sophie et Carole. J'ai déjà vu ça dans un film et ça a l'air vraiment marrant, tout le monde n'arrêtait pas de tomber.

— Peut-être que je passerai mon tour sur ce coup-là, plaisanta-t-elle.

Olivia regagna ses quartiers, un sourire radieux aux lèvres. Ce bateau était parfait, surtout pour Alex qui aimait tant les sports nautiques.

Elle l'avait cependant trouvé préoccupé en bavardant avec lui, voire même un peu triste. Quelque chose ne tournait pas rond. Ou alors il était juste stressé par ses études et l'inscription à l'université... Elle plaignait les jeunes d'aujourd'hui. Ils étaient soumis à une telle pression ! Bien qu'elle n'en ait jamais discuté avec lui – à dix-sept ans, c'était un peu tôt –, elle se demandait s'il lui plairait un jour d'intégrer l'entreprise. Sophie en mourait d'envie, elle en parlait depuis qu'elle était enfant. Olivia se ferait un plaisir d'exaucer son souhait. Son grand rêve aurait été que ses trois petits-enfants rejoignent un jour les rangs de l'Usine, mais elle savait que, contrairement à sa sœur, Carole ne s'intéressait pas du tout aux affaires. La jeune fille se destinait à une carrière d'artiste, ou de productrice de films aux côtés de son père et de sa belle-mère. Olivia s'estimait déjà heureuse que ses fils travaillent pour elle. La mort de leur père alors qu'ils étaient encore jeunes les avait fait gagner en maturité. Olivia se reposait beaucoup sur eux à présent ; tous les trois, ils formaient une bonne équipe. L'Usine avait finalement réussi à les rapprocher dans l'âge adulte.

Quand Olivia monta sur le pont le lendemain matin, Amanda présidait déjà la table du petit déjeuner, vêtue d'un short en soie et d'un chemisier bleu pâle, et coiffée d'un chapeau assorti. Olivia avait choisi pour sa part un pantalon blanc en coton et un chemisier amidonné de la même couleur ; son carré blanc était parfaitement lissé, et elle s'était fait faire une manucure la veille dans le salon du bateau. Sarah les rejoignit bientôt, les cheveux ébouriffés et encore tout ensommeillée. Elle leur confia avoir dormi comme un bébé. Quant aux trois hommes de la famille, ils étaient encore au lit – Olivia soupçonnait Alex d'avoir regardé des films jusque tard dans la nuit.

— Que diriez-vous d'aller faire du shopping ce matin ? proposa-t-elle aimablement à ses belles-filles. Les boutiques de Monte-Carlo sont fantastiques.

— J'adorerais, répondit Amanda, un sourire jusqu'aux oreilles.

— Je crois que je vais rester ici, si cela ne vous dérange pas, dit Sarah. J'ai prévu de quoi lire.

Ce n'était pas une surprise : Sarah n'avait aucune attirance pour le shopping, comme en témoignait sa façon de s'habiller.

— Peut-être apprécierais-tu un massage au spa ?

Olivia souhaitait que chacun s'amuse de la façon qui lui plaisait. Pas d'activités imposées : l'idée était de leur offrir des vacances de rêve, et non un stage dans un camp d'entraînement.

— Je me laisserai peut-être tenter, répondit Sarah d'un air songeur, avant de commander une omelette.

Une demi-heure plus tard, John et Phillip apparurent, encore un peu endormis, mais visiblement détendus. Ils parlaient déjà d'aller pêcher. On leur apporta à chacun un exemplaire du *Herald Tribune*. Pendant ce temps, Amanda quittait le yacht, accompagnée d'un chauffeur et d'un steward, et apprêtée à la perfection : elle avait complété sa tenue avec des sandales et un sac de plage dorés, ainsi que de petites boucles d'oreilles en diamants.

Alex fut le dernier levé. Il avoua qu'il avait regardé deux films d'affilée et qu'il s'était endormi à cinq heures du matin avant la fin du deuxième. Mais il était de bonne humeur et attendait avec impatience de retrouver ses cousines. Après avoir déjeuné, il joua au rami avec sa grand-mère et la battit trois fois sans tricher.

Amanda revint de son shopping les bras chargés de quatre sacs et le visage rayonnant de bonheur. Phillip l'attendait sur le pont : il s'était ennuyé sans elle, John et Sarah étant partis faire une sieste dans leur chambre. Personne n'émettait le moindre commentaire sur leurs fréquentes disparitions, et Olivia s'en amusait secrètement. Elle avait cependant surpris l'étrange regard que lui avait jeté Alex au moment où ses parents s'étaient éclipsés. Comme s'il avait voulu lui dire quelque chose.

Quelques instants plus tard, une voiture et un fourgon à bagages se garèrent devant le yacht. Trois magnifiques jeunes femmes en descendirent. Alex accueillit l'arrivée de sa tante et de ses cousines avec un cri de joie. Si Sophie et Carole étaient toutes pimpantes, Liz avait les cheveux décoiffés, et on aurait juré que quelqu'un avait été assassiné sur ses genoux. Elle monta à bord en riant, sous le regard stupéfait d'Olivia.

— Qu'est-ce qui t'est arrivé ? lui demanda celle-ci tandis qu'elle l'embrassait chaleureusement.

— Il y a eu des turbulences dans l'avion et mon Bloody Mary n'a pas aimé.

Amanda la considéra d'un œil désapprobateur, et Olivia éclata de rire. La mésaventure était typique de sa fille ! Enfant, Liz était la première à se tacher, et si quelqu'un renversait son verre à table, c'était forcément elle. Mais elle avait beau se montrer distraite et maladroite, elle n'en restait pas moins adorable.

— Sacré bateau, Maman ! s'exclama-t-elle en découvrant l'élégance extraordinaire autour d'elle.

— Ils ont des bracelets contre le mal de mer, l'informa Olivia. Apparemment, ils sont très efficaces.

Une hôtesse lui en proposa aussitôt quelques-uns, et Liz s'empressa de les enfiler.

— Je vous laisse découvrir vos cabines, et puis on lèvera l'ancre, dit Olivia. Le départ est imminent.

Tout avait été planifié avec le capitaine le matin-même. Alors qu'Alex faisait visiter les lieux à sa tante et ses cousines, Olivia entendit le moteur démarrer. Les matelots détachèrent les cordages qui reliaient le yacht au quai et ajustèrent les pare-battages. Au milieu de cette agitation, John et Sarah remontèrent de leur cabine bras dessus, bras dessous, l'air détendu.

Toute la famille se trouvait sur le pont au moment du départ. Liz avait enfilé un short et un tee-shirt propres. Les filles bavardaient sur un ton animé avec Alex, qui leur parlait de la banane gonflable, tandis qu'Amanda décrivait à Phillip les magasins fantastiques qu'elle avait vus à Monaco et les jolies tenues qu'elle y avait achetées. Olivia écoutait les conversations autour d'elle en souriant, satisfaite.

Le capitaine leur donna quelques conseils de sécurité en cas d'incendie ou d'« homme à la mer ». Il leur expliqua où trouver les gilets de sauvetage dans leurs cabines, et les canots de sauvetage sur le bateau. A présent, ils étaient prêts à partir.

Tandis que le *Lady Luck* mettait le cap sur l'Italie, ils s'installèrent sur le solarium, à l'avant du yacht. Une heure plus tard, ils jetèrent l'ancre.

— N'oublie pas que tu m'as promis un tour en jet-ski, chuchota Olivia à Alex, qui gloussa comme un gamin.

— Je n'ai pas oublié, Mamie.

Elle descendit dans sa cabine enfiler un maillot de bain ; à son retour, les jeux nautiques étaient prêts. Du personnel stationnait à bord de plusieurs canots, pour leur venir en aide en cas de besoin. Les petites-filles d'Olivia s'étaient mises seins nus, indifférentes au regard des autres. Liz plongea dans l'eau la première, bientôt imitée par le reste de la troupe. Ayant enfourché le jet-ski, Alex tendit la main à sa grand-mère, qui s'installa aisément derrière lui sous le regard horrifié de ses deux fils. Liz et ses filles nageaient déjà vers une petite plage, et Sarah s'était assise, les jambes pendantes, sur la plateforme arrière du bateau. Quant à Amanda, elle hésitait encore à se baigner.

— Qu'est-ce que tu fais ? cria Phillip à sa mère tandis qu'Alex démarrait le moteur du jet-ski.

— Alex m'emmène en virée ! répondit Olivia, rayonnante.

Ils décollèrent à pleine vitesse, suivis en bateau par un membre de l'équipage. Le personnel veillait de près à la sécurité des clients : Alex avait dû montrer son permis jet-ski, qu'il avait obtenu à seize ans. Il fila sur l'eau avec sa grand-mère cramponnée à son dos. Phillip et John échangèrent un regard sidéré.

— Si on m'avait dit que j'assisterais à ça un jour, je ne l'aurais pas cru. Pourquoi est-ce qu'elle n'a pas fait pareil avec nous quand on était gosses ? demanda Phillip d'un ton amer.

— Elle était trop occupée, je suppose, répondit John simplement.

Sur ces mots, il partit convaincre sa femme de se baigner avec lui. Sarah était en train de prendre des photos. Elle et John étaient les photographes attitrés de la famille, et ils ne manquaient pas de talent. Tout le monde prenait plaisir à découvrir leur petit reportage au retour des vacances.

Puis les trois jeunes tentèrent de chevaucher la banane tirée par un bateau. Il ne fallut pas longtemps pour qu'ils tombent à l'eau, dans un concert de cris. Les adultes assistaient au spectacle depuis le pont, riant à gorge déployée. Alex, Sophie et Carole avaient toute l'exubérance et la ténacité de la jeunesse.

— On devrait essayer un jour, suggéra John à son frère, qui se contenta de sourire jusqu'aux oreilles.

— Ne comptez pas sur moi, intervint aussitôt Amanda, qui avait déjà enfilé un maillot de bain sec et s'était coiffée d'un immense chapeau rose.

Ils déjeunèrent copieusement puis levèrent l'ancre. Tandis que le *Lady Luck* filait vers l'Italie, John et Sarah jouèrent au Scrabble, les jeunes regardèrent un film dans la salle de cinéma, et Amanda s'offrit une manucure. Les invités d'Olivia semblaient heureux et détendus. A la fin de leur partie, John esquissa des croquis de Sarah ; il revenait toujours de vacances avec plusieurs carnets remplis.

Il était vingt heures trente lorsqu'ils atteignirent Portofino. L'équipage amarra l'énorme bateau aux rochers, à quelques encablures de la petite cité portuaire qui brillait de mille feux. Tout le monde descendit se changer pour le dîner. Olivia avait réservé une table dans un restaurant qui lui avait été chaudement recommandé par le capitaine.

Lorsqu'ils se retrouvèrent sur le pont, ils dégustèrent d'abord de délicieux amuse-bouche puis montèrent à bord d'une grande navette, qui les transporta jusqu'au quai en quelques minutes. Une fois à terre, trois membres de l'équipage les accompagnèrent au restaurant.

— J'ai l'impression d'être la famille royale en visite officielle, gloussa Olivia.

Sophie et Carole la prirent chacune par un bras et Alex marcha à leurs côtés, tandis que les adultes les suivaient à distance.

— Parfois, je me demande si on la connaît vraiment, observa Phillip en voyant sa mère rire et bavarder avec ses petits-enfants. Elle est tellement différente avec eux !

— Je crois qu'elle apprécie leur compagnie, répondit Liz, indulgente.

Pour sa part, elle était heureuse de voir que ses filles s'entendaient aussi bien avec leur grand-mère qu'elle avec la sienne.

— Et comment tu l'expliques ? rétorqua Phillip. Parce qu'elle n'appréciait pas la nôtre, de compagnie.

— Certainement que si, mais pas de la même manière. Elle était plus jeune. Et c'est plus facile avec les enfants des autres.

— Peut-être, concéda Phillip.

Néanmoins, il ne semblait pas convaincu. Même si, les premières années, Olivia avait fait l'effort de passer du temps avec eux, Phillip se souvenait surtout d'une maman qui était fatiguée, occupée, ou bien absente. Il s'était senti lésé toute sa vie, et la voir se comporter comme aujourd'hui, à rire et jouer avec ses petits-enfants, ne faisait que renforcer son sentiment d'injustice. Si elle avait tout cela à offrir, pourquoi ne le leur avait-elle pas offert à eux ?

Liz semblait être la seule à comprendre que leur mère ait pu évoluer, certes trop tard pour eux, mais à temps pour d'autres. A ses yeux, Mamibelle leur avait apporté tout l'amour maternel dont ils avaient eu besoin. Phillip, lui, aurait voulu que cet amour vienne de sa mère, et il ne lui pardonnait pas d'avoir été incapable de le lui prodiguer.

— J'ai l'impression qu'elle s'adoucit avec l'âge, enchérit John.

— Ce n'est pas ce que j'ai vu au bureau, répliqua Phillip.

Après avoir flâné dans les rues commerçantes – Amanda entra dans un magasin de chaussures, puis chez Hermès –, ils rejoignirent le petit restaurant convivial, où des guitaristes jouaient pour les clients. Les pâtes se révélèrent délicieuses, et il était plus de minuit lorsqu'ils repartirent lentement vers le quai, s'arrêtant en route pour déguster une glace. Le château et l'église au sommet des collines jumelles étaient éclairés, exactement comme dans les souvenirs d'Olivia. Alors qu'on les ramenait au yacht, ils découvrirent que l'équipage avait disposé sur l'eau des centaines de bougies, pour leur permettre de prendre un bain de minuit. Elles flottaient parmi des chrysanthèmes ; le spectacle était magnifique. Les jeunes poussèrent des cris de joie et se précipitèrent dans leurs cabines pour se changer. Liz les suivit hardiment, Phillip et John commandèrent un cognac, Amanda et Sarah du champagne, et Olivia s'installa confortablement dans un fauteuil pour regarder la scène.

Les enfants réapparurent bientôt et plongèrent dans l'eau tiède au milieu des bougies. Parmi eux, Liz avait l'air d'une gamine, et Olivia fut presque tentée de les rejoindre. Passer du temps avec ses petits-enfants, c'était boire l'eau de la fontaine de jouvence. Elle ne s'était pas autant amusée depuis des années. Quant aux deux couples, ils discutaient tranquillement, profitant du décor romantique. L'église et le château étaient visibles au loin, et les bougies sur la mer dessinaient un tableau magique.

Lorsque Liz et les enfants émergèrent, seule Olivia les attendait encore.

— C'était vraiment super ! s'exclama Liz, hors d'haleine.

— C'est ce qui m'a semblé, répondit sa mère en souriant.

Sophie, Carole et Alex voulurent regarder un film. Avec eux, la fête ne s'arrêtait jamais !

— Tu es fatiguée, maman ? s'enquit Liz.

— Pas du tout, mais je crois que je vais quand même aller me coucher, répondit Olivia en se levant de son fauteuil.

Ce premier jour avec ses enfants et petits-enfants avait été merveilleux, et elle espérait que la suite du voyage se passerait tout aussi bien. Même Sarah avait fini par se détendre : elle était redevenue elle-même, franche et pleine d'entrain.

— Et toi, tu vas regarder le film avec les enfants ? demanda Olivia à sa fille.

— Non, je vais travailler sur mon...

Liz s'interrompit juste avant de prononcer le mot « livre », et regarda sa mère d'un air paniqué. Elle n'avait pas envie de lui en parler. A quoi bon, si son texte se révélait aussi mauvais que tout ce qu'elle avait fait jusque-là ?

— Je vais travailler mon sommeil, se reprit-elle. Les enfants se couchent beaucoup trop tard pour moi.

En embrassant sa fille, Olivia se demanda ce qu'elle avait l'intention de travailler au juste. Elle la connaissait suffisamment pour deviner qu'elle lui cachait quelque chose. S'était-elle remise à écrire ?

6

Le lendemain, Amanda retourna à Portofino, frustrée de n'avoir pas pu passer plus de temps la veille dans les magasins. Elle avait repéré plusieurs boutiques de marques françaises ou italiennes le long du port. A son retour sur le bateau, le steward qui l'avait accompagnée ressemblait à une bête de somme avec ses six ou sept sacs dans les bras, tandis qu'Amanda affichait une expression triomphante. Vêtue d'une petite robe d'été rose sans bretelles et coiffée d'un chapeau assorti, elle incarnait la parfaite *fashion addict*. Phillip ne se plaignait pas de ses dépenses, arguant que le shopping était pour elle une forme de relaxation. Olivia voulait bien le croire. Elle paraissait toujours sortie d'une page de *Vogue*, et cela avait l'heur de plaire à Phillip.

Amanda était certes très belle, mais aussi très froide : elle ne se dégelait jamais. Olivia se faisait du souci pour son fils. Bizarrement, alors qu'il avait souffert de son absence étant petit, il avait choisi d'épouser une femme tout autant absorbée par sa carrière – sinon plus. A tel point qu'elle n'avait pas voulu d'enfants. Amanda était si sérieuse dans tout ce qu'elle faisait, si déterminée à devenir juge ! Elle tenait à fréquenter les bonnes personnes, à être vue dans les bons lieux. Il n'y avait rien de spontané chez elle : difficile de l'imaginer décoiffée, ou se tordant de rire. Même sa façon de faire du shopping semblait calculée. Son fils avait beau être sérieux de nature, Olivia ne pouvait s'empêcher de penser qu'une femme moins distante, plus drôle, l'aurait adouci et lui aurait fait beaucoup de bien. Mais sans doute aimait-il Amanda telle qu'elle était, car jamais il n'évoquait sa froideur.

Olivia s'amusait bien plus avec Liz, dont l'humilité était touchante : elle n'avait pas conscience de sa beauté, de son intelligence et de son humour, et se montrait toujours prête à rire d'elle-même. Olivia appréciait aussi beaucoup de discuter avec Sarah, femme passionnée et brillante. Cela lui faisait chaud au cœur de la voir à ce point amoureuse de son fils.

Paradoxalement, Olivia connaissait mieux ses enfants maintenant qu'ils étaient adultes – leurs points sensibles, leurs angoisses, leurs faiblesses –, de même qu'elle s'inquiétait davantage pour eux. Dans leur enfance, ils avaient eu leur père et leur grand-mère pour veiller sur eux, leur apporter chaleur et sécurité, et les empêcher de faire des bêtises. Mais à présent, les enjeux étaient bien plus élevés, les risques plus importants, et le prix de leurs erreurs potentiellement énorme. Un conjoint mal choisi, une mauvaise décision, une maladie... Ses enfants lui semblaient tellement plus vulnérables à quarante ans qu'ils ne l'avaient été petits ! Et Olivia ne pouvait rien faire pour les protéger. Elle devait respecter leur intimité, prétendre ne rien voir lorsqu'ils n'allaient pas bien. Dans le cas de Phillip, elle se demandait sérieusement si cette femme snob et obsédée par son statut social qu'était Amanda pouvait le rendre heureux. Elle n'osait pas lui poser la question, même si celle-ci lui brûlait les lèvres.

Lorsque tout le monde fut réveillé, l'équipage libéra le yacht de ses amarres. L'heure du déjeuner approchait, mais ils étaient convenus de manger tard. Une fois à l'ancre au large d'une plage, Phillip et John partirent pêcher, promettant de rapporter le dîner. Tandis qu'elle les regardait s'éloigner, Olivia ne put s'empêcher de penser à leur père. Ils lui ressemblaient tellement ! Comme Joe, ils étaient bons, calmes et fiables, aimants et responsables. Une partie de pêche, c'était le paradis pour eux. Olivia sourit en songeant combien Joe aurait été heureux de voir ce qu'ils étaient devenus, et comme ils étaient dévoués à l'entreprise familiale. Il aurait été très fier, tout autant qu'elle.

Les jeunes s'amusèrent de nouveau sur la banane, avec les mêmes résultats que la veille : à l'eau au bout de quelques secondes, dans les cris et les éclats de rire. Sarah tenta de prendre des photos, mais ils ne restaient pas assez longtemps sur la bouée. Lorsque Liz se joignit à eux, elle perdit deux fois le haut de son bikini, et Alex faillit se retrouver sans son short de bain. Amanda, occupée à étaler de la crème solaire sur ses longs bras gracieux, restait insensible à ce spectacle hilarant. Elle décida finalement de s'asseoir à l'ombre, sans prêter la moindre attention à ce qui se passait autour d'elle.

Il était quinze heures lorsqu'ils se réunirent pour le déjeuner. Les deux frères n'avaient attrapé qu'un petit poisson, qu'ils avaient relâché, mais ils comptaient bien retenter leur chance à la prochaine escale. Une fois de plus, le chef avait préparé un buffet copieux, auquel ils firent honneur : la nourriture était trop délicieuse pour y résister. Sarah confia qu'elle n'avait jamais vu Alex manger avec autant d'appétit.

Après le déjeuner, ils s'essayèrent au ski nautique, à l'exception de Sarah et d'Olivia. Ils remontèrent à bord d'excellente humeur, puis se reposèrent sur le solarium, épuisés par cet exploit sportif. Amanda préféra faire la sieste dans sa cabine, ayant besoin de s'isoler après deux jours passés au milieu de tout ce monde. Phillip, en revanche, semblait plus sociable. Olivia était heureuse de le voir se détendre. Tandis qu'il racontait à John des anecdotes amusantes sur une partie de chasse à laquelle il avait participé, Liz se décida à parler de son livre à Sarah.

— Honnêtement, je ne sais pas s'il est génial ou complètement nul, mais en tout cas il est différent de tout ce que j'ai fait avant. L'histoire est allégorique ; c'est la vie imaginaire d'un enfant, et c'est assez philosophique par moments. J'ai peur de l'envoyer à mon agent, il risque de penser que je suis devenue folle. Ça fait des années que je ne l'ai pas appelé.

— Tu veux que je jette un œil ? proposa Sarah.

— J'aimerais bien, répondit Liz avec un frisson d'angoisse. Mince, Sarah, et si c'est nul ?

— Tu en écriras un autre, c'est tout. Il ne faut pas abandonner.

Sarah était heureuse d'apprendre que Liz s'était remise à l'écriture, et curieuse de découvrir le résultat.

— J'ai bien envie de voir ça, dit-elle avec enthousiasme.

Olivia songea alors que ces vacances leur donnaient le sentiment d'être une vraie famille, et non de simples individus isolés. C'était pour maintenir ce lien qu'elle les rassemblait chaque année. Jusque-là, cela marchait. Même les belles-sœurs s'entendaient mieux.

— Moi aussi, intervint-elle doucement. Est-ce que je pourrai le lire après Sarah ?

Liz sursauta en entendant la voix de sa mère et se retourna vers elle d'un air paniqué. Ni elle ni Sarah n'avaient vu qu'Olivia se trouvait juste derrière elles, en train de profiter des derniers rayons de soleil.

— Maman, le livre n'est pas fini ! Je dois le retravailler.

Olivia n'insista pas, malgré sa déception. Elle avait envie de mieux connaître ses enfants, de prendre part à leur vie, mais elle ne pouvait pénétrer dans leur jardin secret que si elle y était invitée. Visiblement, ce n'était pas le cas cette fois-ci.

— Je le lirai avec plaisir quand tu seras prête, dit-elle.

Liz acquiesça, tout en songeant que ce jour n'arriverait probablement jamais. Sa mère était bien la dernière personne avec qui elle avait envie de partager ses échecs. Olivia avait réussi tout ce qu'elle avait entrepris, alors qu'elle-même n'avait rien fait qui soit digne de mérite. Ce qu'elle ne savait pas, c'est qu'Olivia la trouvait formidable dans son rôle de maman, domaine dans lequel elle avait pour sa part le sentiment d'avoir tout raté. Elles possédaient chacune leurs talents et leurs forces. Mais Liz ne voyait pas les choses ainsi.

Peu après, les trois belles-sœurs partirent vers la salle de gym, et Olivia joua au Scrabble avec Alex, Sophie et Carole quand ils remontèrent de leur dernier bain. Pendant ce temps, Phillip et John parlaient travail. Ils avaient reçu ce matin-là plusieurs e-mails du bureau : les employés du magasin de Cleveland avaient menacé de faire grève, mais le conflit était désamorcé, si bien qu'Olivia ne voyait pas de raisons de s'alarmer. Elle avait tout de même dit à ses fils d'envoyer une copie des messages à Peter Williams pour le tenir informé. Quoi qu'il en soit, ces questions étaient bien loin de ses pensées tandis qu'elle jouait avec ses petits-enfants.

Sophie posa un Scrabble, puis Alex en mit deux et les battit à plate couture.

La partie terminée, Olivia se fit faire un massage, puis ils enfilèrent tous une tenue décontractée pour dîner. Ils devaient arriver à Elbe le lendemain matin, après un trajet de huit ou neuf heures de nuit. La petite île tranquille, qui offrait de jolis coins pour nager et pêcher, avait l'avantage de se trouver à mi-chemin entre Portofino et la Sardaigne, où ils prévoyaient de passer plusieurs jours.

A dix heures et demie, le yacht filait vers sa destination. Les jeunes s'étaient une fois de plus réunis dans la salle de cinéma, tandis que les adultes avaient décidé de se coucher tôt. Ils n'étaient pas habitués à faire autant de sport, et cette journée intense les avait épuisés.

Sarah et John se retirèrent les premiers – Sarah avait hâte de lire le manuscrit de Liz. Amanda laissa Phillip seul avec sa mère sur le pont, ayant décidé de se faire faire un massage elle aussi. Un verre de vin à la main, Phillip contemplait, pensif, le large sillage laissé par le bateau. La nuit était magnifique, le ciel empli d'étoiles. Olivia observa le visage sombre de son fils. Pour la première fois depuis bien longtemps, elle eut l'impression qu'elle pouvait lui tendre la main. Elle ne supportait pas de voir cette lueur de tristesse dans ses yeux. Qu'importaient leurs différends et leurs regrets, elle était sa mère, après tout.

— Tout va bien ? lui demanda-t-elle doucement.

Pendant un long moment, il ne répondit pas. Puis il acquiesça sans croiser son regard, avant de boire une longue gorgée de vin.

— Phillip, es-tu heureux ?

Cette fois-ci, il tourna la tête vers elle. Il semblait surpris, mais pas en colère.

— Drôle de question. Oui, je pense. Pourquoi tu me demandes ça ?

Olivia avait du mal à comprendre les liens qui unissaient Phillip à Amanda. Elle doutait que celle-ci puisse le combler véritablement.

— Ce que j'ai vécu avec ton père était très différent de ce que tu sembles vivre avec Amanda, expliqua-t-elle. Vous êtes assez froids l'un envers l'autre. Ça ne te dérange pas ?

— Ça nous va bien comme ça.

— Oui, mais est-ce que ça suffit ?

— De quel droit te permets-tu de me poser une question pareille ? s'emporta Phillip.

Olivia craignit d'être allée trop loin. L'intimité était un sujet délicat à aborder avec ses propres enfants devenus adultes, et le ressentiment que Phillip avait accumulé au fil des ans se dressait entre eux comme un mur.

— Tu n'étais pas là quand j'étais petit, poursuivit-il. Bien sûr, j'avais papa et Mamibelle, mais est-ce que ça suffisait, puisque c'est la question qui t'intéresses ? Eh bien, non, ça ne suffisait pas. C'était super quand tu restais avec nous, mais ça arrivait tellement rarement ! Et maintenant, tu me demandes si ma femme me donne assez ?

— Oui, c'est précisément à cause de tout ça que je m'inquiète pour toi, répliqua Olivia avec franchise. Mon succès était un accident. Je ne l'ai jamais planifié, ni désiré. Il m'a emportée comme un raz-de-marée, et j'ai nagé aussi vite que j'ai pu pour suivre le mouvement. Amanda est une femme très ambitieuse, elle *cherche* le succès. J'ai peur que tu rates les mêmes choses avec elle qu'avec moi – il n'y a personne qui soit là pour toi quand tu en as besoin, pour te masser le dos ou te réconforter quand tu te sens seul. Ton père faisait ça pour moi. Je ne vois pas Amanda dans ce rôle, elle est trop occupée à essayer d'atteindre ses objectifs.

Olivia jugea bon de ne pas ajouter qu'Amanda était une reine de glace : ils le savaient tous les deux.

— Tu n'as plus ton père et Mamibelle pour compenser, reprit-elle. Et ça me rend triste que tu ne veuilles pas d'enfants. J'ai commis des erreurs – Dieu sait que j'en ai commis beaucoup –, mais vous êtes ce que j'ai de plus beau dans la vie. Je serais bien malheureuse sans vous.

— C'est gentil de dire ça, répondit Phillip, sans paraître convaincu pour autant. Mais c'est mieux comme ça. Peut-être qu'on est juste égoïstes. Je ne crois pas que les gens devraient avoir des enfants quand ils n'ont pas le temps de s'en occuper. Amanda est assez intelligente pour le savoir, et moi aussi.

Olivia ne voyait pas son fils comme quelqu'un d'égoïste : il avait une générosité en lui qu'une femme mieux choisie aurait su encourager. Malheureusement, son épouse ne s'intéressait qu'à elle-même, et à la manière dont il pouvait servir ses ambitions. Mais Phillip, que gagnait-il en retour ?

— Cass pense la même chose que toi à propos des enfants, reprit-elle. Elle dit qu'elle est trop occupée. Pourtant, même si l'éducation est une mission bien difficile, c'est un tel bonheur que d'avoir des enfants.

— Tout le monde n'est pas fait pour en avoir, répondit Phillip en la regardant droit dans les yeux. Encore faut-il être assez malin pour s'en rendre compte.

Olivia reçut cette pique en plein cœur.

— Je n'ai peut-être pas été une mère parfaite, et je m'en mords les doigts, mais je ne regrette pas de vous avoir eus. Je vous aime très fort. Je vous ai toujours aimés.

Phillip avait-il besoin de l'entendre ? Il semblait bon à Olivia de le lui rappeler à cet instant.

— C'est bon à savoir, murmura-t-il, puis il finit son verre et le reposa sur la table, avant de se lever.

Olivia était touchée qu'il l'ait laissée pénétrer dans sa forteresse intérieure. D'habitude, il restait sur ses gardes, fermé à toute intrusion. Certes, elle ne savait toujours pas s'il était heureux avec Amanda. Mais le savait-il lui-même ? Elle le soupçonnait de ne pas se poser de questions, d'accepter la réalité telle qu'elle se présentait. Amanda avait de la chance, elle qui attendait beaucoup des autres et ne donnait que très peu en échange.

Phillip déposa un baiser sur le front de sa mère, puis descendit dans sa cabine. Il y trouva Amanda, allongée sur le lit avec un magazine et vêtue d'une nuisette de satin blanc. Elle venait de se démêler les cheveux et s'était fait faire les ongles après son massage. Nul doute qu'elle trouvait tout à fait à son goût les prestations de luxe offertes sur le yacht.

— Où étais-tu ? s'enquit-elle.

— Je buvais un verre avec ma mère.

— Comme c'est mignon. Et elle t'a donné la permission de te coucher ?

— Ma mère ne me donne pas de « permissions », Amanda. Je travaille peut-être pour elle, mais je ne suis pas son chien.

— Ah bon ? J'aurais parié le contraire, rétorqua-t-elle froidement.

Phillip la regarda comme s'il la voyait pour la première fois. Il connaissait pourtant ce refrain.

— Pourquoi ça te contrarie autant que je travaille pour elle ? C'est un super boulot. Un jour, je serai à la tête de cette entreprise ; autant que j'apprenne les ficelles.

Son frère n'avait pas du tout le sens des affaires : tout le monde savait qu'il n'accepterait aucune responsabilité en dehors du service design et création, son domaine d'excellence. Il reviendrait donc à Phillip de succéder à Olivia.

— Tu connais déjà les ficelles, répliqua Amanda. Ta mère devrait se retirer. Vous me faites penser au prince Charles et à la reine d'Angleterre : elle va rester en place jusqu'à ses cent ans, et tu en auras quatre-vingts quand elle te passera le relais, si tu n'es pas mort d'ici-là.

— Je prendrai sa place quand elle sera prête, répondit Phillip. Et je ne suis pas pressé de récupérer tous les soucis qu'elle a à gérer.

— C'est bien ce que je dis. Si tu avais des couilles, tu serais prêt à assumer ces responsabilités maintenant. Quel âge avait-elle quand elle a commencé ? Dix-huit ans ? Tu en as quarante-six ! Il est grand temps que vous l'écartiez, toi et John.

— Tu ne manques pas d'air ! s'exclama Phillip, choqué.

— Sache que c'est gênant pour moi d'être seulement mariée au directeur financier. Comme si tu n'étais qu'un vulgaire comptable ! Tu devrais être P-DG depuis longtemps.

— Je suis vraiment navré que tu sois gênée, Amanda. Je te rappelle que mon père était comptable, et je ne pense pas que ma mère ait jamais eu honte de lui. Au contraire, je crois qu'elle était très fière. Elle a peut-être été nulle comme mère, mais il l'a toujours trouvée géniale comme épouse.

Phillip commençait à douter que la sienne le fût. Certaines questions soulevées par Olivia avaient fait mouche, même s'il n'en avait rien laissé paraître. Amanda avait bien mal choisi son moment pour l'attaquer et l'humilier en lui disant qu'il était le toutou de sa mère. Phillip n'appartenait à personne, pas même à sa femme. Il voulait seulement être aimé. Et parfois, il avait du mal à savoir s'il l'était d'Amanda.

— J'espère qu'un de ces jours tu vas grandir et te décider à prendre les choses en main, dit-elle en soupirant.

Sans répondre, Phillip s'enferma dans la salle de bains pour se brosser les dents. Ils en avaient assez dit pour aujourd'hui.

Lorsqu'il revint dans la chambre, la longue silhouette d'Amanda se dessinait sous les couvertures. Comme il s'allongeait à côté d'elle et éteignait la lumière, il sentit ses doigts froids dans son dos glissant doucement vers l'avant de son boxer. Peut-être cherchait-elle à se faire pardonner, mais ses paroles l'avaient profondément blessé. Il repoussa sa main et lui tourna le dos.

— Tu n'as pas envie ? demanda-t-elle d'une voix suave.

Phillip n'en crut pas ses oreilles. Comment pouvait-elle être insensible au point de penser qu'il aurait envie de lui faire l'amour alors qu'elle venait en substance de le traiter de femmelette ?

— Pas ce soir, répondit-il froidement.

Elle s'écarta de lui avec grâce et s'étendit de son côté du lit. Ni l'un ni l'autre ne prononcèrent un mot de plus.

7

Le lendemain matin, le yacht avait atteint Elbe, terre d'exil de Napoléon. Après une bonne nuit de sommeil, les adultes se levèrent tôt, tandis que les jeunes dormaient encore, ayant regardé des films jusque tard dans la soirée.

Les deux frères avalèrent un petit déjeuner copieux et partirent à la pêche. John avait pris son carnet à dessins. Olivia craignait que son fils aîné ne soit encore fâché, mais il semblait de bonne humeur, et elle fut soulagée quand il l'embrassa sur les cheveux avant de monter dans la petite embarcation. Amanda retourna dans sa chambre aussitôt après le petit déjeuner, prétextant une migraine. Phillip et elle n'avaient pas échangé un seul mot, ce qui n'était cependant pas inhabituel chez eux : parfois, ils ne s'adressaient pas la parole pendant plusieurs heures, ou s'ignoraient même toute une journée.

Se retrouvant seule avec Liz dans les fauteuils du pont – Olivia était en train de relever ses e-mails et ses fax –, Sarah en profita pour lui parler de son livre.

— J'ai lu ton manuscrit, dit-elle d'un ton grave.

Le silence qui suivit résonna comme un roulement de tambour aux oreilles de Liz.

— Alors ? Qu'est-ce que tu en as pensé ?

— Honnêtement ? Ça m'ennuie de te le dire, mais je ne comprends pas. C'est à la fois un livre pour enfants et un roman fantastique. Mais les enfants ne lisent pas ce genre d'histoires. Il n'y a rien de réel ni d'allégorique là-dedans. Je ne sais pas qui pourrait avoir envie de lire ça.

Sarah avait beau paraître navrée, elle était on ne peut plus claire. Liz s'efforça de refouler ses larmes, ne voulant pas lui montrer à quel point elle était blessée.

— C'est sorti tout droit de mon cœur, murmura-t-elle. J'espérais que c'était bien, mais comme c'est complètement différent de ce que je fais d'habitude, je ne savais pas trop.

Maintenant, elle savait. Elle s'était fourvoyée, une fois de plus.

— Il faut que tu reviennes à ce que tu faisais avant, décréta Sarah de son ton professoral.

C'était cette même voix qui, parfois, brisait les espoirs d'un étudiant. La voix de l'autorité et du savoir, assénant des vérités qui semblaient gravées dans le marbre.

— Tu as écrit de bonnes choses, au début, continua-t-elle. J'aimerais pouvoir te dire que ce texte est bien, mais je te mentirais. Tu vas te couvrir de ridicule et ton agent te le renverra à la figure. L'idée est intéressante, mais l'histoire ne tient pas debout, on dirait une parodie d'*Alice au Pays des Merveilles*. Le lecteur ne sait pas si tu plaisantes ou si tu dérailles.

— J'imagine que je déraille, répondit Liz d'un ton morne, tandis que Sarah lui rendait le manuscrit.

A cet instant, Olivia releva la tête de l'écran de son ordinateur. Sans avoir suivi la conversation, elle comprit ce qui venait de se passer en voyant l'expression accablée de sa fille. Son cœur se serra lorsque celle-ci fourra le manuscrit dans son sac comme au fond d'une poubelle. Elle lutta contre l'envie d'aller vers elle et de la prendre dans ses bras, mais lorsque Liz passa devant elle pour redescendre dans sa chambre – elle voulait cacher son livre dans un tiroir en attendant de le détruire une fois rentrée de vacances –, Olivia l'arrêta et tapota le fauteuil à côté d'elle.

— Est-ce qu'on peut parler deux minutes ? demanda-t-elle doucement.

Liz s'efforça de sourire à sa mère, tentant de cacher sa détresse.

— Bien sûr, maman. Il est arrivé quelque chose ? Mamibelle va bien, au moins ?

— Très bien, je l'ai eue au téléphone hier soir. Un monsieur de quatre-vingt-dix ans vient d'emménager dans l'appartement d'à côté et, apparemment, elle le trouve mignon. Peut-être le début d'une grande idylle !

Elles rirent toutes les deux de bon cœur. Maribelle était toujours aussi belle et pleine de vie.

— Ecoute, reprit Olivia, je n'ai pas entendu ce que t'a dit Sarah, mais c'est facile à deviner. Je viens de la voir te rendre le manuscrit. Il faut que tu te rappelles une chose : Sarah est une grosse, grosse intello. Elle baigne dans le monde universitaire, et les rares bouquins qu'elle a publiés ont dû se vendre à six exemplaires – et encore, grâce à ses amis. Elle n'a absolument aucune idée de ce qui peut marcher, commercialement parlant. Je ne veux pas que tu prennes trop à cœur ce qu'elle t'a dit. Montre ton livre à quelqu'un d'autre. A ton agent, par exemple.

— Sarah dit que je me couvrirais de ridicule si je le faisais lire à mon agent. C'est juste un fiasco de plus, ne t'inquiète pas pour ça, maman.

— Mais si, je m'inquiète pour toi, Liz ! Et ce n'est pas seulement que je t'aime : quelque chose me dit qu'elle se trompe, sur ce coup-là. Tu sais, j'adore le style Louis XV et les meubles anciens en général, mais ça ne m'empêche pas de vendre ce qui se fait de plus commercial et de moins cher. Résultat : nos produits partent comme des petits pains, et ce depuis cinquante ans ! Je ne te dis pas que ton texte a la qualité d'un meuble Louis XV, je dis seulement que Sarah ne connaît que ça. Si ça se trouve, tu as écrit un futur best-seller. Sarah serait incapable de flairer ce genre de succès même si on lui collait le nez dessus.

Liz éclata de rire malgré les larmes qui lui montaient aux yeux.

— Il faut que tu t'adresses à quelqu'un qui s'y connaît en fiction populaire, conclut Olivia.

— Sarah m'a clairement fait comprendre que c'était nul, insista Liz avec un tremblement dans la voix.

Olivia lui prit la main et la porta à ses lèvres.

— Ça veut juste dire que tu serais recalée si tu suivais son cours à l'université. Mais le monde ne s'arrête pas à Princeton. Tu vois ce bateau ? ajouta-t-elle, en continuant de serrer sa main dans la sienne. On l'a loué une fortune, et on peut se le permettre. On pourrait même l'acheter si on le voulait. Est-ce qu'on en est arrivés là en vendant de superbes meubles anciens ? Non, on a réussi en proposant de bons produits de masse que les gens adorent. C'est la littérature commerciale qui se vend, Liz, pas le genre de textes que Sarah voudrait que tu écrives. Me laisserais-tu lire ton manuscrit, ma chérie ? Je te promets d'être franche avec toi. Mais j'ai le sentiment que tu tiens quelque chose de bon. Tu es une fille intelligente, et j'ai confiance en ton instinct : je vois bien que tu es tout excitée par ce livre.

— Je l'étais, répondit Liz d'un air abattu, tandis que deux larmes roulaient sur ses joues. Et si jamais tu le trouves mauvais, comme Sarah ?

— Dans ce cas, tu écriras autre chose. Ce n'est pas la fin du monde. Tu sais, j'ai conçu des lignes de meubles qui n'ont pas marché du tout. C'est comme ça qu'on avance, par tâtonnements ; l'essentiel, c'est d'avoir le courage de réessayer.

— C'est ce qui me manque, répliqua Liz avec honnêteté. J'accumule les échecs ; à force, j'ai peur de retenter ma chance.

— Il ne faut pas. Tu as beaucoup plus de talent que tu ne le crois.

Olivia tendit la main, mais Liz hésitait à lui remettre le manuscrit.

— Donne-le-moi, s'il te plaît. Si ton intello de belle-sœur l'a lu, je ne vois pas pourquoi je ne pourrais pas. En plus, je trouve que ce qu'elle t'a dit était vraiment méchant. Parler de « ridicule », n'importe quoi ! Peut-être qu'elle est jalouse de ton imagination.

— Ce n'est pas le problème, maman. Elle trouve juste que ça ne vaut rien.

— Je suis prête à parier qu'elle se trompe, répondit fermement Olivia.

Mais Liz ne bougeait toujours pas.

— Ma chérie, tu n'as pas l'air de savoir que je suis une femme puissante. Partout dans le monde, les gens me craignent. Pourquoi ne m'obéis-tu pas ?

Liz se mit à rire.

— Parce que tu es ma maman et je sais qu'il n'y a pas de raisons d'avoir peur de toi ; tu fais juste semblant d'être redoutable.

— Ne dis surtout pas ça à mes concurrents, répliqua Olivia, riant à son tour. Il paraît que je les terrorise. Allez, donne-moi ce livre.

Liz se décida à sortir le manuscrit de son sac et le lui tendit à contrecœur.

— Si tu le détestes, ne me dis pas à quel point. On le jettera par-dessus bord ensemble, ou on organisera un autodafé.

— Je te promets d'être franche, tout en restant respectueuse de ton travail, ce qui n'a pas été le cas de Sarah. Je ne suis pas sûre qu'il soit très bien vu, dans le monde de l'édition, de dire à quelqu'un que son livre est illisible. Et si on discutait de sa garde-robe avec elle ? Ce qu'elle porte est-il vraiment « mettable » ?

Liz se remit à rire.

— Et j'ai l'impression qu'elle ne s'épile pas, continua Olivia. Elle a de la chance que ton frère soit fou d'elle. Il ne doit pas y avoir beaucoup d'hommes attirés par les jambes poilues et les Birkenstock. Peut-être que John aurait besoin d'une petite visite chez l'ophtalmo. Je lui en toucherai deux mots.

— Merci, maman. Tu sais, ce n'est pas grave si tu ne l'aimes pas. Je m'y attends, maintenant. Je croyais avoir fait quelque chose d'unique, mais j'ai dû me tromper.

— Ne sois pas si prompte à accepter la défaite, la gronda Olivia. Si tu crois en ce livre, bats-toi. N'abandonne pas.

— Je ne peux pas me battre s'il est mauvais.

— Combien de critiques négatives Shakespeare a-t-il essuyées ? Et Dickens, Victor Hugo, Baudelaire, Picasso ? Tous les grands artistes en passent par là. Et quel que soit mon avis sur ton texte, tu devrais quand même appeler ton agent à ton retour. Lui seul pourra juger.

114

— Ça fait trois ans que je ne lui ai pas parlé. Il m'a sûrement oubliée.

— Ça m'étonnerait. Tes nouvelles étaient très bien. Tu as du talent, Liz, il faut juste que tu persévères.

Elle baissa la voix, et ajouta sur le ton de la conspiration :

— On va lui faire ravaler ses paroles, à cette Sarah.

Sur ces mots, elle embrassa sa fille sur la joue, puis emporta le manuscrit dans sa cabine pour l'enfermer dans un tiroir, de peur que sa fille ne change d'avis et ne le lui reprenne. Elle prévoyait de le lire dans la soirée. Son cœur s'était serré à entendre les mots durs qu'avait eus Sarah. Celle-ci était-elle jalouse de Liz ? Ou seulement trop puriste pour apprécier la fiction populaire, du haut de ses sphères académiques ?

Lorsque Olivia remonta sur le pont, les jeunes étaient en train de prendre leur petit déjeuner. Les filles prévoyaient d'aller nager, tandis qu'Alex parlait d'explorer les environs en jet-ski.

— N'oublie pas que tu m'as promis une autre virée, lui rappela Olivia en lui tapotant l'épaule.

— Dès que j'ai fini de manger, mamie.

Comme elle s'asseyait à table pour bavarder avec eux, ils lui résumèrent les deux films qu'ils avaient vus la veille. Pendant ce temps, Sarah lisait un magazine littéraire. Liz adressa un sourire à sa mère en repensant à toutes ses paroles réconfortantes. Pourtant, elle ne doutait pas que Sarah eût raison. Il lui paraissait peu probable à présent que la folle histoire qu'elle avait écrite ait une quelconque valeur.

Phillip et John revinrent de la pêche le sourire aux lèvres : cette fois-ci, ils avaient attrapé plusieurs poissons de taille tout à fait honorable. Le chef en cuisina trois pour le déjeuner, et tout le monde les trouva délicieux.

Après quoi Olivia suggéra de visiter l'île d'Elbe, mais l'idée n'intéressait personne. Les jeunes avaient envie de lézarder au soleil et de se baigner, Sarah et John s'éclipsèrent dans leur chambre, et Phillip repartit pêcher avec l'un des hommes d'équipage.

Ce soir-là, ils dînèrent tôt. Phillip, John et Liz se remémorèrent des souvenirs d'enfance. Un voyage à Disneyland, une maison louée à Aspen pendant des vacances de printemps, un chien qu'ils avaient recueilli mais que le propriétaire était venu récupérer, un mauvais tour qu'ils avaient joué à un voisin auprès duquel ils avaient dû s'excuser... Ces anecdotes en appelaient chaque fois de nouvelles, et Olivia se rendit compte, accablée, qu'elle n'avait été présente pour aucune. Ses enfants n'auraient pas pu lui montrer de façon plus percutante combien elle avait manqué à ses devoirs envers eux.

On mit ensuite de la musique et tout le monde dansa un moment, puis les filles apprirent un nouveau jeu à Olivia pendant que Phillip et John commençaient une partie de poker menteur. Sarah et Liz acceptèrent de se joindre à eux à condition de jouer de l'argent. Phillip sortit grand vainqueur avec vingt dollars. Amanda, elle, s'était isolée dans sa chambre avec son livre. Quand John demanda à Phillip si elle avait un problème, il lui répondit que non. John n'insista pas.

Les adultes se retirèrent les premiers dans leurs cabines. Olivia resta dehors avec les jeunes pour s'assurer que personne ne tombait à l'eau pendant qu'ils faisaient route. Ils avaient mis le cap sur la Sardaigne. Finalement, Sophie et Carole décidèrent de regarder un film à l'eau de rose, laissant Alex seul avec sa grand-mère.

— Tu es sûre que tout va bien, mamie ? s'enquit-il.

Il avait remarqué l'expression attristée d'Olivia à la fin du dîner. C'était un garçon sensible et qui lui était très attaché.

— Ça va, Alex. Tu sais, j'ai été beaucoup absente quand mes enfants étaient petits, lui confia-t-elle. Je travaillais tout le temps, et maintenant, je le regrette. Mais on ne peut pas réécrire l'histoire, ni rattraper ses erreurs. Une seconde chance ne nous est pas toujours offerte.

— Je trouve que tu as fait du bon boulot, mamie. Tes enfants ont l'air de s'en être bien sortis.

— Je l'espère. Mais je sais qu'ils en ont souffert, et j'ai raté beaucoup de choses. Ton grand-père et ton arrière-grand-mère étaient bien plus présents que moi.

— Peut-être, mais si tu n'avais pas autant travaillé, on n'aurait pas tout ça, fit remarquer Alex en montrant le bateau.

Olivia sourit.

— C'est vrai. Mais ce n'est pas le plus important.

— N'empêche, c'est chouette. Ce yacht est génial, mamie. Merci.

— Je suis contente qu'il te plaise autant qu'à moi. Et c'est gentil de me le dire. Mais parlons un peu de toi : tout va comme tu veux ?

— Ça va, répondit Alex sans grand enthousiasme.

— Mais ? insista Olivia.

— Je ne sais pas... Tu dis que tu n'étais pas souvent là quand mon père, Phillip et Liz étaient petits. Mes parents sont présents tout le temps, eux. Ils ne vont nulle part sans moi. Mais bizarrement, je n'ai pas l'impression qu'ils soient vraiment là. Certains de mes amis disent que leurs parents se détestent. Les miens s'aiment trop, je crois. Ils sont toujours dans leur coin à chuchoter ou à s'embrasser, ou bien ils s'isolent dans

117

leur chambre pour « faire la sieste ». Parfois j'ai le sentiment qu'il n'y a pas de place pour moi dans leur vie. Ils sont tellement proches qu'il n'y a de place pour personne, en fait. Ça m'arrive de traîner à la maison sans savoir à qui parler. Tes enfants pouvaient jouer ensemble, au moins. Moi, je suis tout seul.

C'était le problème de tous les enfants uniques. Mais indépendamment de cela, Olivia comprenait ce qu'Alex voulait dire.

— C'est délicat, dit-elle. Tu as de la chance d'avoir des parents qui s'aiment, mais je comprends que tu te sentes exclu. Tu leur en as déjà parlé ?

— Non, parce que ça ne changerait rien. De toute façon, je pars à la fac dans un an, ils pourront bien faire ce qu'ils voudront. C'est pour ça que je veux m'en aller, même si maman préférerait que j'étudie à Princeton. J'ai besoin d'air.

Olivia n'en doutait pas.

— Et puis... Je ne sais pas... Je suis prêt à aller de l'avant, je crois.

Elle eut l'impression qu'il allait ajouter quelque chose, mais il se ravisa.

— Rien d'autre ?

— Non, c'est tout. Mamie, je ne veux pas que tu leur répètes ce que je t'ai dit.

— Je n'en ferai rien. Mais peut-être que tu devrais leur en parler un jour, qu'ils sachent ce que tu ressens.

— Ils ne s'intéressent qu'à eux, répliqua tristement Alex. J'aurais tant aimé avoir un frère ou une sœur !

La vie était bien ironique, songea Olivia. Parce qu'elle avait été une mère absente, John se faisait un devoir de rester à la maison avec son fils. Mais il aimait tellement sa femme qu'ils en finissaient par exclure leur enfant, et celui-ci se retrouvait aussi seul que si ses parents n'avaient pas été là. On ne voit jamais les erreurs qu'on commet, même si elles sont flagrantes aux yeux des autres.

Ce soir-là, ils bavardèrent un long moment sur le pont tandis que le bateau voguait au clair de lune. Olivia appréciait le calme et la beauté de ces voyages nocturnes. Lorsque Alex descendit se coucher, elle se retira dans sa cabine et s'allongea sur son lit avec le manuscrit de Liz. Il lui tardait de le découvrir.

8

Le lendemain à l'aube, ils atteignirent les Bouches de Bonifacio, détroit qui sépare la Corse de la Sardaigne. Le capitaine les avait prévenus que la traversée risquait d'être agitée, mais que la mer redeviendrait lisse assez rapidement. Olivia fut réveillée par une série de chocs qui faisaient frémir le gros bateau : une forte houle s'était formée, et le yacht retombait lourdement après chaque vague. Renonçant à se rendormir, elle se leva et alla voir si les autres avaient eux aussi été tirés de leur sommeil.

En arrivant sur le pont en chemise de nuit et robe de chambre, elle découvrit Liz blottie dans un coin abrité, le teint blême. Jusque-là, elle n'avait pas été malade. Elle portait encore les bracelets que l'équipage lui avait donnés, convaincue de leur efficacité. Olivia se demandait si l'effet n'était pas purement psychologique, mais l'essentiel était que sa fille y croie.

— Tu as mal au cœur ?

— Un peu, répondit Liz en souriant faiblement. Ça s'est mis à tanguer d'un coup.

— Ce sera bientôt fini, c'est juste le temps de passer entre la Corse et la Sardaigne. Selon le capitaine, ça ne devrait pas durer plus d'une heure.

Par chance, le *Lady Luck* était équipé de stabilisateurs. Son poids et sa coque en acier aidaient également à le rendre plus stable.

— Tu sais, Liz, j'ai lu ton livre, annonça Olivia. Je l'ai même lu deux fois, pour être certaine que ma première impression était la bonne.

Elle marqua une pause, un grand sourire aux lèvres.

— Je l'ai adoré, Liz. Il est vraiment super. Je ne doute pas un seul instant que quelqu'un voudra le publier ; je crois même que ça va devenir un best-seller, un de ces livres culte dont tout le monde tombe amoureux.

— Tu dis ça pour me faire plaisir, murmura Liz en baissant les yeux. Tu n'es pas obligée de me mentir, maman.

— Je ne te mens jamais.

Olivia enroula un plaid en cachemire autour des épaules de sa fille, qui grelottait dans la brise matinale.

— Sarah n'a pas su reconnaître ce qu'elle avait entre les mains. Si tu n'appelles pas ton agent à ton retour, je m'en chargerai moi-même, conclut-elle en fixant Liz de son regard perçant.

— Tu penses vraiment qu'il vaut quelque chose ?

— Oui, vraiment. Ce n'est pas du mobilier Louis XV, ce n'est pas du Shakespeare, mais c'est ce que beaucoup de monde a envie de lire. Il te faut un titre, par contre.

— Qu'est-ce que tu penses de *Ramassis de conneries* ?

Elles éclatèrent de rire.

— C'est assez accrocheur, en effet.

Olivia passa un bras autour des épaules de sa fille et la regarda dans les yeux.

— Je suis très, très fière de toi. Ce livre est génial ! Et merci de m'avoir fait confiance, d'avoir eu le courage de me le faire lire.

— Qu'est-ce que je dois faire, maintenant ? demanda Liz nerveusement.

— Appelle ton agent. Il saura à quelle maison d'édition le présenter.

Liz s'était attendue à ce que sa mère déteste son texte, et l'idée qu'il puisse être publié et avoir du succès la pétrifiait.

— J'ai peur, avoua-t-elle.

— Tout le monde a peur. Ça m'arrive très souvent. Beaucoup de choses peuvent mal tourner dans la vie, comme ton père qui est mort si jeune, et le mien encore plus. Mais le bonheur existe aussi. Tu as bien mérité que la chance te sourie, et j'espère vraiment que ce sera pour cette fois.

— Merci, murmura Liz en serrant la main d'Olivia dans la sienne. Je contacterai mon agent dès mon retour.

Les paroles de sa mère valaient tout l'or du monde. Etrangement, elle se fiait davantage à son avis qu'à celui de sa belle-sœur. Celle-ci était trop intello pour comprendre ce qu'elle avait voulu faire.

Olivia aborda alors un sujet qui l'avait hantée une bonne partie de la nuit :

— Tu sais, ces anecdotes que toi et tes frères avez racontées hier soir ? Ça m'a fait comprendre à quel point j'ai été une mère absente ; je ne me souviens d'aucune. Si je pouvais faire les choses autrement, je le ferais. Malheureusement, c'est trop tard, mais je veux que tu saches que je regrette.

— Je le sais déjà, Maman. Mais franchement, on n'était pas malheureux. Papa et Mamibelle ont été super avec nous, et toi aussi, quand tu rentrais. Et puis, tu bossais !

— Oui, mais j'ai raté tant de moments importants de votre enfance ! John et toi, vous semblez l'avoir accepté, mais Cass et Phillip ne le digéreront jamais.

— Phillip a toujours été un gros râleur, répliqua Liz.

Olivia ne put s'empêcher de rire, car c'était vrai, autant qu'elle pouvait s'en souvenir. Et Cass était née en colère, alors que Liz et John avaient été des bébés calmes et heureux, puis des enfants enjoués. Chacun avait son caractère, et ce depuis tout petit.

Mère et fille restèrent assises main dans la main jusqu'à ce que la houle retombe. Un pas important avait été franchi dans leur relation, et, d'une certaine manière, c'était grâce au livre de Liz. Mais Olivia avait conscience que celle-ci se montrait beaucoup plus indulgente envers elle que ses frères et sa sœur. Aux yeux de Phillip et de Cass, ses péchés semblaient être impardonnables.

A l'approche de la Sardaigne, la mer était redevenue calme. Quand ils se glissèrent entre deux yachts aussi imposants que le leur au port de Porto Cervo, Liz n'avait plus du tout mal au cœur. Olivia et elle commandèrent un petit déjeuner, qu'elles terminaient juste lorsque les autres apparurent. Amanda, un peu pâle, se plaignit d'avoir senti le bateau tanguer. Phillip et John ne s'étaient rendu compte de rien, et Sarah ne semblait pas en avoir souffert. Quant aux jeunes, ils s'étaient beaucoup amusés de ces turbulences.

Amanda trépignait d'impatience à l'idée de descendre à terre. Lieu de prédilection de la jet-set, la Sardaigne était célèbre pour ses magasins de luxe, et Amanda s'animait à la seule vue des autres yachts et de leurs propriétaires fortunés. Olivia aussi avait hâte de flâner dans les boutiques, et Sarah elle-même acceptait d'aller faire du shopping !

Les marques italiennes les plus réputées étaient présentes sur l'île : Gucci, Prada, Loro Piana, Bulgari... Pendant que les femmes pénétraient dans ces temples du luxe, les garçons visitèrent les galeries d'art disséminées le long du port. Lorsqu'elles rejoignirent le bateau, à l'heure du déjeuner, toutes avaient les bras chargés de leur butin, à l'exception de Sarah, qui avait été choquée par le prix des vêtements. Olivia avait craqué pour une veste courte en fourrure et avait fait des folies pour sa fille, sa belle-fille et ses petites-filles. Elle avait offert à Liz une superbe veste noire en cuir, et à Amanda un manteau de laine très élégant. Lors du déjeuner, le capitaine leur proposa d'effectuer pour eux une réservation au Billionaire, célèbre boîte de nuit locale.

— Je déteste les boîtes, déclara Amanda froidement. Ce sera sans moi.

Elle resta inflexible, malgré les encouragements des autres. Phillip annonça toutefois qu'il viendrait. Même Olivia était partante.

— Ça fait des années que je n'ai pas mis les pieds dans une boîte de nuit, avoua-t-elle. Je ne sais plus comment on danse.

— On t'apprendra, mamie, la rassura Sophie, aussitôt appuyée par sa sœur et son cousin.

Dans l'après-midi, ils quittèrent le port afin de trouver un endroit abrité pour nager. Phillip et John sortirent deux scooters des mers et se poursuivirent comme des gamins autour du bateau. Vers vingt-deux heures, ils se retrouvèrent sur le pont pour dîner. Chacun s'était mis sur son trente et un. Olivia avait choisi un pantalon de satin blanc ainsi qu'un magnifique corsage en organza, Amanda portait une robe blanche moulante alors même qu'elle ne prévoyait pas de ressortir, et Liz avait emprunté un haut dos nu à l'une de ses filles, toutes deux ravissantes dans leurs petites robes sexy. Quant à Sarah, elle avait opté pour une robe à fleurs. La coiffeuse avait fait des merveilles avec ses cheveux, si bien qu'elle avait un peu moins une allure de professeur. John sourit jusqu'aux oreilles en la voyant aussi jolie. Alex, lui, portait un jean noir et une chemise blanche. Ils formaient un groupe élégant à la table du dîner, et davantage encore lorsqu'ils se rendirent au Billionaire : les femmes avaient toutes enfilé des talons hauts ; il leur fallut d'ailleurs quelques minutes pour se réhabituer à marcher sur la terre ferme.

A leur arrivée dans l'établissement encore à moitié désert – il était pourtant minuit déjà –, un maître d'hôtel les installa dans une alcôve privée. Une demi-heure plus tard, le lieu grouillait de beau monde venant des yachts ou des villas alentour. Une clientèle dorée, à l'image des prix pratiqués dans ce club luxueux... L'italien prédominait, mais Olivia entendit également parler français, anglais, espagnol, allemand et russe. La musique était assourdissante, le champagne coulait à flots. Les serveurs se faufilaient dans la foule en brandissant des bougies magiques, tandis que les serveuses distribuaient des bijoux fluorescents. L'ambiance était à la fête. Alex et ses cousines burent une coupe de champagne, puis entraînèrent Olivia sur la piste de danse. Avant qu'elle n'ait eu le temps de comprendre ce qui lui arrivait, elle se déhanchait au milieu de la foule et s'amusait comme une folle.

— Qui est cette femme ? demanda Phillip à son frère avec un grand sourire. Ça ne peut pas être notre mère !

Olivia semblait avoir rajeuni de trente ans. Elle était à la fois digne et sexy dans son pantalon de satin et ses talons hauts. D'humeur joyeuse, Phillip attrapa sa sœur par le bras et l'entraîna sur la piste. Sarah et John, eux, restèrent au fond de l'alcôve pour s'embrasser comme des adolescents.

Phillip avait bu la moitié d'une bouteille de vodka quand il se décida à se rabattre sur la bière. Jamais il n'avait autant dansé – il fit même quelques pas avec une femme très attirante en robe de cocktail. Puis il repéra un play-boy italien en train de tourner autour de Liz et vola au secours de sa sœur, qui sembla toutefois déçue de son intervention.

— C'était qui, ce type ?

Elle haussa les épaules, un sourire coupable aux lèvres.

— Il dit qu'il est sur un yacht, lui aussi. Il vient de Milan ; il m'a invitée à passer le week-end avec lui.

C'était tout à fait le genre d'homme avec lequel Liz se serait attiré des ennuis vingt ans plus tôt. Aujourd'hui, elle se contentait simplement de flirter avec lui : elle préférait rester en famille, même si elle appréciait de faire l'objet d'un peu d'attention masculine.

A trois heures et demie du matin, la fête battait encore son plein lorsqu'ils décidèrent de partir. Olivia avait tellement mal aux pieds qu'elle pouvait à peine marcher, mais elle ne regrettait rien : ils avaient passé une soirée formidable, meilleure encore qu'un réveillon de la Saint-Sylvestre. John et Sarah étaient les plus sobres du groupe et ils n'avaient pourtant pas boudé le champagne... Non seulement leur retour sur le yacht ne fut pas des plus discrets, mais les jeunes mirent de la musique pour continuer à danser. Olivia s'effondra sur un canapé, percluse de courbatures.

— Qu'est-ce qu'on s'est amusés ! s'exclama-t-elle gaiement. J'ai peut-être un peu trop bu, par contre.

Phillip éclata de rire.

— Bienvenue au club, maman. Au fait, tu te débrouilles pas mal sur la piste.

Il se souvint soudain avoir vu ses parents danser ensemble autrefois. Ces moments avaient été si rares !

— Toi aussi, tu danses bien, répondit Olivia en souriant.

Il était presque cinq heures du matin quand ils se décidèrent à se coucher.

Tandis qu'elle se dirigeait lentement vers sa chambre, Olivia songea avec une pointe de tristesse que Joe aurait adoré cette soirée. Dans leur euphorie, ils en avaient complètement oublié l'absence d'Amanda. Voilà bien longtemps qu'ils n'avaient pas vu Phillip aussi enjoué.

Olivia s'allongea quelques instants sur son lit avec l'intention de se relever pour se déshabiller ; au bout du compte, elle s'endormit comme une souche dans ses vêtements de soirée, ses sandales à talons dans la main et un sourire aux lèvres. Demain, elle appellerait sa mère pour lui raconter.

9

Ils étaient tous un peu hirsutes lorsqu'ils se retrouvèrent à la table du petit déjeuner le lendemain midi. Malgré son teint étonnamment frais, Olivia avoua qu'elle pouvait à peine tenir debout. Les yeux cachés derrière ses lunettes de soleil, Phillip demanda un verre de Fernet Branca, son remède de jeunesse contre la gueule de bois.

— Je crois que j'ai une tumeur au cerveau, gémit-il.

Tout le monde éclata de rire. Sauf Amanda, qui attendait toute seule sur le pont depuis neuf heures du matin.

— On dirait que vous avez passé une bonne soirée, dit-elle d'un ton guindé.

— Oui, mamie s'est bien donnée sur la piste de danse, répondit Alex.

Les rires fusèrent de nouveau.

— J'ai passé un très, très bon moment, confirma Olivia. En témoignent mes ampoules aux pieds.

— Moi, j'ai le vague souvenir d'avoir accepté l'invitation d'un Milanais pour le week-end, confia Liz d'un air ahuri.

Elle ne se rappelait même plus combien de coupes de champagne elle avait bues. Ils faisaient tous peine à voir tandis qu'ils se passaient le tube d'aspirine. C'était les jeunes, finalement, qui avaient été le plus sages.

A quinze heures, après s'être fait masser à tour de rôle, ils commençaient à se sentir mieux. Ils piquèrent une tête, se détendirent sur le bateau, et rirent beaucoup en se remémorant leur soirée.

En fin d'après-midi, Olivia appela Maribelle et fut surprise d'apprendre que Cass, venue rencontrer un client à New York, était passée voir sa grand-mère la veille. Cass était sa fille perdue. Même si elles se voyaient de temps en temps, Olivia ressentait un vide terrible en elle. Il y avait eu tant de mal de fait, tant de distance de prise, que la situation semblait désespérée.

— Il ne faut jamais dire « jamais », lui rappela Maribelle avec la sagesse de son âge. La vie nous réserve parfois des surprises. Les gens changent.

Olivia en doutait.

Elle fit rire sa mère en lui racontant la soirée de la veille. Et l'addition s'était révélée encore plus choquante que la quantité d'alcool qu'ils avaient absorbée. Heureusement, Olivia avait été trop pompette pour s'en soucier sur le moment.

— Je vois que vous vous êtes comportés comme des ivrognes !

— Sans aucun doute. Mais c'était super ! Tes arrière-petits-enfants m'ont fait danser toute la nuit.

Après avoir dîné à bord, ils mirent le cap sur la Corse, ayant décidé de naviguer de nuit. Liz redoutait le passage des Bouches de Bonifacio, mais les prévisions météo étaient favorables. Pourtant, à mi-chemin entre la Sardaigne et la Corse, un fort mistral se leva brutalement. Le yacht se mit à tanguer sur la mer démontée. Liz fut la première à frapper à la porte d'Olivia tandis que le bateau gémissait sous leurs pieds.

— On va couler ? demanda-t-elle, paniquée.

— Mais non, répondit Olivia en souriant. C'est sûrement un vent de tempête imprévu.

Elle avait beau se vouloir rassurante, le balancement n'en était pas moins désagréable et perturbant. Le yacht retombait violemment dans le creux des vagues, avec chaque fois un bruit terrifiant. Liz avait le teint livide et les yeux écarquillés par la peur.

— Est-ce qu'on doit mettre nos gilets de sauvetage ? s'enquit-elle.

— Je ne pense pas.

A cet instant, Phillip entra dans la cabine.

— Amanda ne se sent pas bien du tout. Tu ne crois pas qu'on devrait faire demi-tour ?

Olivia doutait que ce soit la bonne solution, vu qu'ils avaient déjà parcouru la moitié du chemin. Mais le gros bateau tanguait et roulait de plus belle.

— Je vais parler au capitaine, dit-elle calmement.

Sarah et John apparurent, bientôt rejoints par les trois jeunes. Les membres de l'équipage passaient dans les couloirs pour retirer des tables les objets fragiles et poser par terre tout ce qui risquait de se casser. Ils avaient l'air affairés, mais pas anxieux, ce qui était plutôt rassurant.

— Oh merde, je suis sûre qu'on va couler ! lâcha Liz en s'agrippant au bras de sa mère.

Carole et Sophie échangèrent un regard, puis la première se mit à pleurer. Olivia haussa la voix pour se faire entendre :

— On ne va pas couler, affirma-t-elle. S'il y avait le moindre risque, le capitaine nous aurait prévenus. Je vais lui demander ce qui se passe.

Ils la suivirent jusqu'à la timonerie, où le capitaine était en train de surveiller les écrans radars et de consulter des cadrans. Il leur lança un regard d'excuse en les entendant entrer dans la pièce.

— Je suis désolé, c'est le mistral. Je pensais qu'on l'éviterait, mais il s'est levé plus tôt que prévu.

Le yacht était à la merci de vents de cinquante nœuds.

— Est-ce qu'on est en danger ? demanda Liz faiblement.

— Pas du tout. Ça ira mieux d'ici deux heures, quand on sera à l'abri de la terre. Mais les vents vont rester forts pendant les deux jours à venir.

— Aussi forts que maintenant ? s'inquiéta Sarah.

— Non, moins forts. Les conditions sont particulièrement mauvaises dans le détroit.

— Est-ce qu'on ne devrait pas retourner à Porto Cervo ? demanda Phillip en songeant à Amanda, malade et blanche comme un linge dans leur cabine.

— Ça reviendrait au même, puisqu'il nous faudrait au moins deux heures pour regagner le port, répondit le capitaine. Mieux vaut tracer notre route. Je vous assure que dans deux heures cela ira mieux.

Olivia conduisit ses troupes jusqu'à un salon situé à l'étage de sa suite. Quand le commissaire de bord, aidé de deux hôtesses, leur proposa à boire et à manger, tous déclinèrent. Liz s'éclipsa et reparut quelques instants plus tard affublée de son gilet de sauvetage.

— Au cas où, murmura-t-elle.

Les autres ne purent s'empêcher de rire. Mais il n'y avait rien d'amusant à naviguer en pleine tempête. Les enfants étaient nerveux, John et Sarah semblaient inquiets. Phillip et Olivia étaient les plus calmes.

Ils restèrent ensemble pendant deux heures, avant de regagner leurs cabines pour tenter de se reposer. Une heure plus tard, ils se trouvaient enfin à l'abri de la côte corse. Bien que la mer fût encore agitée, le vent s'était calmé et le bateau tanguait moins. Liz passa le reste de la nuit sur le lit d'Olivia, agrippée à sa main et emmitouflée dans son gilet de sauvetage.

Au matin, le yacht avait retrouvé un peu de stabilité. L'émotion les avait épuisés. Toute la journée, ils se reposèrent, sans rien faire de particulier. Le soir, les adultes se couchèrent tôt, Alex et Carole descendirent regarder un film et Sophie resta bavarder avec sa grand-mère sur le pont. Olivia en profita pour aborder un sujet qui lui occupait l'esprit depuis un moment.

— Que dirais-tu de travailler à l'Usine quand tu auras fini tes études ? On en a déjà parlé, mais je veux que tu saches que j'y pense très sérieusement. Je suis sûre que tu apporterais beaucoup à l'entreprise. D'ici un an ou deux, tu pourrais même diriger un des magasins à l'étranger.

Le visage de Sophie s'illumina de joie. Depuis toute petite, elle rêvait de travailler pour sa grand-mère.

— Je tenais à te faire cette proposition avant que tu te fasses embaucher ailleurs, précisa Olivia avec un sourire.

— Je ne demande pas mieux, Mamie. Il me tarde de commencer ! D'autant que Carole va sans doute partir à Los Angeles au mois d'août. Elle veut travailler avec son père et sa belle-mère. Ça fait un moment qu'elle en parle.

— Je sais, et ce serait bien pour elle. Il est temps qu'elle saute le pas. Elle a toujours rêvé de vivre avec son père. Par contre, ça risque d'être dur pour Liz.

— Elle lui en a déjà touché deux mots, et maman est d'accord. Carole se laisse un peu aller à New York, c'est tellement difficile de se faire une place dans le milieu artistique. Mais bon, elle va me manquer.

— A moi aussi.

Olivia était toutefois ravie que Sophie ait accepté son offre. La troisième génération intégrait enfin les rangs de l'Usine. Peut-être Alex les rejoindrait-il un jour, lui aussi.

Le lendemain matin, le yacht avait atteint Saint-Jean-Cap-Ferrat, un des lieux les plus huppés de la Côte d'Azur. Olivia y avait déjà loué une immense villa, une année. Au petit déjeuner, Amanda avait retrouvé le sourire : elle pouvait à loisir admirer les maisons de luxe qui s'offraient à sa vue. Elle affichait un intérêt prononcé pour les personnes à la tête de fortunes colossales ; les autres ne méritaient pas son attention.

Lorsque Alex apprit que sa grand-mère avait proposé un poste à Sophie, il exprima aussitôt sa jalousie, au grand déplaisir de Sarah. Celle-ci imaginait pour son fils une carrière au sein d'une fondation, ou comme militant politique. L'idée qu'il travaille pour l'Usine la contrariait – Olivia prenait soin d'ailleurs de ne jamais évoquer le sujet en sa présence. Mais pour l'heure, Sarah pouvait dormir sur ses deux oreilles : il n'était pas question d'embaucher Alex avant qu'il ait terminé ses études.

Olivia permit à Sophie d'assister à sa réunion de travail matinale avec John et Phillip. Tous trois furent agréablement surpris par les idées de la jeune fille. C'était le jour idéal pour un tel baptême, car exceptionnellement, aucun problème ne s'était présenté, et ils avaient reçu de bons retours concernant les ventes d'une nouvelle ligne que John venait d'introduire.

Une fois la réunion terminée, ils filèrent vers le Cap d'Antibes et jetèrent l'ancre en face de l'Hôtel du Cap, un des nombreux lieux extraordinaires qu'Olivia avait découverts avec Joe, et sans conteste le plus romantique d'entre tous. Ils y avaient passé un week-end fabuleux au pavillon Eden Roc : nourriture délicieuse et chambre splendide.

Ils rejoignirent le ponton de l'hôtel à bord de la navette et dégustèrent un repas succulent sur la terrasse du restaurant, avec vue sur la piscine et la Méditerranée. Le *Lady Luck* offrait un spectacle impressionnant. Ils pouvaient entendre les clients du restaurant s'interroger sur les passagers qui avaient la chance de jouir d'une telle merveille. Parmi eux, un certain nombre d'Américains, mais aussi des Allemands et quelques membres connus de l'aristocratie française. Amanda nageait en plein rêve, ses chevilles étaient sur le point d'éclater. Elle glissa à Phillip qu'il leur faudrait revenir ici une semaine entière lors de prochaines vacances. Mais Phillip ne ressentait pas le besoin d'impressionner le monde. Il se satisfaisait pleinement de leur petite maison dans les Hamptons et du voilier qu'il gardait amarré au yacht-club du coin.

Après une promenade dans le parc de l'établissement, ils regagnèrent leur bateau. Ils commençaient vraiment à s'y sentir chez eux. Ils se baignèrent, se relaxèrent sur le solarium, puis reprirent tranquillement la route de Saint-Jean-Cap-Ferrat, où ils avaient prévu de mouiller pour la nuit. Amanda s'était souvenue qu'un couple d'amis y séjournait et les avait appelés pour se faire inviter à dîner le soir même avec Phillip et Liz. John et Sarah préférèrent passer une soirée tranquille sur le bateau – dans leur chambre plus précisément. Quant à Olivia, elle décida de rester avec les enfants, qui voulaient danser.

Plus tard ce soir-là, Olivia se retrouva seule sur le pont avec son petit-fils. Le jeune homme garda le silence un long moment. Il semblait préoccupé. Etait-il contrarié par la proposition qu'elle avait faite à Sophie ? Il devait pourtant comprendre qu'il était trop jeune pour travailler avec elle : il lui restait encore cinq ans d'école.

— Alex, est-ce que je peux faire quelque chose pour toi ? lui demanda-t-elle.

— Je ne sais pas, mamie.

C'était un garçon très franc, mais il hésitait visiblement à se confier.

— Parfois, les choses sont plus compliquées qu'elles en ont l'air, ajouta-t-il.

— C'est bien vrai, approuva Olivia en souriant. Si tu sais ça, tu as déjà un train d'avance.

— J'aimerais te dire un secret, mais tu me jures que tu ne le répéteras pas ?

— Bien sûr.

Elle romprait toutefois sa promesse s'il se mettait en danger, mais elle crut bon de ne pas le préciser.

— Je ne veux pas que papa et maman soient au courant.

— Pourquoi ?

— Je ne pense pas qu'ils comprendraient.

Olivia était flattée qu'il l'estime plus ouverte que ses parents. En même temps, elle avait trente ans de plus, et davantage d'expérience de la vie et du monde que Sarah et John, qui vivaient dans leur bulle.

— Je t'écoute, Alex.

— Je suis homo.

L'espace de quelques instants, Olivia ne sut que dire. Elle l'observa un moment, avant d'acquiescer. Malgré sa surprise, elle ne voulait pas lui donner l'impression qu'elle le condamnait. Ce n'était pas le cas, d'ailleurs. Elle craignait seulement que cela lui complique la vie.

— Tu es sûr ? demanda-t-elle calmement. Qu'est-ce qui te fait croire ça ?

La naïveté de sa grand-mère le fit sourire. Elle réagissait comme s'il venait de lui annoncer qu'il avait la rougeole et qu'elle voulût vérifier ses symptômes pour confirmer le diagnostic.

— Je suis attiré par les garçons, mamie, pas par les filles.

— Ah oui, bien sûr, dit-elle avec un sourire penaud, consciente d'avoir posé une question idiote. Et tu le sais depuis quand ?

— Depuis que j'ai treize ans, à peu près. Je n'en étais pas vraiment sûr jusqu'à cette année. Mais il y a un garçon au lycée qui me plaît vraiment. Et je n'ai jamais considéré les filles autrement que comme des amies.

Olivia n'osa pas lui demander jusqu'où il était allé avec ce garçon – la question aurait été indiscrète.

— Tu en as parlé à quelqu'un d'autre ?

— Non, tu es la première à qui je le dis.

— Et tes parents ? Pourquoi penses-tu qu'ils ne comprendraient pas ? Ta mère est professeur d'université. Elle côtoie des jeunes tous les jours.

— Ce n'est pas pareil. En fait, maman ne sait rien de moi : elle pense que je suis encore jeune et que je préfère le sport aux filles.

Olivia songea à la distance qui la séparait de sa propre fille, Cass. Alex, lui, semblait avoir confiance en elle.

— Que puis-je faire pour toi ? Tu veux que je leur parle ?

— Non, je voulais juste que quelqu'un sache qui je suis vraiment. Tu es choquée ?

— Pas du tout, répondit-elle sincèrement, tout en se laissant aller en arrière dans son fauteuil. Je suis juste un peu triste pour toi, parce que ça ne va pas toujours être facile. Tu risques de ne pas être accepté par tout le monde. Et peut-être que tu n'auras pas d'enfants, à moins d'en adopter, ou de faire appel à une mère porteuse ou à une amie. Il n'y a rien d'insurmontable, mais ce sera juste un peu plus compliqué.

Toutes ces pensées se bousculaient dans son esprit, mais surtout, elle se rendait compte que Sarah et John ne savaient pas qui était leur fils, ni ce qu'il ressentait. En somme, il était seul.

— Je crois que tu devrais quand même leur en parler, insista-t-elle. Laisse-leur une chance.

Alex secoua la tête.

— Ils deviendraient fous, surtout mon père. Maman s'en remettrait – comme tu dis, elle a des étudiants gays. Mais je ne crois pas que papa accepterait. Si ça se trouve, il me mettrait à la porte.

La peur se lisait dans ses yeux. Alex avait entendu des histoires terribles sur les réactions de certains parents, et de certains pères en particulier, face à l'homosexualité de leur fils. Ces récits l'avaient marqué.

— Tu oublies un point important, lui rappela sa grand-mère. Ils t'aiment, et ça change tout. Tu es leur unique enfant.

— C'est pire, justement, répliqua Alex d'un ton désespéré. S'ils avaient un autre fils, ce serait plus simple. Là, tous leurs rêves, toutes leurs attentes reposent sur moi.

Olivia ne pouvait pas le contredire sur ce point.

— Et si on leur annonçait ensemble ? suggéra-t-elle.

— Un jour, peut-être. Pas maintenant.

— Comme tu voudras. Peut-être qu'ils devineront tout seuls ?

— Ça m'étonnerait, ils sont en plein déni. Ils ne se demandent même pas pourquoi je ne m'intéresse pas aux filles, alors qu'à dix-sept ans tous mes copains ne pensent qu'à ça. Il faut regarder les choses en face : le sport ne remplace pas le sexe ! s'exclama-t-il en riant.

Voilà qui répondait à la question de savoir s'il était actif sexuellement...

— J'espère que tu prends tes précautions par rapport au sida.

— Evidemment, répliqua-t-il, vexé. Je suis homo, pas idiot.

— Excuse-moi.

Olivia avait le sentiment d'avoir grandi au cours de cette soirée. Son petit-fils s'avérait plus averti des choses de la vie qu'elle ne l'était elle-même.

— En tout cas, reprit-elle, je suis très honorée que tu m'aies fait confiance, Alex. Je suis là si tu as besoin de moi. Il te suffit de décrocher le téléphone. Et si jamais tu changes d'avis, si tu as envie que je parle à John ou à Sarah, dis-le-moi. Ta tante Liz aussi peut t'aider. Ton père l'écoute toujours.

Olivia avait déjà eu l'occasion d'utiliser Liz comme intermédiaire. Celle-ci avait une influence sur son petit frère que personne d'autre n'exerçait, hormis sa femme.

— Merci, mamie, répondit Alex en la serrant dans ses bras.

Il semblait avoir retrouvé un peu de son insouciance d'enfant. Partager son secret avec sa grand-mère l'avait soulagé d'un énorme poids : elle n'avait pas crié, elle ne s'était pas évanouie. Elle l'aimait toujours. Il avait surveillé sa réaction de près, et tout s'était bien passé.

— Tu me laisseras quand même travailler pour toi ?

— Evidemment, s'offusqua-t-elle. Qu'est-ce que ça change ?

— Tu ne seras pas gênée d'avoir un petit-fils homo au sein de l'entreprise ?

— Bien sûr que non. Je suis fière de toi, quelle que soit ton orientation sexuelle. Et quand tu obtiendras ton diplôme, je le serai encore plus.

Alex l'embrassa, puis ils se séparèrent pour aller se coucher.

Olivia était touchée qu'il se soit confié à elle. Il ne lui restait plus qu'à l'aider à en parler à ses parents, car il faudrait bien que ceux-ci apprennent la vérité un jour. Et elle espérait que, le moment venu, Sarah et John se montreraient à la hauteur. Elle n'en attendait pas moins de son fils. Mais seul le temps lui donnerait tort ou raison.

10

Le lendemain matin, ils mirent le cap sur Saint-Tropez, soulagés de naviguer par mer calme. Amanda avait mille choses à raconter sur leur dîner de la veille, leurs merveilleux amis de New York et la maison extraordinaire qu'ils avaient louée. Bientôt, ils s'arrêtèrent pour se baigner près de l'île Sainte-Marguerite, au large de Cannes. C'est là qu'avait été emprisonné l'homme au masque de fer, supposé être le frère du roi. Les jeunes furent très impressionnés lorsque Olivia leur raconta cette histoire. Pendant ce temps, John esquissait un croquis de l'île ; il avait déjà rempli tout un carnet à dessins.

En arrivant au port de Saint-Tropez en fin d'après-midi, ils amarrèrent le yacht à l'emplacement que le capitaine avait réservé, tout au bout du quai – le seul qui fût assez large pour accueillir le bateau. Les femmes voulaient explorer les boutiques et voir un peu de couleur locale, mais dès qu'elles mirent pied à terre, elles furent assaillies par des paparazzis. Ceux-ci s'imaginaient sans doute qu'elles étaient connues ou importantes, pour descendre d'un si gros yacht. Ils les suivirent en scooter et les éblouirent avec leurs flashs, pour le plus grand plaisir d'Amanda et le plus grand agacement des autres. La ville comptait parmi les plus touristiques du sud de la France. Ici, tout le monde voulait voir et être vu. Lorsqu'elles rentrèrent au bateau, l'équipage avait installé des rideaux sur les ponts afin de préserver leur intimité tant qu'ils mouilleraient au port.

Ils décidèrent de dîner à bord, n'ayant aucune envie de supporter la frénésie des photographes. Dans la soirée, ils partirent cependant à la recherche d'une boîte de nuit et réservèrent une table aux Caves du Roy. Le capitaine les avait prévenus que l'établissement ne valait pas le Billionaire, mais ils s'y amusèrent tout autant, en buvant toutefois un peu moins.

— Je crois que je ne reconnais plus ma mère, commenta Phillip tandis qu'il la regardait danser avec Alex.

Amanda, qui avait cette fois-ci accepté de venir, fut déçue que personne ne les prenne en photo, mais elle se montra plus câline avec Phillip qu'elle ne l'avait été depuis le début du séjour. Il lui avait fallu du temps pour se dégeler, de même qu'à Phillip pour oublier ses propos blessants. S'étant inquiétée de les voir si distants, Olivia trouvait sa belle-fille de meilleure humeur depuis qu'ils avaient dîné chez leurs amis à Saint-Jean-Cap-Ferrat. Peut-être Amanda avait-elle le sentiment d'avoir retrouvé son identité, et non plus seulement d'être noyée dans un groupe.

Il était quatre heures du matin lorsqu'ils se couchèrent cette nuit-là. Olivia fut pourtant prête de bonne heure le lendemain, car elle tenait à inspecter leur succursale de Draguignan, dans l'arrière-pays. Elle avait invité Sophie et Alex à se joindre à elle et à ses deux fils. Alors qu'ils semblaient tous un peu fatigués en montant dans le monospace, Olivia, qui avait l'énergie d'un cheval de course dès qu'il s'agissait de son travail, était fraîche comme une rose. La direction du magasin les attendait et leur fit visiter les lieux. Sophie exultait de pouvoir suivre sa grand-mère. Peut-être était-ce ce magasin, un des plus récents, qu'elle lui laisserait diriger un jour ?

Sur le chemin du retour, Sophie fut frappée par les facultés d'observation de sa grand-mère. Aucun détail ne lui avait échappé. Elle avait même tenu à contrôler les toilettes et les entrepôts, et à s'entretenir en français avec plusieurs employés. Alex était impressionné, lui aussi. Et puis, il partageait un lien spécial à présent avec sa grand-mère, comme en témoignaient les regards qu'ils s'échangeaient par moments, des regards où se lisait toute l'affection qu'elle lui portait.

Le soir, Olivia joua à des jeux de société avec ses petits-enfants, après quoi ils regardèrent un film en grignotant du pop-corn. Phillip, amer, ne put s'empêcher de faire remarquer à son frère et à sa sœur combien leur mère était plus détendue, plus facile à vivre qu'autrefois.

— Quand vas-tu te décider à tourner la page ? répliqua Liz.

— Peut-être jamais, répondit durement Phillip. Je n'ai pas eu de mère de toute mon enfance, et toi non plus. Pourquoi tu nies ce détail ?

— Parce que je pense qu'elle a fait de son mieux, et qu'elle nous a apporté plein d'autres choses. Elle était toujours gentille quand elle rentrait à la maison. C'est vrai, elle n'était pas souvent là, et alors ? Il y a des parents qui font bien pire. Moi, je suis restée à la maison avec mes filles, mais qui me dit qu'elles ne m'en voudront pas un jour pour une autre raison ? C'est facile pour toi, tu n'as pas d'enfants. Personne ne te reprochera jamais tes erreurs. Regarde les efforts qu'elle fait maintenant : elle se met en quatre tous les ans pour qu'on puisse passer des vacances ensemble. Elle essaie, Phillip, et toi tu ne veux pas la lâcher avec le passé. Tu vas rester toute ta vie comme un gamin en colère contre elle ?

— Oh, ça va, ne joue pas à la psy avec moi, fulmina-t-il. On n'a qu'une enfance, Liz, et elle a gâché la mienne. Je n'ai pas eu de mère.

— C'est faux. Elle n'était peut-être pas parfaite, mais aucune mère ne l'est. Et quand je la vois maintenant, je la trouve plutôt super.

— Eh bien, pas moi.

— Dommage. Tu ne pourras jamais pardonner à personne, pas même à toi, tant que tu n'auras pas appris à lui pardonner, à elle. Es-tu si parfait ? N'as-tu jamais commis d'erreurs ?

— Je n'ai pas foutu en l'air l'enfance de quatre personnes. C'est pour ça que je n'ai pas fait de gosses.

— Je suis triste pour toi, dit-elle doucement.

Même s'il s'était tu, John partageait l'opinion de Liz. Contrairement à Phillip, il s'était satisfait dans son enfance de la présence de Mamibelle et de son père, et chaque fois que sa mère rentrait, c'était la cerise sur le gâteau.

Le lendemain, le bateau quitta Saint-Tropez et mit de nouveau le cap sur Antibes. Cette fois-ci, ils s'arrêtèrent au vieux port, avant de rejoindre la ville en navette pour se promener autour des remparts. Olivia les emmena en taxi jusqu'à une petite église, qui se dressait à côté d'un phare au sommet d'une colline. De là, on jouissait d'un panorama fantastique sur la côte. Notre-Dame-de-Bon-Port, construite au XIe siècle, possédait une chapelle datant du IVe siècle, où des miracles étaient censés s'être produits. Olivia y alluma un cierge pour Joe, puis ils ressortirent déguster une glace et admirer la vue.

— Comment avez-vous déniché cet endroit ? lui demanda Sarah, qui avait pris des dizaines de photos de l'église et du paysage.

— C'était avec Joe, lors de notre week-end à l'Hôtel du Cap. J'ai toujours voulu revenir ici. Mais je ne pensais pas que ce serait sans lui.

Sarah lui pressa gentiment le bras, et ils reprirent le taxi en silence jusqu'au port. Dans l'église, Olivia avait discrètement allumé un cierge pour Alex, en priant pour que son futur « coming out » se passe le mieux possible.

Le lendemain, ils retournèrent à Monaco. C'était leur dernier jour. Ils passèrent la matinée à se détendre en bavardant tranquillement, puis se baignèrent une bonne partie de l'après-midi. Le soir, ils dégustèrent un somptueux dîner : homard, caviar, soufflés et, pour finir, gâteau d'anniversaire pour Olivia. Après quoi, ils se rendirent au Jimmyz, où ils dansèrent jusqu'à trois heures du matin. Une heure plus tard, ils étaient encore debout, à se remémorer les bons moments du voyage. Olivia leur confia qu'elle venait de passer les deux semaines les plus merveilleuses de sa vie ; tout le monde approuva.

Le matin suivant, ils prirent leur ultime petit déjeuner ensemble. Les premiers à partir furent Phillip et Amanda. John et Sarah avaient prévu de passer le week-end à Paris avec Alex, tandis que Liz et ses filles rentraient directement dans le Connecticut. Carole se préparerait ensuite à rejoindre son père et sa belle-mère à Los Angeles. Quant à Olivia, elle devait aller à Londres pour visiter une succursale, tout juste rénovée après six mois de travaux.

Elle fut la dernière à quitter le bateau. On lui avait réservé une voiture avec chauffeur pour la conduire à l'aéroport, et tandis qu'ils s'éloignaient, elle se retourna pour regarder une dernière fois le palace flottant qui avait été leur maison pendant deux semaines fabuleuses. Elle avait le cœur serré depuis que ses enfants étaient repartis, et mille questions se bousculaient dans son esprit. Les relations entre Phillip et Amanda, les inquiétudes d'Alex, le livre de Liz... Elle avait partagé leur quotidien, et il lui fallait à présent retrouver sa vie de nomade solitaire.

Arrivée à l'aéroport de Nice, elle enregistra ses bagages au comptoir de British Airways. Avant de monter dans l'avion, elle envoya un message à ses enfants et petits-enfants pour leur dire qu'ils lui manquaient et qu'elle s'était amusée comme jamais pendant ces vacances avec eux. Alex lui répondit aussitôt, mais elle savait que Liz et les filles étaient déjà en vol, tout comme Phillip et Amanda, et elle dut bientôt éteindre son propre téléphone.

C'est la mine sombre qu'elle atterrit quelques heures plus tard à Heathrow. Le chauffeur du Claridge la conduisit à l'hôtel, où on l'installa dans sa suite habituelle, décorée de vives couleurs corail et de chintz floraux. Alors qu'elle s'apprêtait à commander de quoi manger, la sonnerie du téléphone la fit sursauter. C'était Peter Williams.

— Je voulais m'assurer que tu étais bien arrivée à Londres. Alors, cette croisière ?

Peter semblait heureux de lui parler, et Olivia l'était tout autant. Elle se sentait tellement seule.

— C'était absolument merveilleux, répondit-elle. Quel dommage que ce soit déjà fini ! Je n'ai pas envie d'attendre un an pour repartir avec eux.

— Ça me fait le même effet chaque fois que mes enfants quittent le Maine. Quand ils ne vivent plus à la maison, on chérit les rares moments qu'on peut passer à leurs côtés.

— Exactement. Et le sevrage est douloureux, admit-elle.

Ses enfants avaient-ils ressenti la même chose étant petits, quand elle s'absentait ? Cette impression qu'on vous arrache le cœur ? Si oui, ce n'était que justice qu'elle souffre autant à son tour.

— Au fait, joyeux anniversaire ! s'exclama Peter. Avec un jour de retard. Vous avez fait la fête ?

— Et comment ! On a dansé jusqu'à trois heures du matin ! Ça nous est d'ailleurs arrivé plusieurs fois pendant les vacances. En Sardaigne, on s'est même couchés à cinq heures.

— Je ne sais pas comment tu fais. La dernière fois que je suis resté debout jusqu'à cinq heures du matin, c'était pour la naissance de mon fils.

— Il fallait bien que je danse avec mes petits-enfants ! On doit rester au top, avec eux.

— Heureusement, les miens sont encore trop jeunes pour sortir en boîte. Et quand ils auront l'âge, je serai en fauteuil roulant dans une maison de retraite.

— J'espère que non, dit-elle en riant.

— Je ne voudrais pas jouer les rabat-joie, mais la presse se remet à agiter le spectre du travail des enfants dans nos usines asiatiques.

— Je sais, j'ai reçu une note du bureau il y a deux jours. C'est moi qui leur ai demandé de te la faire passer. Les journalistes en savent-ils plus que nous ?

S'ils devaient entreprendre des mutations profondes, Olivia voulait y être préparée. L'interview qu'elle avait faite avant son départ avait beau s'être bien déroulée, la

146

presse se montrait souvent imprévisible, et l'opinion du public pouvait se retourner à tout moment.

— Je ne crois pas, répondit Peter. Je pense qu'ils cherchent simplement à faire des remous pour voir ce qui remontera à la surface. De toute façon, même si la question des droits de l'homme se posera toujours dans ces pays, il n'y a aucune preuve que nos usines ne les respectent pas.

— J'aimerais en être vraiment sûre.

— Je sais bien. S'il y a du nouveau, je te tiendrai au courant. Combien de temps comptes-tu rester à Londres ?

— Je rentre demain.

— Moi aussi. On se voit au bureau la semaine prochaine, alors ? Fais bon voyage.

— Merci, Peter. C'était gentil de m'appeler. Je m'apprêtais à aller découvrir le nouveau visage du magasin de Londres.

— Très bien. J'espère que la reprise ne sera pas trop difficile.

— Je l'espère aussi.

Après avoir raccroché, Olivia commanda un bol de soupe au room service. Elle n'avait même pas faim. Elle se sentait presque déprimée sans ses enfants.

Une heure plus tard, elle était en route pour le magasin de Londres. Elle eut un pincement au cœur en revoyant ces lieux familiers. Tout l'après-midi, on lui présenta les changements apportés, puis elle rencontra le nouveau gérant. Le lendemain, il lui ferait visiter les entrepôts neufs à l'extérieur de la ville.

En rentrant au Claridge à vingt heures, elle se sentait trop fatiguée pour commander un repas. Elle venait de fêter ses soixante-dix ans, une réalité qu'elle trouvait bien difficile à digérer. Ce soir-là, elle avait plutôt l'impression d'avoir cent ans. Elle aurait tant aimé pouvoir revenir en arrière, au premier jour des vacances sur le yacht ! Ou mieux encore, rembobiner le film de sa vie, et tout recommencer différemment… Mais c'était impossible. Elle n'avait d'autre choix que d'aller de l'avant, en tentant de faire de son mieux. La suite de l'histoire dépendrait de Sophie et d'Alex, et de leurs enfants après eux. Elle n'était qu'un maillon de la chaîne. En attendant, il lui fallait continuer à gérer l'empire pour eux.

11

A son retour dans le Connecticut, Liz trouva la maison déserte et silencieuse. Comme sa mère, elle avait savouré ces vacances avec ses filles, et elle ressentait un grand vide en elle. Le frigo lui aussi était vide. Elle se prépara une soupe instantanée et la but au lit. Puis elle téléphona à Carole et à Sophie, mais celles-ci étaient sorties avec des amis, l'une à New York, l'autre à Boston. Leur vie était bien plus trépidante que la sienne, elle qui n'avait comme seule perspective que deux semaines de linge sale à laver. Blottie sous les couvertures, elle repensa au manuscrit qui attendait dans son sac. Elle alla le chercher, commença à le feuilleter... et repéra une bonne dizaine de passages à modifier. Et si Sarah avait raison ? Et si sa mère n'avait tout simplement pas eu le cœur de lui faire de la peine ? Liz se remettait soudain à douter d'elle-même.

Ce soir-là, elle s'endormit tôt à cause du décalage horaire. A six heures du matin, elle se réveilla en pleine forme, avec une question en tête : aurait-elle le courage de montrer son livre à son agent ? A neuf heures, à bout de nerfs, elle décida de reporter la question au lendemain... Puis elle reçut un message de sa mère : « As-tu appelé ton agent ? lui demandait-elle. Fais-le ! Ton livre est super ! Je t'aime, Maman. » Liz ne put s'empêcher de sourire. A dix heures, elle se résolut à décrocher le téléphone.

Mais au lieu de la voix familière de son agent, elle eut la surprise d'entendre celle d'un homme au fort accent britannique.

— Pourrais-je parler à Charles Halpern ? demanda-t-elle poliment.

Il y eut un long silence avant que son interlocuteur ne réponde, aussi étonné qu'elle :

— Non, il est mort il y a deux ans. Je suis Andrew Shippers, je lui ai racheté l'agence quand il est tombé malade. Puis-je vous aider ?

— Je m'appelle Elizabeth Grayson. C'est lui qui me représente... enfin, qui me représentait. Je l'appelais à propos de... euh... à propos d'un livre.

— Vous n'avez pas l'air convaincue, madame Grayson. Etes-vous certaine qu'il s'agit d'un livre ? la taquina Andrew Shippers.

Liz rougit jusqu'aux oreilles.

— Eh bien en fait, non. Je ne suis pas sûre que ce soit un livre. Je ne sais pas vraiment ce que c'est, et c'est pour ça que je voulais avoir son avis.

— Je vois, répondit Andrew, même s'il ne voyait pas du tout. Je peux le lire, si vous voulez.

Liz n'en avait pas envie, mais elle craignait de paraître malpolie en se rétractant.

— Je... en fait, c'est une sorte de petite histoire fantastique. Je ne sais pas si c'est un livre pour enfants ou pour adultes, ou quelque chose entre les deux. Ma belle-sœur, qui enseigne la littérature à Princeton, l'a détesté. Ma mère l'a adoré. C'est elle qui m'a conseillé d'appeler mon agent. Je suis effondrée d'apprendre la mort de Charlie.

— Je peux vous représenter, si vous le désirez, puisque j'ai racheté la clientèle de monsieur Halpern. Mais si vous préférez montrer votre livre à quelqu'un d'autre, je comprendrai. Vous n'avez aucune obligation envers moi.

Liz ne savait pas ce qu'elle voulait au juste. Elle se sentait complètement perdue et affolée. Pourquoi avait-il fallu que son agent décide de vendre son affaire et de mourir ?

— Et n'en déplaise à votre belle-sœur qui enseigne la littérature à Princeton, ajouta Andrew Shippers, les universitaires ne sont pas les meilleurs juges en matière de fiction populaire. Votre mère a peut-être raison.

— C'est ce qu'elle m'a dit. A propos des universitaires, j'entends.

— Vous voyez ! J'ai un peu de temps libre cet après-midi, vous voulez m'apporter votre livre aujourd'hui ?

— Je... euh... bredouilla Liz, je rentre tout juste d'un voyage en Europe, et j'ai plein de machines à faire tourner.

Venait-elle vraiment de lui parler de son linge sale ? De là à croire que toutes les excuses étaient bonnes pour éviter de faire lire son livre... Elle décida de prendre son courage à deux mains :

— Bon, d'accord. A quelle heure puis-je venir ?

— Seize heures, ce n'est pas trop tard ?

— C'est parfait. Vous n'avez pas déménagé ?

— Non, c'est toujours la même adresse. Au plaisir de vous voir, madame Grayson.

— Liz. Vous pouvez m'appeler Liz.

— Très bien. A tout à l'heure, Liz.

En se repassant la conversation dans sa tête, elle se sentit complètement idiote. Elle se glissa dans son lit, mortifiée, et n'en ressortit qu'à une heure de l'après-midi.

Elle prit une douche, enfila un jean, un tee-shirt et des sandales, puis sortit de chez elle en trombe. Lorsqu'elle arriva avec dix minutes d'avance devant le petit immeuble de Madison Avenue, elle avait l'estomac tellement noué qu'elle arrivait à peine à respirer. Elle gara sa voiture, attendit l'heure du rendez-vous, puis monta dans l'ascenseur. A quoi pouvait bien ressembler ce M. Shippers ? Charlie, qui approchait des quatre-vingts ans la dernière fois qu'elle l'avait vu, s'était toujours montré paternel avec elle. Cet homme-ci, avec son accent britannique, lui avait paru très sérieux au téléphone, voire cérémonieux. Et pince-sans-rire. Elle était convaincue qu'il détesterait son livre ; il ne semblait pas du genre à apprécier la littérature fantastique. Et le fait qu'il ait du temps libre le jour même où elle l'appelait n'augurait rien de bon quant à ses qualités professionnelles.

A la réception, la vieille secrétaire de Charlie n'était plus là non plus. Elle patienta quelques instants dans la salle d'attente, puis un homme très séduisant apparut, vêtu d'un jean, d'une chemise à rayures taillée à la perfection, et de chaussures impeccablement lustrées. Il devait avoir à peu près son âge, et il était si beau qu'elle resta sans voix, le manuscrit serré contre sa poitrine.

— Vous devez être Elizabeth Grayson, lança-t-il d'un ton plaisant.

D'un geste, il l'invita à entrer dans son bureau, mais elle demeura figée sur sa chaise. Andrew Shippers comprit que les choses n'allaient pas être simples.

— Et ce doit être le manuscrit que votre belle-sœur a détesté, ajouta-t-il. Je suis vraiment curieux d'y jeter un coup d'œil.

Liz se leva enfin et le suivit sans un mot dans l'autre pièce, dont les peintures et la moquette avaient été refaites. Le nouvel occupant avait accroché aux murs des tableaux représentant des scènes de chasse en Angleterre, et installé un magnifique bureau ancien double face. Tandis qu'elle s'asseyait dans un fauteuil en cuir moelleux, Liz songea qu'Andrew Shippers était bien trop beau pour être agent littéraire. Sans doute un arnaqueur, ou un play-boy qui n'avait rien de mieux à faire, se dit-elle en l'observant d'un air méfiant. Lorsqu'il tendit la main vers le manuscrit auquel elle se cramponnait toujours, elle prit conscience qu'elle devait lui paraître complètement névrosée.

— Excusez-moi. Ça me fait bizarre de devoir traiter avec une nouvelle personne, expliqua-t-elle en lui remettant le livre.

Les pages étaient tout écornées après avoir fait l'aller-retour en Europe dans son sac à main, mais il ne sembla pas s'en soucier tandis qu'il les feuilletait.

— Je veux bien vous croire. Est-ce que Charlie a vendu beaucoup de vos textes ?

— Seulement des nouvelles et quelques poésies. J'ai écrit deux romans, mais ils étaient mauvais.

— Encore l'avis de votre belle-sœur ? plaisanta Andrew Shippers.

— Non, mais Charlie m'a dit que ce n'était pas ce que j'avais écrit de mieux, et il avait raison. Je ne sais pas quoi penser de celui-ci. Ma mère voulait sans doute me faire plaisir en me disant qu'il était super.

— Nous verrons bien. Je vais le lire, et je vous dirai ce que j'en pense. Si vous pouviez me donner votre numéro de téléphone et votre adresse mail, cela m'éviterait d'avoir à fouiller dans les dossiers. Mon assistante est malade.

La main tremblante, Liz nota ses coordonnées sur un morceau de papier. Il devait vraiment la prendre pour une folle...

— Vous savez, reprit-il, il est possible que votre belle-sœur soit simplement jalouse de vous. Votre livre est peut-être très intéressant.

— Je ne sais pas. Je vous laisse voir par vous-même.

— Avec plaisir, répondit-il en souriant.

On l'aurait cru tout droit sorti d'une couverture de *GQ*. Que diable faisait-il dans une agence littéraire, alors qu'il aurait pu être acteur dans des films britanniques ? Il ressemblait un peu à Hugh Grant, en encore plus beau.

— Vous faites ce métier depuis longtemps ? lui demanda-t-elle d'une voix étranglée.

— J'ai travaillé pendant quinze ans à Londres pour Richard Morris avant de m'installer à mon compte ici. Les affaires marchent bien. Charlie avait une clientèle de qualité, à laquelle j'ai ajouté quelques nouveaux noms ces deux dernières années. C'est regrettable que nous ne nous soyons pas rencontrés plus tôt. Mais je suis très heureux de lire votre manuscrit.

— Merci. M. Shippers, je...

— Andrew.

Comme il la gratifiait une fois de plus de son sourire ravageur, Liz se leva du fauteuil en cuir, prête à battre en retraite.

— J'ai apporté des corrections, bafouilla-t-elle.

Il la raccompagna jusqu'à la porte et la lui tint ouverte. Au lieu d'attendre l'ascenseur, Liz fila dans les escaliers, avant de s'arrêter sur le trottoir de Madison Avenue, encore tout hébétée.

Dans sa voiture, elle envoya un texto à sa mère : « C'est fait. Mon ancien agent est mort. Le nouveau est anglais. Lui ai laissé le livre. Bisou, Liz. » Elle inspira profondément, puis appela ses filles. Carole était en train de récupérer des cartons dans une compagnie de transport en vue de son déménagement pour Los Angeles, et Sophie se préparait à sa rentrée universitaire à Boston. Liz n'avait plus qu'à rentrer chez elle.

Sur le trajet du retour, elle tenta de se convaincre que ce livre n'avait pas d'importance pour elle. Si Andrew Shippers ne l'aimait pas, elle en écrirait un autre. D'ailleurs, elle n'avait pas besoin d'un agent littéraire qui ressemblait à une star de cinéma. Comment pourrait-elle se concentrer avec quelqu'un comme lui ?

Une fois chez elle, elle ouvrit ses valises et fit tourner sa machine à laver, avant de ressortir faire des courses. En guise de dîner, elle se prépara une omelette et une grosse salade. On était bien loin des repas délicieux servis avec élégance sur le bateau... Elle avait honte de l'admettre, mais le retour sur terre était assez abrupt. Comme pour Cendrillon quand le carrosse redevient citrouille, et les cochers souris. Elle s'endormit tout habillée sur son lit, la lumière allumée. C'est la sonnerie du téléphone qui la tira de son sommeil le lendemain à neuf heures, et il lui fallut quelques secondes pour se souvenir qu'elle n'était plus sur le bateau.

— Bonjour, j'espère que je n'appelle pas trop tôt ?

C'était Andrew Shippers.

— Non, pas du tout. D'habitude, je suis levée depuis longtemps, mais avec le décalage horaire, je viens juste de me réveiller.

— J'ai une bonne nouvelle pour vous. Votre belle-sœur ne sait pas de quoi elle parle. Votre livre est un vrai bijou. Ça faisait bien longtemps que je n'avais pas eu entre les mains un texte aussi brillant, aussi original et délectable !

— Quoi ? Vous avez... C'est vrai ? bredouilla Liz.

Comme la veille, elle avait du mal à aligner deux mots. Mais cette fois-ci, elle souriait, et déjà, des larmes s'échappaient de ses yeux. Des larmes de joie et de soulagement. Ce que l'agent venait de lui dire, c'était comme de gagner au loto. Elle était si contente qu'elle avait envie de crier.

— Je n'arrive pas à y croire... Vous l'avez aimé ?

— Non, je l'ai adoré. Et si vous ne me laissez pas vous représenter, je viendrai vous harceler jusque chez vous. Je veux vendre ce livre.

— Je n'arrive pas à y croire, répéta-t-elle. Oui, bien sûr, je veux bien travailler avec vous. Vous pensez vraiment qu'un éditeur pourra être intéressé ?

— J'en suis quasiment sûr. Envoyez-le-moi par mail, et je le remettrai sans attendre aux bonnes personnes. La seule chose qui pourrait nous ralentir, c'est que les gens sont en vacances. Mais bientôt, tout le monde sera rentré, et j'ai deux ou trois éditeurs en tête qui me semblent parfaits pour ce livre.

— Je crois que je vais m'évanouir, murmura Liz.

— N'en faites rien, lui enjoignit Shippers. Ou tâchez de m'envoyer le fichier d'abord. Je vous recontacte dans quelques semaines. Et bravo encore pour votre texte.

— Merci, merci beaucoup, monsieur... euh, Andrew. Merci, et bonne chance !

Andrew se demanda si la jeune femme était toujours aussi nerveuse, ou bien seulement avec lui et à propos de son livre. De toute évidence, ce projet lui tenait à cœur. C'était un texte magnifique qui venait du fond de son âme, et il ne doutait pas qu'il trouverait rapidement un éditeur. Cela faisait des mois, voire des années, qu'un livre ne lui avait pas autant plu.

Après avoir raccroché, Liz appela sa mère sur son BlackBerry. Olivia se trouvait à son bureau en train d'étudier des graphiques. Elle décrocha à la première sonnerie.

— C'est incroyable, maman, il a aimé ! Il a même adoré !

— Qui a aimé quoi ? demanda Olivia, confuse. Ah, tu parles de ton agent. Qu'est-ce qu'il t'a dit ?

— Que tu avais raison. Que c'est un texte « brillant ». Il ne m'a même pas demandé de changer quoi que ce soit.

— C'est formidable ! s'exclama Olivia, qui souriait jusqu'aux oreilles. Je suis si fière de toi.

— Merci, maman. Comment s'est passé ton voyage ?

— Bien, je suis rentrée tard hier soir. Vous me manquez terriblement. Et toi, comment ça va ?

— Super. Je vais enfin publier un livre !

En prononçant ces mots, Liz s'aperçut qu'elle s'avançait peut-être un peu vite. Et si Shippers se trompait ? Et si personne ne voulait de son roman ?

— Il faudra fêter ça, fit remarquer sa mère.

— D'accord. Mais pas avant que je puisse le voir dans une vitrine de librairie.

Elles bavardèrent un moment, jusqu'à ce qu'Olivia reçoive un appel d'Europe. Un problème était survenu dans leur magasin de Madrid, en pleine rénovation : un plombier avait mal soudé un tuyau, et tout un plafond neuf avait été détruit.

— Je te rappelle dans quelques jours, promit Liz.

Sitôt qu'elle eut raccroché, elle appela ses filles, qui lui manquaient cruellement. Elle n'osait imaginer ce que ce serait lorsque Carole habiterait à Los Angeles, si loin d'elle. Quoi qu'il en soit, elle avait trouvé un nouvel agent qui avait aimé son livre... Elle esquissa quelques pas de danse dans son salon.

Cet après-midi-là, c'est d'humeur joyeuse que Liz fit le trajet jusqu'à la maison de retraite de sa grand-mère. Installée dans un patio ensoleillé, Maribelle riait avec deux vieilles dames, qu'elle régalait d'anecdotes amusantes. Quand elle aperçut sa petite-fille, une expression de surprise mêlée de joie illumina son visage. Elle la présenta à ses amies, puis toutes deux allèrent s'asseoir dans l'agréable pièce à vivre de l'établissement. Bien qu'elle eût son propre appartement, Maribelle appréciait de retrouver les autres résidents dans les salles communes. C'était ce qui lui plaisait ici : pouvoir rencontrer du monde, tout en ayant la possibilité de s'isoler quand elle le souhaitait. La plupart du temps, elle prenait ses repas dans la salle à manger. Cuisiner n'avait jamais été sa passion, même si elle l'avait fait au début pour ses petits-enfants. Enfant, Liz considérait Mamibelle comme une fabuleuse cuisinière : elle leur préparait des spaghettis aux boulettes de viande arrosés de sauce en bocal, des hamburgers, du pain de viande, ou des gaufres qu'elle passait au grille-pain. Ce n'est qu'en grandissant qu'elle s'était rendu compte que les compétences culinaires de sa grand-mère n'étaient pas plus développées que les siennes, voire même qu'elles l'étaient moins.

Maribelle possédait d'autres qualités bien plus remarquables : l'esprit vif, le cœur sur la main, un grand sens de l'humour, et un dévouement indéfectible à sa fille, son gendre et ses petits-enfants. Liz n'avait jamais vu sa grand-mère en colère. Elle expliquait les choses simplement, et restait raisonnable dans ses exigences. Ce qu'elle ne tolérait pas en revanche, c'était qu'ils se montrent méchants les uns envers les autres, ou qu'ils critiquent leur mère. A l'en croire, Olivia était une sainte… Cela ne manquait pas de les agacer parfois.

— Tu as fait tout ce chemin juste pour me voir ? demanda-t-elle à Liz.

— Bien sûr que oui ! Tu m'as manqué.

— Alors, ces vacances ? Ta mère m'a tout raconté, elle m'a appelée presque tous les jours. J'aurais tant aimé être là quand vous êtes allés danser !

C'était l'un des grands plaisirs de Maribelle. Il lui arrivait encore de s'y adonner – ailleurs que dans des boîtes de nuit comme le Billionaire ou le Jimmyz, cependant. Elle avait dansé à chacun des mariages de ses petits-enfants. D'un naturel joyeux, elle voyait la vie du bon côté, une qualité dont avait hérité Olivia, en plus de la détermination et de la persévérance obstinées de son père.

A quatre-vingt-quinze ans, Maribelle était toujours aussi élégante. Comme sa fille, elle avait eu très jeune les cheveux d'une blancheur de neige. Associée à ses yeux bleus pétillants, cette particularité lui donnait un air de bonne fée. Elle avait une peau parfaite, de belles mains, des manières douces. Autrefois, elle avait été infatigable, grimpant aux arbres avec les garçons, aidant les quatre enfants à faire leurs devoirs, et s'occupant d'eux lorsqu'ils étaient malades. Jamais ils n'avaient eu besoin d'une baby-sitter. Mamibelle était toujours là.

Vers cinquante ou soixante ans, elle avait cessé de vieillir. Elle était peut-être un peu plus petite, un peu plus frêle, mais elle restait fringante, pleine d'entrain et d'énergie. Elle se serait chargée du ménage dans son appartement si on l'avait laissée faire. N'ayant rien perdu de sa sagacité, elle donnait des conseils judicieux à ses petits-enfants lorsqu'ils s'en remettaient à elle, avec la générosité et le pragmatisme qui la caractérisaient. Elle leur disait de suivre la voie la plus raisonnable, celle qui ménageait le plus de monde. Elle feuilletait le journal tous les jours et lisait tout ce qui lui passait sous la main. A quatre-vingts ans, elle avait pris des cours d'informatique. Maribelle était très moderne, hormis peut-être dans ses valeurs morales, auxquelles elle était profondément attachée. Mais elle savait aussi s'adapter. Elle comprenait que la vie n'est pas toute blanche ou toute noire, qu'il faut parfois faire des compromis. Elle ne portait pas de jugements définitifs, et répétait que le pardon était la meilleure réponse à tout, un principe qu'elle appliquait elle-même, puisqu'elle ne gardait pas rancune à ceux qui la décevaient ou la blessaient. Mamibelle n'était pas naïve pour autant : petits, les enfants n'avaient jamais réussi à l'embobiner.

— C'est vrai qu'on a passé de super vacances, confirma Liz, tandis qu'on leur servait le thé sur un grand plateau d'argent. Et toi, quoi de neuf ?

— Cass est venue me voir. Je la trouve beaucoup trop maigre, mais elle a l'air heureuse. Elle m'a apporté les derniers CD qu'elle a produits. Il y en a de vraiment bons ! La semaine dernière, je suis allée écouter un magnifique concert de Mozart à New York, mais personne n'a voulu m'accompagner. La plupart de mes amis n'aiment pas la musique classique.

Ses petits-enfants n'en raffolaient pas non plus, hormis Phillip. Mais Olivia lui fournissait une voiture avec chauffeur pour toutes ses sorties.

— Sinon, j'ai joué au poker hier, et j'ai gagné vingt dollars, ajouta Maribelle, le regard brillant.

Elle adorait les jeux de cartes et les paris, à tel point qu'elle avait organisé un voyage à Atlantic City avec d'autres résidents. Elle ne s'ennuyait jamais, toujours occupée à manigancer quelque chose.

— Un de ces jours, tu vas te faire mettre à la porte de la maison de retraite pour l'avoir transformée en tripot, plaisanta Liz.

— Oh, tu sais, ils le tolèrent volontiers. Tous les mardis, je joue au bridge avec le directeur.

Liz lui parla alors de son manuscrit, et de la réaction de son nouvel agent.

— Sarah ne voit pas plus loin que la littérature qu'elle enseigne, répondit Maribelle. Je lui ai conseillé trois livres l'an dernier, qu'elle a détestés. Je crois que c'est plutôt bon signe qu'elle n'ait pas aimé le tien. Ta mère m'a dit qu'elle l'avait adoré. Il faudra que tu me l'envoies par mail, je le téléchargerai sur mon ordinateur.

Liz la regarda, stupéfaite. Elle n'avait vraiment pas l'impression de s'adresser à une quasi-centenaire.

— Olivia va passer me voir ce week-end, reprit-elle. Elle travaille encore beaucoup trop, mais je crois que c'est son élixir de jeunesse. Ça ne sert à rien de ralentir – sinon, ton cerveau ralentit aussi. Qu'est-ce que tu vas écrire, après ?

Liz n'y avait pas encore réfléchi. Il lui avait déjà fallu trois ans pour accoucher de ce livre, qu'elle avait toutefois rédigé en six semaines. Sa grand-mère était un modèle de dynamisme. Chez elle, pas la moindre paresse physique ou intellectuelle. En cela, Olivia lui ressemblait beaucoup. Elle n'avait presque pas changé ces dernières décennies, à tel point qu'il était difficile de croire qu'elle venait de fêter ses soixante-dix ans. Une chose était certaine : de bons gènes circulaient dans la famille.

161

Liz avait apporté une pile de revues à sa grand-mère, qui, tout en étant abonnée à *Time*, *Newsweek* et *Fortune*, avait aussi un faible pour les magazines de mode. Maribelle avait conscience de sa chance d'être aussi bien portante. La maladie pouvait tellement vous gâcher la vie ! Mais jusque-là, à chaque bilan, elle avait été déclarée en parfaite santé. Elle avait sans doute hérité de celle de sa propre grand-mère, qui avait vécu en pleine forme jusqu'à cent deux ans.

— Embrasse les filles de ma part, dit-elle à Liz tandis qu'elle la raccompagnait jusqu'à sa voiture, le pas assuré et le dos parfaitement droit. Je sais que Carole va te manquer, ajouta-t-elle, mais je crois que ce déménagement à Los Angeles lui fera le plus grand bien. Elle se fait beaucoup d'illusions à propos de son père, ça va lui remettre les pieds sur terre. En plus, elle n'a pas l'air heureuse à New York. Le milieu artistique est un peu trop rude pour elle.

Maribelle avait si bien analysé la situation que Liz ne put qu'acquiescer. Elle était triste de voir partir sa fille cadette, mais, par certains côtés, elle se sentait aussi soulagée.

— Et n'oublie pas de m'envoyer ton livre, lui rappela Maribelle.

— Je te l'enverrai, mamie, c'est promis. Toi, essaie d'être sage et de ne pas trop dépouiller tes amis. Tu es un vrai requin !

Elles rirent de bon cœur. Maribelle leur avait appris à jouer aux cartes dès leur plus tendre enfance. Si Cass avait toujours été la meilleure (elle les battait à tous les jeux), Olivia se débrouillait plutôt bien, elle aussi. Sur le bateau, elle avait joué avec Alex tous les jours. C'était pour elle davantage un passe-temps qu'une passion, tandis que, pour Maribelle, il s'agissait presque d'un vice !

Comme il faisait chaud dehors, Liz conseilla à sa grand-mère d'aller vite retrouver la fraîcheur de la salle climatisée.

— Prends soin de toi, lui dit Maribelle en l'embrassant. Et surtout, remets-toi au travail. Tu as fait du bon boulot avec ce livre, il faut que tu en commences un nouveau.

Liz répondit par un salut militaire, puis démarra. Dans son rétroviseur, elle vit sa grand-mère qui retournait vers le bâtiment d'un pas décidé. Cette femme que le temps avait épargnée était à la fois une bénédiction et un bel exemple à suivre.

12

Les premiers jours de reprise furent déments pour Olivia, mais elle s'y attendait. L'entreprise faisait face à des menaces de grève dans plusieurs villes, ainsi qu'à des problèmes de construction ici et là. En Inde, la mousson avait provoqué des inondations, détruisant six de leurs entrepôts. Au Mexique, un mini tremblement de terre avait fortement endommagé leur magasin – par chance, personne n'avait été blessé. Lorsque des catastrophes naturelles se produisaient dans les régions où l'Usine était implantée, Olivia envoyait de grosses sommes d'argent aux organisations humanitaires locales, et du matériel médical si besoin. Depuis des années, elle donnait largement à des œuvres de charité, souvent de façon anonyme. La publicité ne l'intéressait pas ; elle cherchait simplement à apporter son aide, en particulier aux enfants en danger. Voilà longtemps qu'elle avait pour devise : « Nos clients sont nos amis. » Or ce n'était pas amical d'escroquer les gens en leur vendant des produits de qualité médiocre, ni d'exploiter des enfants pour faire baisser les prix. En bref, Olivia appliquait ses principes moraux à la gestion de son entreprise.

On venait de lui envoyer un rapport sur un incident survenu à Stockholm : une cliente, qui avait préféré porter sa table de salle à manger sur quatre étages plutôt que de se la faire livrer, s'était fait mal au dos et les menaçait d'un procès. De toute évidence, la plaignante n'irait pas jusqu'au bout ; elle cherchait seulement à obtenir réparation. Elle avait écrit une lettre à Olivia dans laquelle elle affirmait que la grande qualité du bois rendait la table trop lourde et dangereuse à porter ! Olivia voyait parfaitement de quelle table il s'agissait, c'était un bel objet dessiné par John et fabriqué en Inde, que l'Usine vendait à un prix défiant toute concurrence. Elle envisageait d'offrir à la dame les huit chaises assorties à la table, en guise de geste commercial. L'intéressée devait être démunie, ou bien radine, pour avoir refusé la livraison... Olivia, amusée par cette histoire, rédigeait une note à ce sujet, lorsque Peter Williams entra dans son bureau.

— Je te dérange ? lui demanda-t-il.

Olivia secoua la tête et se laissa aller en arrière dans son fauteuil, un grand sourire aux lèvres.

— Non, je viens de découvrir l'affaire de Stockholm. Cette pauvre femme n'a pas dû s'amuser à porter sa table dans les escaliers ! Je me demande si je ne vais pas lui offrir les chaises coordonnées. La note de service indiquait qu'elle ne les avait pas achetées.

— Il faut les lui livrer, alors, sinon elle va faire monter les enchères au procès, répliqua Peter en riant. J'ai entendu parler de cette histoire. Ça m'étonnerait qu'elle nous traîne en justice.

En revanche, d'autres l'avaient fait et le feraient encore. Un jour, une étagère était tombée sur la tête d'un client au cours d'un tremblement de terre. Bien que l'homme n'eût pas fixé le meuble au mur comme le mode d'emploi le conseillait, Olivia avait accepté de le dédommager. L'Usine souscrivait une assurance exorbitante pour couvrir les vraies réclamations et privilégiait les arrangements à l'amiable quand les demandes étaient raisonnables. Olivia n'avait pas l'intention de blesser ses clients ni de profiter d'eux, même quand ils se comportaient de façon stupide.

— Tu es superbe, murmura Peter en la contemplant avec admiration.

Le teint hâlé, elle semblait en pleine forme et détendue. Peter lui aussi paraissait reposé, quoiqu'il ait dû rentrer de vacances une semaine plus tôt que prévu : une grève couvait dans leurs magasins espagnols, et l'administration locale n'avait fait qu'envenimer la situation. Si les employés décidaient effectivement de débrayer, Peter et Olivia auraient du pain sur la planche. Pour couronner le tout, un incendie criminel avait ravagé un entrepôt dans le Dakota du Sud.

— C'était comment, dans le Maine ? s'enquit Olivia.

Les yeux de son collègue, du même bleu que les siens, se voilèrent un instant.

— Comme d'habitude. Emily et moi n'avons toujours rien à nous dire, alors je suis parti en même temps que les enfants. Et je suis content d'être rentré à la maison. Emily reste là-bas jusqu'à la fête du Travail. Et toi, tu as des déplacements prévus en août ?

Le mariage de Peter s'était écroulé après la naissance de ses deux enfants, quand il avait découvert l'alcoolisme de sa femme. Pendant des années, elle lui avait promis de se faire soigner, sans jamais tenir parole. Pendant des années, il l'avait accompagnée aux réunions des Alcooliques anonymes, sans résultat. Il avait fini par renoncer à l'espoir qu'elle arrêterait de boire et, du même coup, à leur couple. Olivia avait rencontré Emily ; c'était une femme gentille et intelligente, mais ravagée physiquement. Sa dépendance continuait à la

166

consumer, aussi incontrôlable qu'un feu de forêt. Peter ne se montrait plus avec elle en société. A soixante-trois ans, s'il était marié sur le papier, il ne l'était pas en esprit, et il noyait sa solitude dans le travail – comme Olivia.

— Non, je n'ai pas l'intention de bouger, sauf si le devoir m'appelle ailleurs, répondit-elle. Il y a trop de choses à faire ici. Je reprendrai les déplacements en septembre.

— Cela me paraît raisonnable.

Peter sembla hésiter un instant tandis que l'atmosphère se chargeait de tendresse.

— Un dîner, samedi soir ? proposa-t-il.

Olivia acquiesça, et ils échangèrent un sourire.

— Ce serait super, dit-elle. A Bedford ?

Peter opina à son tour. Quittant son fauteuil, Olivia contourna le bureau. L'après-midi touchait à sa fin, son assistante était repartie chez elle, l'immeuble était silencieux.

— Tu m'as manqué, murmura-t-elle en se penchant pour l'embrasser. Tu me manques toujours.

Olivia tenait à ce qu'il le sache, même si elle n'attendait rien de lui en retour. Elle comprenait parfaitement sa situation : il ne quitterait pas sa femme, et celle-ci continuerait à se détruire à petit feu.

Peter se leva et fit alors quelque chose qu'ils ne faisaient jamais au bureau : il l'enlaça et pressa ses lèvres contre les siennes. C'était si bon de la serrer dans ses bras !

— Toi aussi, tu m'as beaucoup manqué, souffla-t-il.

Alors qu'ils continuaient à s'embrasser, tout à la sensualité du moment, ils entendirent un bruit derrière eux.

Interrompant leur baiser, ils découvrirent Phillip sur le seuil, une pile de papiers dans les bras, un air horrifié sur le visage. On l'eût dit frappé par la foudre. Peter lança un regard grave à Olivia, avant de sortir discrètement de la pièce, songeant qu'il valait mieux les laisser seuls. En passant devant le jeune homme, il lui fit un signe de tête.

— Désolé, Phillip, murmura-t-il.

Ce dernier, furieux, s'avança vers sa mère, qui s'était rassise calmement derrière son bureau.

— Qu'est-ce que c'est que ce délire ?

Olivia n'avait aucune intention de s'excuser. Son fils était assez grand pour connaître la vérité. Peter et elle se fréquentaient secrètement depuis dix ans.

— Ce n'est pas un délire, Phillip, et ce ne sont pas tes affaires, tout comme ta vie privée ne me regarde pas. Nous sommes tous les deux des adultes.

— Alors maintenant, tu as des aventures avec les employés ? C'est quoi, ces conneries ? Et si quelqu'un vous voyait ?

— On pensait être seuls. Peter n'est pas un employé, c'est notre avocat. Je suis navrée de t'avoir choqué, mais je peux t'assurer que nous sommes discrets.

Olivia était ébranlée par ces accusations, blessée par les propos de Phillip, mais elle n'en laissa rien paraître.

— *Discrets* ? Tu es folle, ou juste immorale ? Il est marié, nom de Dieu, et il a dix ans de moins que toi ! Si la presse s'empare de cette histoire, si les gens apprennent que tu couches avec lui, tu vas être ridiculisée et on n'aura plus aucune crédibilité sur le plan juridique. C'est ça que tu faisais, toutes les fois où tu t'absentais quand on était gosses ? Et papa, il était au courant ? Quand je pense à tes grands discours sur la moralité... La bonne blague ! Comment oses-tu nous faire la leçon alors que tu couches avec des hommes mariés ?

— Ça suffit, Phillip ! cria Olivia en se levant brusquement de sa chaise.

De toute évidence, son fils profitait de l'incident pour déverser ses griefs passés.

— Je n'ai jamais trompé ton père, et il n'a jamais douté de moi. Si j'étais souvent absente, c'était pour bâtir cette entreprise, pour nous tous. Cela aussi, il le savait ; il n'aurait d'ailleurs pas voulu qu'il en soit autrement. Contrairement à toi, il respectait ce que je faisais. Et je le respectais, lui. Ça fait quatorze ans que je suis veuve, Phillip, et plus longtemps encore que je travaille avec Peter Williams – qui, soit dit en passant, a sept ans de moins que moi et non dix. Peter nous a toujours donné de précieux conseils, et il a été gentil avec moi quand ton père est mort. Si tu veux tout savoir, il m'a fallu quatre ans après ça pour commencer à le fréquenter. Jusqu'à aujourd'hui, nous avions réussi à garder notre secret ; tu es le premier à le découvrir. De plus, son mariage n'est qu'un bout de papier : sa femme est alcoolique, il est aussi seul que moi, en vérité. Notre histoire n'aura aucune influence sur l'entreprise – je ne le permettrai pas, et Peter non plus.

Olivia reprit son souffle, avant de continuer :

— Tu as raison, ce n'est pas très moral dans l'absolu, mais ici on parle de la vraie vie. Nous sommes des êtres humains. Nos enfants sont tous adultes, je suis célibataire, il est respectueux envers sa femme. Ce n'est pas une situation idéale, mais cela arrive. Tu n'es pas sans savoir que d'énormes responsabilités reposent sur mes épaules, et si la gentillesse de Peter m'aide à les assumer, alors c'est un arrangement que je suis prête à accepter.

« Je suis vieille, Phillip, ajouta-t-elle. J'ai travaillé dur toute ma vie. Cette relation nous procure un peu de bien-être, qu'y a-t-il de mal à cela ? Nous faisons tous des compromis. Toi, tu te contentes d'une femme aussi chaleureuse qu'un iceberg. Eh bien moi, j'entretiens depuis dix ans une liaison avec un homme marié. C'est comme ça. J'ai été fidèle à ton père jusqu'à sa mort – je le suis encore, d'une certaine manière, car je continue à l'aimer. Quoi qu'il en soit, tu n'as pas ton mot à dire. Je ne te dois aucune explication, et d'ailleurs je n'en discuterai pas plus longtemps avec toi. N'essaie pas de salir l'amour que je portais à ton père avec tes calomnies, ça ne marchera pas. Si ce que je fais te déplaît, j'en suis désolée. La discussion s'arrête là.

Debout en face d'elle, Phillip tremblait de rage.

— Je m'en tiens à ce que j'ai dit tout à l'heure, répliqua-t-il. Tu es une hypocrite. Je ne sais pas si tu as été fidèle à mon père, je l'espère pour lui. Mais tu n'es pas une sainte, maman. Tu es la maîtresse d'un homme marié, et je me fous de savoir si sa femme est alcoolique ou pas – ça ne fait aucune différence. En plus, il travaille pour nous, donc tu couches bien avec un employé. Alors tu es mal placée pour me faire la morale.

Olivia ne put s'empêcher de se demander si le fait que Peter soit marié changeait vraiment quelque chose à ses yeux. Peut-être ne pouvait-il tout simplement pas tolérer que sa mère fréquente un autre homme que son père ? Phillip avait une vision des choses très manichéenne. Olivia avait été comme lui, plus jeune, mais elle avait évolué.

— Je vais tâcher d'oublier ce que tu viens de dire, déclara-t-elle. Je ne suis pas fière de ce que je fais, mais je n'en ai pas honte non plus. Peter et moi ne faisons de mal à personne. A quarante-six ans, je pense que tu pourrais comprendre, Phillip ! C'est vrai, je n'ai pas toujours été présente quand tu étais petit, et je le regrette. Ton père et moi pensions que la présence de ta grand-mère et la sienne suffiraient. Visiblement, nous avions tort. Je m'en voudrai toute ma vie d'avoir raté tant de choses avec vous, mais ce qui est fait est fait. On ne peut pas retourner en arrière. Quoi qu'il en soit, j'ai le droit à un peu de réconfort dans ma vie, que cela te plaise ou non.

— Tu as soixante-dix ans, bon Dieu. A ton âge, tu ne devrais pas coucher à droite et à gauche comme ça.

— Je ne couche pas à droite et à gauche ! Je suis peinée que tu voies les choses de cette façon. Et ce que je fais ne te regarde pas. Il ne s'agit pas d'un conseil d'administration, mais de ma vie privée.

Son fils la fusilla du regard. Puis, sans un mot, il fit volte-face et quitta la pièce.

Olivia s'assit à son bureau, toute retournée. Elle aurait préféré que Phillip apprenne la vérité autrement. Pour tout dire, elle aurait préféré que personne n'en sache jamais rien, mais il avait percé son secret, et elle serait bien obligée de vivre avec. Elle repensa soudain à ce qu'elle avait ressenti en découvrant que sa mère entretenait une liaison avec Ansel Morris. Cela l'avait profondément choquée. Sa mère, une « femme perdue » ! Mais elle avait treize ans à l'époque, pas quarante-six.

Olivia n'approuvait pas les relations extraconjugales. Elle croyait au mariage et à la fidélité. Elle se demandait pourquoi, malgré l'amour évident qu'ils se vouaient l'un à l'autre, Maribelle et Ansel n'avaient pas officialisé leur union après qu'il fut devenu veuf. Elle n'avait jamais osé poser la question à sa mère. Peut-être n'en avaient-ils pas eu le temps, Ansel étant décédé à peine un an après son épouse ? Quelles que soient ses raisons, Maribelle était une femme honorable, qui était restée loyale à son amour. Et elle aussi, quoi qu'en pense Phillip. Il lui faisait de la peine, avec son esprit borné, ses jugements à l'emporte-pièce, et ses rancœurs qu'il traînait depuis des années. Il n'arrivait pas à comprendre que les gens faisaient de leur mieux, qu'ils ne pouvaient pas être parfaits. Et il avait épousé une femme qui, visiblement, était incapable de l'aimer. Quelle triste vie ! Olivia préférait le compromis qu'elle avait choisi : l'amour d'un homme certes marié, mais qui la traitait avec gentillesse et qu'elle respectait.

D'une main tremblante, elle décrocha le téléphone pour appeler Peter, qui répondit immédiatement.

— Alors ? demanda-t-il d'une voix inquiète.

— Ça va, il s'en remettra. Je n'aurais pas cru cependant qu'il allait se montrer si rigide. Ce doit être le manque d'amour dans son mariage qui le rend sévère et injuste envers les autres. Et puis, il a tout un tas de comptes à régler avec moi... C'est un prétexte de plus qu'il use pour décharger sa colère sur moi. Ça n'a pas grand-chose à voir avec toi, finalement.

— Excuse-moi de t'avoir abandonnée. Je m'en suis voulu de partir comme ça, mais je me suis dit qu'il valait mieux vous laisser seuls.

— Tu as bien fait.

— Qu'est-ce qu'il t'a dit ?

— Beaucoup de vilaines choses. Il a commencé par m'accuser d'avoir trompé son père ! Et il trouve inadmissible que je sorte avec un homme marié. A presque cinquante ans, il devrait être capable de tolérer les faiblesses chez les autres, sinon il ne sera jamais en paix avec lui-même. Quelqu'un a dit un jour qu'être adulte,

c'est accepter ses parents tels qu'ils sont. Or on voudrait que nos parents soient parfaits, qu'ils se montrent
à la hauteur de nos idéaux. On ne leur fait aucun
cadeau, et, d'un autre côté, on attend d'eux qu'ils fer-
ment les yeux sur toutes nos erreurs. A un moment
donné, cette asymétrie ne peut plus fonctionner. Phillip
a encore de dures leçons à apprendre. Cass est pareille :
elle ne m'a jamais rien pardonné, et encore moins
d'avoir été absente à la mort de son père. Je m'en suis
voulu moi aussi, j'ai passé des années à me dire que Joe
aurait peut-être survécu si j'avais été là. On ne le saura
jamais. J'ai fait beaucoup d'erreurs, mais je suis certaine que ma relation avec toi n'en est pas une. On ne
fait de mal à personne, Peter, tant qu'Emily ne souffre
pas de notre relation. Et je ne crois pas que ce soit le
cas.

— Ça fait plus de trente ans qu'elle est alcoolique,
répondit tristement Peter. On ne lui vole rien. Mon
mariage était condamné bien avant que tu arrives dans
ma vie.

Quelques années plus tôt, sa fille l'avait exhorté à
divorcer, mais Peter se sentait responsable d'Emily.
Quant à son fils, il faisait semblant de ne rien voir, tout
en sachant que sa mère était malade. Depuis toujours,
Emily leur avait fait honte : elle buvait aux fêtes de
l'école – quand elle ne les oubliait pas –, elle tombait
ivre morte en présence de leurs amis. Ils admiraient
leur père de rester avec elle. Et puis, c'était plus simple
pour eux : il leur épargnait d'avoir à prendre soin d'elle.

— Tu veux que je vienne ce soir ? proposa-t-il doucement.

— Je veux bien. Pas seulement à cause de ce qui
vient d'arriver. Tu m'as manqué pendant ces vacances.

Ils avaient l'habitude de passer une ou deux nuits ensemble chaque semaine. Peter repartait toujours avant que la gouvernante n'arrive, le lendemain matin. Cette dernière se doutait probablement de quelque chose, sans toutefois connaître l'identité du visiteur nocturne. En outre, Peter n'avait pas besoin de se justifier auprès d'Emily – qu'il soit là ou pas ne changeait rien pour elle. Depuis vingt ans, ils faisaient chambre à part, et une aide à domicile veillait sur Emily. Peter s'absentait quand il le souhaitait, tout en restant joignable à tout moment sur son portable.

— Toi aussi tu m'as manqué. Je serai là vers vingt heures.

— Sois prudent sur la route. Je t'aime, Peter.

— Je t'aime aussi. A tout à l'heure.

Après avoir raccroché, Olivia renonça à finir son travail. L'altercation avec Phillip l'avait épuisée. On avait beau lui dire qu'elle ne faisait pas son âge, elle avait l'impression ce soir de sentir peser sur ses épaules chacune de ses soixante-dix années.

Quelques instants plus tard, elle ramassa son sac à main et sa mallette, et éteignit les lumières du bureau. Il lui tardait de retrouver Peter.

Phillip attendit d'être dans sa voiture pour appeler John, convaincu qu'il fallait informer son frère et ses sœurs du secret qu'il venait de découvrir. En grande sentimentale, Liz trouverait sans doute cette histoire touchante et romantique. Phillip n'avait aucune idée de ce qu'en penserait Cass, à qui il n'avait pas parlé depuis des années. Mais il ne doutait pas un seul instant que John serait aussi choqué que lui. Il avait du mal à croire qu'Olivia ait été fidèle à leur père. Cela expliquait-il que Cass soit si différente ? Etait-ce pour cette raison que leur mère avait été si souvent absente ? Qui sait, peut-être avait-elle passé toutes ces années à fricoter avec ses amants... Son estomac se soulevait quand il la revoyait embrassant Peter avec passion.

Il était dix-neuf heures lorsqu'il prit la route pour rentrer chez lui, une heure du matin à Paris. Cela ne l'empêcha pas d'appeler John au Ritz, où celui-ci séjournait avec Sarah et Alex.

— Qu'est-ce qu'il y a, Phillip ? Ça va ? demanda John d'une voix ensommeillée.

A côté de lui, Sarah dormait profondément.

— Non, ça ne va pas. Attends que je te dise ce qui se passe.

— Merde. C'est Mamibelle ou maman, je suis sûr. Que leur est-il arrivé ? murmura John, qui n'avait pas perçu la colère dans la voix de son frère.

— C'est notre mère. Elle a une liaison avec Peter Williams. Elle prétend que ça fait dix ans, mais qui nous dit que ça ne dure pas depuis plus longtemps et qu'elle ne trompait pas papa avant ça ?

John prit quelques secondes pour absorber l'information.

— Maman a une liaison ? répéta-t-il, incrédule.

— Oui, confirma Phillip d'une voix d'outre-tombe.

— Comment le sais-tu ?

— Je les ai trouvés collés l'un à l'autre il y a une heure, en entrant dans le bureau de maman.

— Ils faisaient l'amour dans son bureau ? s'étrangla John.

— Non, ils s'embrassaient.

Phillip aurait eu une crise cardiaque s'il les avait surpris en plein acte.

— Peter Williams s'est éclipsé, et on a eu une petite discussion avec maman, précisa-t-il. Elle m'a avoué qu'ils se fréquentaient. Il est marié, je te rappelle.

— Oui, je sais. Mais c'est un type bien. Au moins, elle ne sort pas avec un coureur de dot deux fois plus jeune qu'elle.

John savait qu'elle était trop rationnelle pour tomber dans ce genre de piège, mais il était tout de même surpris d'apprendre qu'elle entretenait une relation amoureuse. Lui qui pensait qu'elle ne vivait que pour le travail ! Cela le rassurait de savoir qu'elle était comme tout le monde. Voilà bientôt quinze ans que leur père était mort ; cela faisait long, toute seule.

— John, reprit Peter, cet homme est marié. Qu'est-ce qui peut être plus grave que d'avoir une liaison avec un homme marié ? Depuis dix ans, en plus. Imagine, si la presse apprend ça.

— La presse se fout de savoir avec qui elle couche, répliqua John. Ils ne rapportent pas les intrigues amoureuses dans la rubrique économie du *New York Times*. Maman a bien le droit de faire ce qu'elle veut, Phillip, et d'être heureuse. Avec toutes les responsabilités qu'elle a, elle n'a personne pour la soutenir depuis la mort de Papa.

— N'importe quoi. Elle nous a, nous, répondit Phillip d'un ton suffisant.

— Pas vraiment. On travaille pour elle, mais on ne la soutient pas. Quand il y a un problème grave, c'est sur elle que ça tombe. Tu t'es disputé avec elle ?

— Oui, je me suis disputé avec elle, répondit Phillip sans le moindre remords.

— Tu l'as vraiment accusée d'avoir trompé papa ? Le fait qu'elle ait commencé à fréquenter un autre homme quatre ans après sa mort ne prouve pas qu'elle lui a été infidèle avant.

John était en colère. Leur mère ne méritait pas d'être vilipendée à cause d'une histoire d'amour. Si personne n'avait rien su de sa liaison avec Peter pendant dix ans, c'est bien qu'ils étaient restés très discrets.

— Oui, je l'ai accusée d'avoir trompé papa. Son histoire avec Peter Williams montre qu'elle n'a aucune morale, ça remet en question tout le reste.

— C'est ridicule. Qu'est-ce qu'il y a d'immoral à s'aimer, même quand on a soixante ou soixante-dix ans ? Et quel est le rapport avec ce qu'elle a vécu avec papa ? Ils étaient fous amoureux l'un de l'autre, on le sait tous. Moi, je suis content qu'elle ait retrouvé quelqu'un. Personne n'a envie de mourir seul.

— Ni dans les bras du mari d'une autre, rétorqua Phillip. J'attendais mieux de sa part.

— Elle est humaine, bon sang de bois. Et pourquoi n'aurait-elle pas droit à un peu de réconfort dans sa vie, un peu d'amour ?

— On croirait entendre maman, lâcha Phillip avec colère. C'est quoi, votre problème ? Vous n'avez pas de sens moral dans cette famille ? Tu penses peut-être aussi que Mamibelle devrait se prostituer à Long Island pour ne pas mourir seule ?

Phillip était furieux que son frère ne le rejoigne pas dans son combat vertueux. Il en faisait une croisade, et attendait qu'on le suive.

— Laisse tomber, soupira John, fatigué. Tu dis n'importe quoi. C'est sa vie, pas la nôtre. Tout ça ne nous regarde pas, tant qu'elle ne nous couvre pas de honte en faisant l'amour en pleine réunion ou sur la moquette de son bureau. Tu as découvert ça par hasard, comme quand on ouvre une porte et qu'on voit quelque chose qu'on n'aurait pas dû voir. Ça n'a aucun rapport avec nous ni avec papa. Maintenant, referme cette porte et oublie ce que tu as vu.

— Je vois que tu as hérité de sa morale – ou plutôt de son absence de morale, dit Phillip d'un ton glacial.

— Ce n'est pas à nous de juger de sa moralité, ni de choisir ses fréquentations. En plus, elle ne nous impose pas Peter. C'est tout à son honneur d'avoir su rester discrète. Tu ferais bien de la laisser tranquille, parce que tu vas lui pourrir la vie, et la tienne avec. Trouve une autre raison de râler ! Sur ce, je vais me recoucher, il est presque deux heures du matin ici. Je reviens dimanche, mais je te préviens, tu ne m'embarqueras pas dans ton délire. Si maman vit une histoire d'amour passionnée à soixante-dix ans, tant mieux !

— Tu es aussi stupide qu'elle, siffla Phillip, et il raccrocha sans un mot de plus.

13

Peter arriva à Bedford avec une demi-heure de retard. Le trafic avait été dense en ce vendredi soir : tout le monde quittait la ville pour le week-end. Olivia avait mis une bouteille de vin au frais et préparé une assiette de charcuterie et une salade. A peine avait-il franchi le seuil que Peter l'attira à lui pour l'embrasser.

— Quelle journée ! s'exclama-t-il, encore sous le choc de leur confrontation avec Phillip. Je suis vraiment navré, ma douce. Comment te sens-tu ?

— Plutôt bien, en fait, répondit Olivia avec un certain étonnement.

Elle lui servit un verre de vin, puis ils allèrent s'installer sur la terrasse qui donnait sur les jardins impeccablement entretenus. La maison était jolie, suffisamment grande sans être démesurée. Olivia y avait emménagé après la mort de son mari. Elle l'avait élégamment décorée de tableaux et de meubles anciens amassés au fil des ans avec Joe. Elle s'y plaisait ; quant à Peter, il s'y sentait bien. Mieux que chez lui même, où les meubles s'étaient imprégnés de la tristesse des occupants depuis longtemps déconnectés les uns des autres.

— Je ne sais pas depuis quand Phillip se prend pour la police des mœurs, poursuivit Olivia. Je crois qu'il est malheureux avec Amanda. Elle est tellement arriviste !

179

Je ne pense pas qu'elle l'aurait épousé s'il n'avait pas eu d'argent ni la perspective de diriger un jour cette entreprise. Elle doit avoir hâte que je prenne ma retraite, ou que je tombe raide morte. Elle n'a pas été très marrante sur le bateau – comme d'habitude, tu me diras. Et elle est glaciale avec Phillip, mais ça n'a pas l'air de le déranger.

Peter n'appréciait guère sa belle-fille non plus, mais ne s'ingérait jamais dans la vie privée de son fils. Par chance, il s'entendait très bien avec son gendre et sa fille, et passait en conséquence beaucoup plus de temps avec eux. Malgré l'amour qu'il éprouvait pour ses enfants, ceux-ci avaient depuis longtemps pris leur envol, si bien qu'Olivia représentait à présent son plus grand bonheur.

Ils dînèrent dans l'intimité de la cuisine, en bavardant de choses et d'autres. Partageant les mêmes centres d'intérêt, ils passaient toujours des moments tendres et agréables ensemble, et s'en contentaient. Olivia n'avait pas l'intention de se remarier. Et Peter lui avait annoncé dès le départ qu'il ne divorcerait pas, jugeant nécessaire de rester auprès de sa femme tant que celle-ci refuserait de se soigner. Cela ne les avait pas empêchés de partir plusieurs fois en vacances ou en voyage d'affaires. Elle ne lui en demandait pas plus, n'exerçait aucune pression sur lui. Ils riaient beaucoup et partageaient de bons moments au lit, ce dont ils étaient les premiers surpris.

Tout avait commencé par hasard lors d'un voyage à Chicago, où ils s'étaient rendus en urgence pour tenter d'empêcher une grève. La situation avait vite tourné au vinaigre. Pendant trois semaines, ils avaient été retenus sur place, les syndicats refusant de céder du terrain, jusqu'à ce qu'ils négocient finalement un accord. A la fin de la première semaine, après une journée particulièrement harassante, Olivia et Peter étaient tombés dans les bras l'un de l'autre et avaient découvert qu'ils s'aimaient. Ce séjour avait été magique, en dépit de la grève. A l'époque, ils se connaissaient déjà bien, car ils travaillaient ensemble depuis presque cinq ans. Le sexe et l'amour n'avaient fait que renforcer leur amitié et leur respect mutuel. Pour chaque décision professionnelle importante, ils réfléchissaient ensemble, pesaient le pour et le contre, après quoi Olivia tranchait. D'une certaine manière, Peter avait remplacé Joe, à ceci près qu'Olivia et lui n'étaient pas mariés et n'avaient pas élevé d'enfants ensemble. Plus libres, ils respectaient chacun l'indépendance de l'autre. Cet arrangement leur convenait tout à fait à ce stade de leur vie, tout comme Joe avait été parfait pour Olivia lorsqu'elle avait été plus jeune. Aujourd'hui, Peter et elle écrivaient un autre chapitre de leur existence, plus proche de la fin du livre – même si l'exemple de Maribelle leur laissait espérer qu'ils resteraient ensemble encore longtemps.

S'ils n'évoquaient jamais la question du mariage, c'était tout simplement parce qu'elle ne se posait pas. A soixante-deux ans, Emily pouvait très bien leur survivre, malgré sa santé fragile et ses problèmes cardiaques dus à l'abus d'alcool. Quoi qu'il en soit, ils étaient satisfaits de leur statut d'amants, et la clandestinité de leur relation renforçait la tendresse de leur idylle.

Ce soir-là, ils se couchèrent tôt et firent l'amour pour la première fois depuis leur retour de congés. Ce fut, comme toujours, merveilleux. Tandis qu'ils se prélassaient ensuite dans l'immense baignoire d'Olivia, elle lui parla de la croisière. Des vacances de rêve, aux yeux de Peter. Si sa carrière ne lui avait rapporté qu'une fraction de la fortune qu'Olivia avait amassée, il gagnait tout de même bien sa vie et avait fait de bons placements, si bien qu'il pouvait se montrer généreux avec elle. Il lui avait offert un bracelet en or qu'elle ne quittait jamais – Olivia avait prétendu auprès de ses enfants qu'elle l'avait acheté elle-même, tout comme les magnifiques boucles d'oreilles en diamants que Peter lui avait choisies pour leur dixième anniversaire. Les seuls bijoux qu'elle portait à présent lui venaient de Peter, en dehors de son alliance et d'une autre bague que Joe lui avait offerte. Les deux hommes de sa vie avaient été infiniment bons avec elle.

Le lendemain, ils firent quelques courses, écoutèrent de la musique, firent une longue balade et passèrent plusieurs heures à lire avant d'aller se coucher. Olivia se mit à rire quand Peter lui avoua qu'il avait tout le temps envie d'elle.

— Tu dois avoir un penchant pour les vieilles, alors, le taquina-t-elle. Mais je ne m'en plains pas.

Bien qu'elle fût encore très belle pour son âge, elle n'avait tout de même plus vingt ans. Peter aurait pu fréquenter n'importe quelle femme : il n'était pas rare de voir des hommes de sa génération épouser des jeunettes et fonder une nouvelle famille. Mais Peter trouvait tout ce dont il avait besoin chez Olivia. Il n'avait connu qu'elle depuis qu'il avait épousé Emily trente-six ans plus tôt.

Le dimanche matin, ils firent l'amour une dernière fois avant qu'il ne parte jouer au golf avec ses amis. Olivia avait promis à Maribelle de déjeuner en sa compagnie. Elle prit la route de Long Island en songeant au week-end fabuleux qu'elle venait de passer avec Peter. Savoir qu'ils ne pouvaient pas se voir plus contribuait à rendre ces moments d'autant plus précieux. Contrairement à certains couples, ils ne se disputaient jamais. Ils profitaient simplement l'un de l'autre, et c'est ainsi que dix années avaient filé sans qu'ils s'en rendent compte.

Quand Olivia arriva à la maison de retraite, Maribelle terminait une partie de cartes. Elle avait joué au bridge toute la matinée, et au poker la veille au soir.

— Tu deviens un vrai requin, maman, plaisanta Olivia tandis qu'elles montaient déjeuner dans l'appartement de Maribelle.

Cette dernière aimait avoir sa fille pour elle toute seule, sans que ses amis ne s'arrêtent à leur table toutes les cinq minutes pour saluer Olivia.

— Liz m'a raconté vos vacances, confia gaiement Maribelle. C'était super, apparemment. J'ai regardé le yacht sur Internet. Quel bateau magnifique ! Le propriétaire est quelqu'un de très intéressant, aussi.

Quand elle ne jouait pas aux cartes, Maribelle surfait sur Google. Olivia ne put s'empêcher de sourire en l'écoutant. Sa mère s'intéressait à tout, en particulier aux jeunes et à leurs occupations. Elle avait lu le livre de Liz et l'avait beaucoup aimé. Comme Olivia et l'agent littéraire, elle était d'avis qu'il pourrait devenir un best-seller. Mais ce qu'Olivia appréciait par-dessus tout chez sa mère, en plus de son énergie et de son optimisme, c'était sa sagesse. Pour cette raison, elle avait décidé de lui parler de l'altercation avec Phillip et de sa liaison avec Peter.

— J'ai eu une semaine mouvementée, commença-t-elle.

— Comme toujours, fit remarquer Maribelle, tout en devinant que sa fille avait autre chose sur le cœur.

— Je me suis disputée avec Phillip.

— Ce n'est pas la première fois.

— Cette fois-ci, c'était un peu différent, précisa Olivia en soupirant. Il y a quelque chose que je ne t'ai pas dit. Je pensais que ce n'était pas important, qu'il valait mieux suivre ton adage préféré : « La discrétion est la première des vertus ».

— C'est ma grand-mère qui m'a appris ça. Une femme avisée, qui a vécu très longtemps. Qu'est-ce que tu m'as caché, alors ? s'enquit Maribelle avec curiosité.

Depuis des années, elle se doutait que sa fille ne lui disait pas tout, mais elle avait eu le bon sens de ne pas lui poser de questions.

— Ça fait dix ans que je fréquente Peter Williams, avoua Olivia. On est très discrets, on ne se voit qu'une ou deux fois par semaine. C'est quelqu'un de bien, et je l'aime. Pas comme Joe, évidemment.

Olivia tenait à le préciser, par respect pour son défunt mari.

— C'est normal que ce ne soit pas pareil, répliqua Maribelle. Toi et Joe n'étiez encore que des gamins quand vous vous êtes épousés. On veut tous aimer et être aimés, qu'on soit jeune ou vieux. Ici, les gens se marient tout le temps. Pas plus tard que le mois dernier, une dame de quatre-vingt-onze ans a épousé un monsieur qui en a quatre-vingt-treize. Ils savent bien qu'il ne leur reste pas longtemps à vivre, mais ils avaient envie d'officialiser leur union. L'amour a beau être différent à chaque âge, ça reste quand même de l'amour.

— Eh bien, c'est ce que je vis avec Peter depuis dix ans. Quand on a commencé à se voir, cela faisait presque cinq ans que Joe était mort. Je n'avais pas l'impression de salir sa mémoire.

— Tu étais encore jeune quand tu es devenue veuve, observa sagement Maribelle.

— Et toi, tu l'étais encore plus à la mort d'Ansel. Tu n'avais que quarante ans, et pourtant tu n'as eu personne d'autre après lui.

— Oui, mais j'étais bien occupée avec vous tous. J'étais heureuse comme ça. Parfois, l'essentiel, c'est de ne pas être seul quand on vieillit. Or je ne l'ai jamais été, car je vous avais, toi, Joe et les enfants.

— Pour ne rien te cacher, Peter est marié et compte le rester. Il me l'a dit dès le début. Sa femme est une grande alcoolique et il ne peut pas la quitter. De toute façon, notre arrangement me convient très bien. Je suis heureuse comme ça, avec lui. Et puis, cela ne me pose pas de problème moralement : il n'abandonne pas lâchement sa femme, personne n'est au courant de notre relation, personne ne souffre. Dans l'absolu, ce n'est pas une situation idéale, ni même irréprochable, mais je l'ai acceptée. C'est comme ça, c'est tout.

— Qu'est-ce qui a changé, alors ?

— Phillip nous a surpris en train de nous embrasser dans mon bureau – ce n'est pas malin, je sais. Mais on ne s'était pas vus depuis deux semaines. Phillip l'a très mal pris. Il m'a dit que j'étais une hypocrite et n'avais aucun principe, que j'étais la maîtresse d'un homme marié. Ce qui est vrai, bien sûr. Malheureusement, la réalité n'est parfois pas à la hauteur de ce qu'elle devrait être. Il m'a accusée aussi d'avoir trompé son père de son vivant, et ainsi de suite.

Les paroles de Phillip résonnaient encore douloureusement à ses oreilles. Ce n'était pas agréable de passer pour une femme de petite vertu aux yeux de son propre fils.

— La réalité n'est *jamais* à la hauteur de ce qu'elle devrait être, observa Maribelle en regardant sa fille avec compassion. Du moins, pas souvent. Il y a l'idéal, ce en quoi l'on croit, et puis il y a tout ce qui n'est ni noir, ni blanc. Il faut faire de son mieux compte tenu de la situation, c'est tout. J'ai connu la même chose avec Ansel Morris. Je ne sais pas si tu te souviens, ou si tu l'as jamais su, mais sa femme souffrait d'une grave dépression – à l'époque, on parlait de mélancolie. Elle avait fait plusieurs fausses couches et donné naissance à des bébés mort-nés, sans jamais réussir à avoir un enfant viable. Je suis sûre que ç'a été dur pour eux deux, mais Ansel a continué à vivre. Sa femme, elle, s'est refermée sur elle-même et a plongé dans la dépression. Elle est devenue complètement mystique – un peu folle, en clair. Elle ne sortait plus de chez elle. Quand j'ai commencé à travailler pour Ansel, cela durait depuis trente ans, et il lui était resté fidèle.

« Les premières années, il m'a traitée avec la distance respectueuse de l'employeur pour son employée. Puis nos relations ont évolué. Ansel savait que je faisais face à des difficultés financières, et il ne cessait de m'augmenter. De mon côté, je m'efforçais de mériter ces hausses de salaire. J'ai essayé de l'aider à améliorer la situation, d'apporter un regard neuf à la gestion de l'entreprise. Mes suggestions étaient modestes comparées à ce que tu as pu faire, mais cela a marché, et il en a été reconnaissant. On a travaillé de concert pendant plusieurs années, jusqu'à ce qu'on se rende compte qu'on s'aimait.

« Au début, je culpabilisais d'avoir une liaison avec lui, mais on ne faisait de mal à personne. On était prudents, respectueux, discrets. De plus, il était formidable avec toi. Je ne voyais pas de raison de me priver de son amour, même si cela ne correspondait pas à l'éducation que j'avais reçue. Il m'avait promis de m'épouser s'il vivait assez longtemps ; malheureusement, il est mort trop tôt. Il avait trente ans de plus que moi, et d'une certaine manière, il a été à la fois un père et un mari. Il a pris soin de moi comme jamais personne ne l'avait fait. Etait-ce si répréhensible ?

— Pourquoi ne t'a-t-il pas épousée après la mort de sa femme ? demanda sa fille.

Olivia avait dû attendre d'avoir soixante-dix ans pour lui poser enfin les questions qui l'avaient tourmentée toute sa vie.

— Il allait le faire, répondit Maribelle. Sauf qu'il voulait attendre un an. On avait même choisi la date. Il m'avait offert une bague et on était comme fiancés, bien qu'on ne l'ait dit à personne, pas même à toi. Mais il est mort sept mois après sa femme...

Olivia resta silencieuse, perdue dans ses pensées. Sa mère venait d'éclaircir un des mystères de sa vie. Elle baissa les yeux sur l'anneau serti de trois petits diamants que Maribelle portait depuis toujours. Celle-ci suivit son regard et acquiesça.

— Oui, c'est bien cette bague, dit-elle avec nostalgie.

— Comme tu n'épousais pas Ansel, je pensais que la situation te convenait comme ça, reconnut Olivia. Je n'ai jamais eu le courage de te poser la question.

— Evidemment que ça ne me plaisait pas. A l'époque, ce n'était pas convenable de fréquenter un homme marié, et ça ne l'est toujours pas aujourd'hui. Mais sa femme était bonne à enfermer. Et j'ai l'impression que ton ami est dans une situation similaire. J'ai accepté mon sort, comme toi. J'imagine que tu préférerais être mariée, toi aussi.

Olivia secoua la tête.

— Pas vraiment, non. Du moins je ne crois pas. Le caractère officiel du mariage, c'est moins important à mon âge.

— Tu sais que le plus vieux résident qui s'est marié ici avait quatre-vingt-seize ans. Il a épousé une petite jeune de quatre-vingts ans. Il a vécu seulement trois années après ça, mais je suis prête à parier qu'elles ont été heureuses. S'ils ne s'étaient pas mariés, leur relation aurait-elle été « immorale » ? La mienne l'était-elle ? Théoriquement, oui, et c'est pareil pour toi. Mais la théorie n'est pas la vraie vie. La vraie vie, ce sont les gens, leurs décisions, ce qu'ils pensent devoir faire. Tant que personne ne souffre, l'immoralité ne me dérange pas.

— Mon fils n'a pas fait sienne cette idée, répondit tristement Olivia. Lui, il voit les choses dans l'absolu. En théorie.

— Phillip a eu une vie protégée, il est temps qu'il grandisse et qu'il arrête de te juger, de t'en vouloir. Comment peut-il être sûr qu'il ne ferait pas pareil à ta place ? C'est ça la vraie question. On a tous des choses à reprocher à nos parents. Je crois qu'à un moment donné tu m'en as voulu à cause d'Ansel, et regarde : l'heure tourne, les années passent, Joe n'est plus là, et tu rencontres un homme qui te rend heureuse, mais qui est marié à une alcoolique. Est-ce bien différent de ce que j'ai vécu avec Ansel ?

« Tôt ou tard, on finit par commettre les mêmes erreurs que nos parents, peu importe à quel point on les a critiqués : parce qu'en fin de compte, on est tous sujets aux mêmes faiblesses. La leçon à en tirer, c'est qu'il faut être indulgent et moins prompt à juger les autres.

En écoutant sa mère, Olivia sentit un immense soulagement l'envahir. Qu'elle ait les mêmes idées qu'elle et les exprime aussi clairement, avec toute l'autorité de son âge, finissait de la conforter dans son sentiment.

— Merci, maman, dit-elle en l'embrassant. Cette discussion m'a fait beaucoup de bien.

— A moi aussi. Cela faisait longtemps que je voulais te parler d'Ansel, dit-elle en touchant pensivement sa bague. Quant à Phillip, il faut qu'il grandisse. Et qu'il cesse de se plaindre de son enfance, parce qu'il n'a pas été malheureux. Si tu n'avais pas travaillé autant, il n'occuperait pas le poste qu'il occupe aujourd'hui. On ne peut pas tout avoir. En plus, tu étais quand même présente une partie du temps, et quand tu t'absentais, il nous avait, Joe et moi. Liz et John l'ont compris. Phillip finira bien par y arriver.

— Si seulement Cass pouvait le comprendre aussi, murmura Olivia avec mélancolie.

Ses relations avec sa fille cadette étaient tellement distendues... Un vrai gâchis.

— Cela viendra. Le problème que vous avez toutes les deux, c'est que vous vous ressemblez trop, même si elle s'en défend. C'est une femme formidable, comme toi.

— J'ai l'impression de ne pas la connaître. Tu as de la chance, au moins elle passe te voir.

— Oui, dès qu'elle le peut.

Olivia se leva, s'apprêtant à partir.

— Laisse Phillip mariner dans son jus, lui conseilla Maribelle. Il recouvrera la raison tout seul. Et un jour ou l'autre, la vie lui donnera un bon coup de pied aux fesses qui fera avancer les choses.

— Je l'espère. Je n'aime pas le savoir avec Amanda. Elle est si froide !

— C'est lui qui a fait ce choix. Maintenant, il faut qu'il se rende compte qu'il mérite mieux que ça.

Les deux femmes s'embrassèrent, puis Olivia sortit. De sa voiture, elle fit un signe de la main à sa mère, qui la regardait par la fenêtre. Maribelle, radieuse, semblait en paix avec elle-même. Mais Olivia l'était aussi à présent, et c'est en souriant qu'elle reprit la route jusque chez elle.

14

Le soir de sa visite chez sa mère, Olivia ne cessa de penser à Cass. A tel point que, vers dix-neuf heures, elle décida de lui envoyer un e-mail. Elle tenait à lui dire qu'elle leur avait manqué pendant la croisière, comme tous les ans, et qu'elle pensait beaucoup à elle. Quelle ne fut pas sa surprise lorsque Cass lui répondit quelques minutes plus tard, alors qu'il était minuit à Londres ! Elle serait à New York la semaine suivante pour son travail. Olivia voulait-elle manger avec elle un midi ?

Olivia ne fut que trop heureuse de répondre par l'affirmative et lui laissa choisir la date et le lieu. Cass suggéra un jour de la semaine et un restaurant dans le quartier de SoHo. « J'y serai, lui promit Olivia. Je t'embrasse, Maman. » C'était le mieux qu'elles pouvaient faire pour l'instant.

La brasserie française que Cass avait sélectionnée, un établissement branché et très en vogue, était bondée quand Olivia en poussa la porte. Cela ne l'empêcha pas de repérer tout de suite le visage fin et anguleux, la peau de porcelaine et les immenses yeux verts de sa fille, assise à une table au fond de la salle. Avec ses cheveux courts, teints d'un noir bleuté et hérissés de gel, et son rouge à lèvres rouge vif, elle aurait pu passer pour une des rock-stars qu'elle représentait. Lorsqu'elle vit sa mère, elle se leva, très chic et moderne dans sa mini-jupe, ses talons hauts et sa veste en cuir noir. Plusieurs personnes interrompirent leur conversation pour l'admirer. Cass respirait la force et la confiance en soi. Comptant parmi les producteurs de musique les plus célèbres, elle était très respectée dans son milieu. Elle se laissa embrasser sur la joue par sa mère avec un certain détachement.

— Merci de prendre le temps de déjeuner avec moi. Tu dois être très occupée, remarqua Olivia, le cœur battant.

Elle brûlait de serrer sa fille dans ses bras, mais elle se retint. Cass ne lui prodiguait jamais aucune marque d'affection.

— Toi aussi, tu as un emploi du temps chargé, répondit celle-ci poliment. J'espère que ça ne t'a pas fait trop loin. Toutes mes réunions se passent ici, je ne vais plus dans les quartiers chics. Je pars à Los Angeles demain. Danny commence sa tournée là-bas au Rose Bowl, et il enchaînera ensuite sur Las Vegas.

Elle parlait de lui comme s'il s'agissait d'un type ordinaire, et non du chanteur le plus sexy de la planète. Il devait sa réussite à Cass, qui s'était installée avec lui cinq ans auparavant. Plus exactement, c'est lui qui avait emménagé dans la maison de Cass à Mayfair. Olivia, en revanche, n'y avait jamais mis les pieds. Lorsqu'elle retrouvait sa fille à Londres, celle-ci lui donnait rendez-vous au restaurant plutôt que de l'inviter chez elle. C'était une façon de garder ses distances. De même, Olivia n'avait pas rencontré Danny Hell. Elle avait toutefois vu dans la presse qu'il était très beau garçon et qu'ils formaient tous les deux un couple saisissant.

— Ça doit être assez intense pour toi quand il part en tournée, observa-t-elle. Je n'arrive pas à imaginer ce que c'est que d'organiser tous ces concerts.

— C'est un rythme de dingue, mais j'aime ça, répondit Cass en souriant.

Sans compter qu'elle avait d'autres clients, pour qui elle préparait plusieurs tournées par an... Maribelle avait raison : Olivia et sa fille s'étaient lancées, très jeunes, dans des entreprises colossales et connaissaient le même succès phénoménal. Peu de femmes auraient pu en faire autant. En revanche, Cass n'était pas mariée et n'avait pas d'enfants, alors qu'au même âge Olivia en avait déjà trois.

Végétarienne, Cass commanda une omelette accompagnée de mets diététiques à base de légumes. Olivia, elle, se contenta d'une simple salade. Elle était venue ici pour voir sa fille, pas pour manger.

Cass lui posa quelques questions sur son travail et sur la croisière en bateau, mais aucune sur ses frères et sa sœur. Elle disait toujours à sa grand-mère qu'ils étaient les marionnettes d'Olivia, ce que Maribelle réfutait. Elle sembla néanmoins heureuse d'apprendre que Liz avait écrit un livre susceptible de plaire à un éditeur. Concernant John, elle déplorait qu'il ait renoncé à ses rêves d'artiste pour travailler dans l'entreprise familiale. Quant à Phillip, elle avait peu d'estime pour lui : elle le trouvait pompeux et snob, et détestait Amanda. Quand elle avait quitté la maison, tous étaient déjà mariés. Elle n'avait pas revu son neveu et ses nièces depuis, et n'en éprouvait pas le désir. Ils lui rappelaient trop les mauvais souvenirs de sa propre enfance.

Cass disposait de l'argent qu'Olivia avait placé pour chacun d'eux, mais elle n'y touchait pas, gagnant très bien sa vie toute seule. A l'inverse, Liz était encore totalement dépendante de sa rente à quarante-quatre ans, ce que Cass trouvait pitoyable. Que ses deux frères travaillent pour leur mère l'écœurait tout autant. Si elle n'hésitait pas à faire part de ses critiques à sa grand-mère, elle n'abordait pas la question avec Olivia. Ainsi, pendant le déjeuner, elles se contentèrent de parler de ce qui se passait dans le monde, de politique, et de Maribelle – un sujet sûr.

Leurs rendez-vous se révélaient toujours éprouvants, lourds de non-dits, chargés de la colère que Cass ressentait à l'égard de sa mère. Elle ne l'exprimait plus à présent ; elle l'avait déjà fait à maintes reprises, et cela n'avait servi à rien. On ne peut pas changer le passé.

Alors que le déjeuner touchait à sa fin, Olivia se risqua à poser une question personnelle à sa fille :

— Es-tu heureuse, Cass ?

— Je pense, répondit celle-ci après une longue hésitation qui ne manqua pas d'inquiéter sa mère. Enfin, je ne sais pas. Je ne suis pas sûre d'être d'un tempérament très joyeux, parce que je suis super angoissée – c'est sans doute pour ça que je suis douée dans ce que je fais. Je ne considère jamais les choses comme allant de soi. Et il faut que je contrôle tout.

— Moi aussi, je suis perfectionniste. Une vraie maniaque du détail.

— Le problème, c'est que je ne sais pas déléguer. Mais dans ma branche, il faut être minutieux.

— Et Danny, il est comment ? demanda Olivia, enhardie par ces confidences.

— Jeune et fou, incroyablement talentueux, bruyant et gâté, très beau.

Elle parlait de lui comme s'il était son enfant, et non son compagnon. Danny était probablement un peu les deux...

— Il est agréable à vivre, quand il n'est pas en plein caprice ou en train de me faire tourner en bourrique. Ce n'est pas évident pour les artistes de se comporter normalement. On attend d'eux qu'ils fassent les imbéciles, alors c'est ce qu'ils font.

— Et ça ne t'ennuie pas ? s'enquit Olivia, fascinée par la vie que menait sa fille, si différente de sa propre expérience.

— Parfois si, mais je fais avec. Je le remets à sa place quand il dépasse les bornes. C'est un peu un enfant de substitution, ajouta-t-elle avec un sourire.

Elle l'aimait, cela paraissait évident. Danny et Cass se connaissaient depuis qu'il avait dix-neuf ans et elle vingt-neuf. Elle en avait aujourd'hui trente-quatre. D'avoir vécu seule, loin de sa famille, elle avait grandi plus vite. Etonnamment, elle était plus mûre que ses frères et sa sœur.

— Tu es toujours satisfaite de ne pas avoir d'enfants ? demanda tristement Olivia.

— Très, se contenta de répondre Cass.

Elle ne confia pas à sa mère qu'elle avait subi plusieurs avortements et qu'elle serait prête à recommencer en cas d'oubli de pilule.

De son côté, Olivia craignait que tout cela ne fût de sa faute : avait-elle traumatisé sa fille et son fils aîné au point qu'ils refusent de fonder une famille ? Ils passaient à côté d'un tel bonheur ! Quoi qu'il en soit, mieux valait ne pas s'attarder sur ce terrain miné. Les vieilles rancœurs de Cass pouvaient refaire surface à tout moment.

Voyant sa fille jeter un coup d'œil à sa montre, Olivia paya l'addition. Cass la remercia tandis qu'elles sortaient du restaurant.

— Bonne chance pour la tournée, murmura Olivia en l'embrassant. Et merci d'avoir accepté de me voir.

Cass la dévisagea un moment, comme si elle se demandait encore qui était sa mère. Puis elle acquiesça, avant de s'éloigner d'un pas pressé. Olivia monta dans sa voiture, songeant que sa relation avec sa fille cadette ne tenait qu'à un fil. Dieu merci, ce fil n'était pas encore rompu.

De retour dans son bureau, Olivia appela Alex, qu'elle trouva chez lui avec des amis. Ses parents étaient sortis.

— J'avais envie d'entendre ta voix, lui dit-elle. Comment ça va ?

— Pas trop mal. Plus que trois semaines avant la rentrée.

Pressé d'entamer sa dernière année de lycée, Alex angoissait néanmoins à la perspective de constituer ses dossiers d'admission aux universités. Olivia avait tenté de le rassurer lorsqu'ils avaient abordé la question sur le yacht, mais la compétition était rude.

— Tu peux venir dîner en ville quand tu veux, lui rappela-t-elle.

— J'y penserai.

L'idée n'aurait pas déplu à Alex, mais il était trop fainéant pour faire le déplacement.

— Et si tu disais ton secret à tes parents avant de retourner au lycée ? Ça te ferait un souci de moins pour cette année.

— Ou un de plus. Car il me faudrait gérer leur fureur.

— Tu devrais leur faire davantage confiance.

— Je les connais. Mon père est homophobe, ma mère est en plein déni.

— J'espère que tu te trompes. On peut le leur annoncer ensemble, si tu veux.

— Merci, mamie, mais ça ira.

— Je suppose que tu le feras quand tu seras prêt.

— Ouais, à quatre-vingt-dix ans, répliqua-t-il en riant.

Il lui promit de la rappeler bientôt, puis raccrocha. Olivia le plaignait. Elle n'avait pas envie de perdre le contact avec lui alors qu'il traversait une période difficile de sa vie. Elle détestait se séparer de ses enfants après leurs vacances d'été. Elle avait l'impression qu'ils lui échappaient, chacun reprenant le cours de sa vie avec ses propres problèmes, ses propres joies. Lorsqu'ils passaient deux semaines ensemble, leurs existences se mêlaient, s'entrecroisaient, puis les liens se desserraient dès que tout le monde repartait de son côté. Même ses petits-enfants vivaient leur vie, maintenant.

Carole l'avait appelée quelques jours plus tôt pour lui dire au revoir avant de partir en Californie. Sophie était à Boston et prévoyait de finir ses vacances au cap Cod avec des amis. Olivia se rendit compte qu'elle n'avait pas eu de nouvelles de Phillip depuis leur dispute de la semaine passée. S'excuserait-il un jour pour les paroles blessantes qu'il avait eues à son encontre ? Heureusement, sa conversation avec Maribelle lui avait mis du baume au cœur. Et ce soir elle retrouverait Peter, son rayon de soleil. Elle avait hâte de lui raconter son déjeuner avec Cass.

15

Phillip était d'une humeur exécrable depuis qu'il s'était accroché avec sa mère à propos de Peter. Lorsque John était rentré de Paris, ils s'étaient pris le bec à ce sujet, si bien qu'à l'heure actuelle Phillip était en froid avec Olivia *et* avec son frère. John l'avait traité de fou et lui avait conseillé de s'excuser auprès de leur mère, ce qu'il n'avait aucunement l'intention de faire, ni aujourd'hui, ni jamais.

Depuis leur retour de croisière, il n'avait presque pas vu sa femme. Avec trois nouveaux clients et un procès à préparer, Amanda, débordée, était restée tard au bureau tous les jours. Phillip espérait la croiser ce soir.

Il se servit un verre de vin et s'installa sur le canapé pour se détendre. Mais ses pensées ne cessaient de revenir à sa mère ; sa colère n'avait pas faibli. Par chance, il ne l'avait pas vue en réunion cette semaine. Il n'aurait peut-être pas supporté de rester assis dans la même pièce qu'elle, et encore moins avec Peter présent autour de la table.

Jusque-là, il n'avait pas eu l'occasion d'en parler à Amanda – ils n'avaient fait que se croiser, tels deux navires dans la nuit. Et comme elle n'aimait pas sa belle-mère, il ne voulait pas lui fournir des armes supplémentaires pour le jour où elle l'accuserait une fois de plus d'être à la botte de sa maman et de ne pas avoir de « couilles » – c'était un terme qu'elle employait volontiers malgré sa distinction à d'autres égards. C'était déjà assez traumatisant de savoir que sa mère avait une liaison avec un homme marié, sans subir en prime l'humiliation de partager cette information avec sa femme.

Phillip était en train d'étudier des dossiers quand Amanda rentra. Elle se débarrassa de sa mallette, répondit à son téléphone et ouvrit une bouteille de vin blanc avant même de le saluer. Puis elle se décida enfin à lui adresser la parole, son verre à la main.

— Comment s'est passée ta journée ? demanda-t-elle d'un ton hautain, comme si le travail de Phillip n'avait aucun intérêt comparé au sien.

— Bien. Et toi ?

Il n'y avait pas plus d'affection dans leur échange qu'entre deux collègues faisant le point à la fin d'une semaine chargée.

— Super bien ! s'exclama-t-elle d'un air victorieux. J'ai reçu ma nomination aujourd'hui. Tu as devant toi une future juge fédérale !

Phillip se leva pour l'embrasser.

— Félicitations, ma chérie !

Il était sincèrement heureux pour elle. Voilà deux ans qu'elle faisait pression pour obtenir ce poste, deux ans qu'elle ne parlait que de cela.

— Merci. En toute modestie, c'est vrai que ça en jette.

Amanda ne manquait pas d'orgueil, mais cela faisait partie des choses que Phillip avait toujours appréciées chez elle. C'était une femme de caractère.

— Je crois que des changements s'imposent ici, poursuivit-elle. Je voudrais recevoir du monde – pas n'importe qui, bien sûr. Il faudra donc refaire le salon. De même, la maison des Hamptons a besoin de travaux. Ma garde-robe devra être renouvelée, et pour toi, le moment est venu de trouver un bateau plus gros.

Elle avait tout planifié. Elle ne se contenterait pas d'être une juge fédérale de second rang : elle tenait à faire impression et à devenir une des femmes les plus puissantes de la magistrature. Qui sait, elle serait peut-être nommée un jour à la cour d'appel.

— Et il faudra que tu fasses des donations à de grandes causes politiques et caritatives, Phillip.

— Doucement, Votre Honneur, intervint-il en posant son verre. On n'est pas obligés de dépenser une fortune simplement parce que tu as eu ta nomination. Commençons par fêter la nouvelle, tu veux bien ?

Phillip n'avait certes pas l'intention d'acheter un bateau plus grand : il adorait le sien.

— Ce n'est que le début, Phillip. A partir de maintenant, ça va être une lente ascension jusqu'au sommet !

Ou une rapide, songea-t-il, à en juger par son ambition.

— Je suis très fier de toi, Amanda. Quand aura lieu ton investiture ?

— Dans six semaines. J'ai envie d'organiser une énorme fête.

Elle avait un million de projets, tous financés par Phillip. Malgré ses revenus confortables, elle considérait que c'était à lui de payer les factures, puisqu'il était plus riche. Phillip n'y voyait pas d'inconvénient.

— Pourquoi as-tu besoin de nouveaux vêtements, au fait ? lui demanda-t-il. Après tout, tu porteras une robe noire par-dessus.

— Mais, mon cher, on va sortir beaucoup plus, maintenant. Il faut d'ailleurs que tu parles à ta mère sans attendre. Elle devrait penser à se retirer. En tant que juge fédérale, il serait approprié que je sois mariée à un P-DG plutôt qu'à un directeur financier. Ne pourrait-elle te laisser son titre et se contenter de celui de présidente ?

Phillip la dévisagea, abasourdi. Ayant déjà entendu ce discours, il savait malheureusement qu'elle ne plaisantait pas.

— Je doute que ma mère accepte de me laisser la direction de son entreprise juste pour faire avancer ta carrière. Tu exagères un peu, il me semble.

— Tu ne peux pas rester un gratte-papier si tu es marié à une juge fédérale.

L'importance de son nouveau statut lui montait à la tête. Quant à Phillip, il déchantait. Sa femme était-elle un monstre ? Avait-elle toujours été aussi avide de pouvoir ? Il n'était plus sûr de rien.

— C'est comme ça que tu me vois ? Comme un gratte-papier, un vulgaire employé, un comptable ?

— C'est bien ce que tu es, en tant que directeur financier.

— Je ne suis peut-être que directeur financier, mais c'est l'une des plus grosses entreprises privées au monde.

— Une entreprise détenue par ta mère, répliqua-t-elle méchamment. Comme tes couilles, Phillip. Il est temps que ça change.

— Et que je te les donne, j'imagine ?

Il se dirigea à grands pas vers la porte.

— Où vas-tu ? demanda-t-elle, furieuse.

— Dehors, tant que je les ai encore.

Sur ces mots, il claqua la porte.

Il n'avait aucune idée d'où il allait. Tout ce qu'il savait, c'était qu'il voulait partir loin, très loin d'Amanda.

Il marcha d'abord sans s'arrêter, trop en colère pour réfléchir. Lorsqu'il reprit enfin ses esprits, il fut stupéfait de constater qu'il se trouvait dans la 13ᵉ Rue. Il avait parcouru plus de six kilomètres. C'était une belle soirée d'été, et il poussa jusqu'à Washington Square, où il s'assit sur un banc pour regarder les maisons et observer les étudiants de l'université de New York qui passaient devant lui. Au bout d'un moment, il se remit en marche, puis s'installa à la terrasse d'un café de Bleecker Street, qui servait des sandwichs, des hamburgers et des pizzas. Au milieu des étudiants, des artistes, et de la foule qui déambulait sur le trottoir, il se sentait vieux. Mais il s'en fichait.

A la table voisine, une jeune fille était absorbée dans son livre. Devant elle, un capuccino et une salade à moitié entamée. Phillip la trouva mignonne, avec ses cheveux bruns soyeux, ses grands yeux noirs et son visage innocent. Elle releva la tête et lui sourit, avant de se replonger dans sa lecture. Affamé par sa longue marche à pied, Phillip commanda un café et un hamburger, qu'il dévora littéralement. Son regard ne cessait de dériver vers la jeune fille d'à côté. Elle étudiait sûrement à la NYU, comme la plupart des autres clients. Elle paraissait toutefois plus raffinée qu'une simple étudiante. Phillip ne put résister à la tentation de lui adresser la parole lorsqu'elle leva de nouveau les yeux vers lui.

— Votre livre doit être passionnant, dit-il avec un sourire timide.

Il ne voulait surtout pas lui donner l'impression qu'il la draguait ; il cherchait seulement à se montrer aimable, influencé par l'ambiance décontractée du lieu.

— Il l'est, répondit-elle.

Comme elle souriait franchement, il fut frappé par sa beauté. Avec son jean blanc, son tee-shirt et ses sandales et ses cheveux bruns qui brillaient de propreté, elle eût pu poser pour une publicité vantant la jeunesse et la pureté. Elle se mit à rire et lui montra l'ouvrage qu'elle lisait.

— C'est un manuel pour professeurs, expliqua-t-elle. Je suis institutrice.

Phillip songea que ce métier lui allait comme un gant.

— Je commence dans deux semaines. Je suis arrivée hier du Wisconsin.

C'était trop beau pour être vrai : enseignante du primaire, fraîchement sortie de l'école, tout juste arrivée du Midwest... Cette fille était un ange tombé du ciel. Restait à espérer qu'elle ne se ferait pas dévorer par la grande ville. Phillip faillit lui conseiller de ne pas parler aux inconnus. Elle semblait si innocente...

— Je viens de trouver un appartement dans les petites annonces, ajouta-t-elle. J'ai quatre colocataires.

— Vous vous êtes renseignée sur eux ? demanda Phillip d'un ton protecteur.

— Mon frère m'a posé la même question, répondit-elle en riant. Franchement, je ne pense pas que ce soit des psychopathes. L'appartement est très joli, et j'ai ma propre chambre. Elle est à peu près aussi grande qu'un placard à balais, mais au moins, le loyer n'est pas cher.

— Votre frère a raison, insista Phillip. Vous devriez vérifier leur casier judiciaire.

Subitement, il était soulagé de ne pas avoir de fille, qui plus est aussi mignonne qu'elle. Car il était assez âgé pour être son père, ce qui ne manquait pas de le troubler... Il passait peut-être pour un vieux pervers à ses yeux, d'autant plus qu'il devait être tout échevelé après avoir arpenté la ville pendant des heures pour apaiser sa colère.

— Mes colocataires sont des « colocatrices » : des étudiantes de deuxième année, précisa la jeune femme. Vous pensez vraiment que je devrais me méfier de filles de dix-neuf ans ?

— On ne sait jamais, répondit-il en souriant.

Pourquoi se souciait-il autant d'une parfaite étrangère ? Sans doute parce qu'elle était absolument attendrissante.

Tandis qu'on le resservait en café, elle avala quelques feuilles de salade. Depuis qu'il avait engagé la conversation, elle avait refermé son livre.

— Où allez-vous enseigner ? s'enquit-il.

— J'ai été affectée dans une école de Harlem. Je sais, c'est dangereux, mais je m'en sortirai. J'ai fait mon stage dans un établissement en plein centre de Détroit, c'était sans doute beaucoup plus dur.

Phillip la dévisagea, horrifié.

— Comment vos parents ont-ils pu vous laisser venir ici ?

Son air indigné la fit sourire.

— Ils sont morts quand j'avais huit ans. Je vis avec ma grande sœur, qui est mariée. Elle me fait confiance.

— New York est une ville dangereuse.

— Détroit aussi, et je ne suis pas morte.

— Vous êtes très courageuse.

Ou complètement inconsciente, eut-il envie d'ajouter, mais il se retint. Peut-être était-elle plus vieille qu'elle n'en avait l'air, ou bien ceinture noire de karaté. Il l'espérait pour elle.

— Quel âge avez-vous ?

— Vingt-huit ans. Je viens de finir mon année de stage après avoir obtenu mon master. New York m'a toujours attirée. Au départ, je voulais être actrice, et me voilà institutrice. Mais ça me plaît, j'aime les enfants.

Avant ça, j'ai travaillé deux ans comme bénévole dans le Corps de la Paix, en Amérique du Sud.

Décidément, cette jeune femme était surprenante. Elle n'avait pas peur de faire des expériences.

— Je pensais aller travailler en Inde pendant un an, continua-t-elle, mais finalement j'ai décidé de venir ici. Ma sœur n'était pas rassurée à l'idée que j'aille à New Delhi.

— Je la comprends.

Après une hésitation, Phillip lui posa une question qui le tarabustait :

— Etes-vous toujours aussi aimable avec les inconnus ?

— Non ! répondit-elle en riant. Mais vous avez l'air d'un honnête homme.

— Il ne faut pas se fier aux apparences. Je pourrais très bien être dangereux.

— Vous l'êtes ?

— Non.

— Ah, vous voyez. Et quand bien même, je ne pense pas qu'un psychopathe tenterait un acte agressif ici, avec tout ce monde autour de nous. Que faites-vous dans la vie ?

Phillip avait lui aussi piqué la curiosité de la jeune femme. Visiblement contrarié lorsqu'il était arrivé, il semblait plus détendu à présent, plus avenant. Elle prenait plaisir à bavarder avec lui.

— Je travaille à l'Usine, répondit-il, sans préciser qu'il en était le directeur financier, ni que l'entreprise appartenait à sa mère.

— J'aime bien ce qu'ils font. Ma sœur et mon frère ont acheté tous leurs meubles là-bas. Vous êtes vendeur ?

— Non, je travaille dans les bureaux. Dans la finance.

— Ça ne m'étonne pas. Je vous imaginais avocat ou banquier.

— J'ai l'air si vieux jeu que ça ?

— Non, dit-elle en riant. C'est le costume et les chaussures. Je parie que vous avez une cravate dans la poche.

Ce fut au tour de Phillip de rire, tandis qu'il extirpait de sa veste une cravate Hermès bleu marine. La jeune femme était fine psychologue.

Ils parlèrent un moment de ses expériences au sein du Corps de la Paix. Phillip avoua qu'il avait fait ses études à Harvard quand elle expliqua qu'elle était diplômée de Duke. C'était une fille intelligente et intéressante. Phillip prenait plaisir à bavarder avec elle. Il ne précisa pas qu'il était marié, et elle ne lui posa pas la question non plus. Elle l'imaginait divorcé – il lui avait confié qu'il avait quarante-six ans. A minuit, songeant qu'il était temps de rentrer chez lui, il lui tendit sa carte professionnelle.

— Ça va sans doute vous paraître idiot, et je suis sûr que vous vous débrouillez très bien toute seule, mais si je peux faire quelque chose pour vous, n'hésitez pas à m'appeler.

La jeune femme rangea la carte dans son livre, comme un marque-page.

— Merci, c'est très gentil à vous. Eh bien, au revoir.

— Au revoir, mademoiselle... euh... serait-il possible que je vous appelle un de ces jours ?

Au moment même où il posait la question, Phillip se demandait quelle mouche le piquait. Il était marié. Pourquoi voudrait-il l'appeler ? Mais elle acquiesça, nota son numéro de téléphone sur un morceau de papier et le lui tendit. Tout simplement.

Cette soirée était vraiment extraordinaire : il se sentit à nouveau jeune et libre, en dépit de la femme qui l'attendait à la maison. Une femme qui mettait en doute sa virilité. Il s'aperçut alors qu'il lui manquait une information importante.

— Au fait, comment vous appelez-vous ?

Sa question les fit rire tous les deux. Ils avaient tellement pris plaisir à bavarder qu'ils en avaient oublié de se présenter. Le nom de Phillip était indiqué sur la carte, mais elle n'y avait pas prêté attention.

— Taylor Dean, dit-elle en lui serrant la main, d'un geste à la fois assuré et délicat.

— Phillip Grayson.

Elle avait de très belles mains.

Phillip espérait qu'elle ne connaissait pas son nom, et qu'elle ne le chercherait pas non plus sur Google. Si elle découvrait qui il était, elle risquait de prendre peur.

— Merci, Phillip, se contenta-t-elle de dire, tout en faisant signe qu'on lui apporte la note.

Mais il s'était chargé de la payer en allant aux toilettes un peu plus tôt. Cela lui avait coûté dix dollars, une somme sans doute non négligeable pour elle. Quand elle comprit ce qu'il avait fait, elle se confondit en remerciements.

Ils quittèrent ensemble le café, et Phillip ne put s'empêcher d'admirer sa silhouette élancée. S'il n'avait pas été marié, il l'aurait volontiers raccompagnée jusqu'à son appartement. Mais Taylor avait dix-huit ans de moins que lui, ce qui excluait toute histoire entre eux. Il ne la reverrait probablement jamais. Un jour ou l'autre, il finirait par jeter son numéro de téléphone, qu'il avait rangé dans la poche de sa veste comme une mèche de cheveux ou un code secret. Ce petit morceau de papier lui semblait aussi magique que la jeune femme qui le lui avait donné.

— Prenez soin de vous, Taylor, dit-il en montant dans un taxi. Bonne chance.

Taylor agita la main tandis que la voiture s'éloignait. Phillip se retint de sauter en route pour la rejoindre.

Durant tout le trajet, il ne cessa de penser à elle. Si seulement il avait été plus jeune et célibataire ! Taylor était apparue vingt ans trop tard dans sa vie. Mais vingt ans plus tôt, elle n'aurait eu que huit ans... Le destin était parfois cruel.

Quand il rentra chez lui, tout était éteint. Amanda dormait profondément. Elle n'avait pas laissé de mot d'excuse ; elle ne l'avait pas attendu.

Phillip se déshabilla et rangea soigneusement le numéro de téléphone de Taylor dans son portefeuille. Même s'il ne la recontactait pas, il lui suffirait de regarder ce petit bout de papier pour se rappeler la charmante jeune femme avec qui il avait bavardé ce soir, une institutrice de Milwaukee qui allait enseigner à Harlem dans deux semaines. La gorge nouée, il s'allongea à côté d'Amanda. Une femme bien différente, hautaine et snob et, depuis peu, juge, qui le considérait comme une mauviette...

16

Le lendemain matin, Amanda se comporta comme si de rien n'était. Sans se soucier de ce que Phillip avait fait la veille, elle détailla en long et en large la réception qu'elle voulait donner pour son investiture. Avant cela, elle envisageait d'organiser une soirée dans les Hamptons pour des invités de marque, à l'occasion de la fête du Travail. Amanda préparait activement son entrée dans le beau monde et comptait sur Phillip pour accomplir tout ce qu'elle jugeait nécessaire à la valorisation de son nouveau statut. Et d'abord, il fallait qu'il s'achète un nouveau costume pour l'occasion.

Elle semblait considérer à présent que la vie de son mari était insignifiante, et que seule la sienne comptait. Elle était la nouvelle reine de l'année, et Phillip son esclave.

— Au fait, informe ta mère, ajouta-t-elle alors qu'ils quittaient la maison. Elle voudra probablement organiser quelque chose.

Amanda imaginait que toutes les personnes de sa connaissance allaient la célébrer. Elle avait beau ne pas porter sa belle-mère dans son cœur, elle estimait qu'une fête en son honneur pouvait lui être utile, à condition qu'Olivia invite des personnalités intéressantes. Dans son esprit, elle avait largement surpassé les Grayson. Phillip, rebuté par son arrogance, se garda bien de lui expliquer qu'il était en froid avec sa mère. Cela attendrait.

Au bureau, tandis qu'il écoutait ses messages et parcourait ses e-mails, il eut l'impression que son portefeuille lui brûlait la peau à travers la poche arrière de son pantalon. N'y tenant plus, il s'en empara, sortit le petit morceau de papier et, pendant un long moment, ne put détacher ses yeux des chiffres tracés par Taylor d'une main assurée, des chiffres parfaitement lisibles. Une force irrésistible le poussa à composer le numéro. Sans savoir ce qu'il allait dire, il attendit, figé. La jeune femme répondit à la troisième sonnerie.

— Taylor ? demanda-t-il dans un souffle.

— Oui ?

De toute évidence, elle n'avait pas reconnu sa voix. Et pourtant, elle paraissait aussi candide, aussi ouverte que la veille. Phillip la revit, fraîche et radieuse comme un jour de printemps.

— Salut, c'est Phillip Grayson.

Et maintenant ? songea-t-il, embarrassé.

— J'ai beaucoup apprécié de faire votre connaissance hier soir, reprit-il. Je vous appelais juste pour dire bonjour.

— Eh bien, bonjour, répondit-elle avec un sourire dans la voix. Moi aussi, j'ai apprécié cette soirée. Vous savez quoi ? Je vais devoir aller à l'Usine pour m'acheter une bibliothèque. Je viens d'ouvrir mes cartons, j'ai des bouquins qui s'empilent jusqu'au plafond.

En l'entendant rire, il l'imagina dans sa chambre grande comme un placard, envahie de livres.

— On pourrait y aller ensemble, suggéra-t-il, avant de regretter aussitôt sa proposition.

Fameuse idée, de se présenter au magasin avec une jolie jeune femme à son bras, alors que tout le monde le connaissait là-bas...

— En fait, je me demandais plutôt si vous étiez libre aujourd'hui pour déjeuner. Ça vous dirait ?

— Avec plaisir, répondit-elle sans hésiter. Où voudriez-vous qu'on se retrouve ?

Leur différence d'âge ne semblait pas la déranger. En revanche, elle ne savait pas qu'il était marié...

Phillip proposa un restaurant dans le West Village. En raccrochant, il se sentit stupide. Taylor était jeune, dynamique, pleine d'allant. Elle n'avait rien à faire avec un type comme lui, et il était complètement idiot d'agir ainsi. Mais c'était plus fort que lui : il *devait* la revoir.

Il demanda à sa secrétaire de lui apporter leur catalogue, afin qu'il puisse aider Taylor à choisir une bibliothèque. Il ne pouvait résister à la tentation de la lui offrir.

Il arriva à son rendez-vous avec dix minutes d'avance. Lorsque Taylor entra à son tour dans le restaurant, vêtue d'une jupe en coton rose, d'un chemisier blanc et des mêmes sandales que la veille, elle ressemblait à une publicité pour un shampoing avec ses cheveux soyeux qui retombaient en cascades sur ses épaules. Il faisait chaud dehors, mais elle paraissait fraîche comme une fleur.

— Merci d'être venue, dit-il en se levant, tandis qu'elle s'installait en face de lui.

— Je suis bien contente de sortir un peu de mon capharnaüm, répondit-elle gaiement.

Phillip lui tendit le catalogue.

— J'ai pensé qu'on pourrait vous choisir une bibliothèque, si vous savez quelles dimensions il vous faut.

C'est plus simple que d'aller au magasin. Je vous la ferai livrer cet après-midi.

Elle releva les yeux, surprise, avant de lui adresser un sourire timide.

— Vous n'allez pas vous attirer des ennuis ? Je la paierai, bien sûr.

Phillip se mit à rire. Elle était si jeune, si innocente !

— Ne vous inquiétez pas pour moi. Ce n'est rien, je vous assure. Comme j'ai des réductions intéressantes, ça me ferait vraiment plaisir de vous l'offrir, si cela ne vous dérange pas.

Taylor était gênée, mais elle ne voulait pas le blesser.

— C'est un gros cadeau, dit-elle avec gratitude.

Elle feuilleta le catalogue et trouva une bibliothèque à quatre-vingt-dix-neuf dollars qui correspondait parfaitement à ses besoins. Après avoir marqué la page, ils commandèrent tous les deux une salade, que Phillip fut incapable d'avaler tant il était nerveux. A la fin du repas, il décida de passer aux aveux :

— Taylor, je veux être honnête avec vous. Vous êtes la jeune femme la plus extraordinaire que j'aie jamais connue. Je n'ai aucune idée de ce que je fais ici, je savais juste qu'il fallait que je vous voie aujourd'hui. Vous m'avez subjugué, hier soir.

— C'est vrai ? répondit-elle, touchée. Pourtant, je n'ai rien fait.

— Vous ne vous en rendez pas compte, mais vous êtes une véritable bouffée d'air frais dans ma vie. Alors que je suis assez vieux pour être votre père, je me sens comme un gamin avec vous. Vous êtes si pure, si saine, si vive ! J'ai l'impression de me réveiller après vingt ans de coma. Mais il y a une chose que je ne vous ai pas dite. Voilà, je suis marié, depuis dix-neuf ans. Nous n'avons pas d'enfants, ma femme n'en a jamais voulu.

C'est une avocate extrêmement brillante, et j'ai toujours éprouvé un profond respect pour elle. Je ne l'ai jamais trompée. Mais je m'aperçois aujourd'hui que je me suis voilé la face.

« Je ne l'aime pas. Ça me coûte de l'admettre, mais je n'éprouve plus aucune tendresse pour elle. Et je crois qu'elle non plus. Je n'ai pris aucune décision pour le moment, bien sûr. Mais depuis que vous êtes apparue dans ma vie hier soir, je n'ai eu qu'une seule envie : vous revoir. En revanche, je ne veux pas vous embringuer dans une situation compliquée ou vous faire de tort. Aussi je voulais juste vous demander : est-ce qu'on pourrait se retrouver de temps en temps, pour déjeuner ou prendre un café ? Pour l'instant, je suis perdu. J'ai besoin de temps pour réfléchir à tout ça. Mais je vous promets que si je décide d'en rester là, on ne se verra plus. Je ne peux pas être plus franc avec vous.

Taylor réfléchit un long moment. Elle n'avait jamais fréquenté d'homme marié, et elle n'avait certainement pas l'intention de commencer maintenant, même si elle appréciait Phillip. Déçue qu'il ne soit pas libre, elle n'en respectait pas moins le courage dont il avait fait preuve en lui disant la vérité.

— Je crois qu'on peut faire ça, oui, se voir pour déjeuner ou pour dîner, finit-elle par répondre. Je vous aime bien. Je pense que vous êtes un chic type. Et personne ne mérite de vivre sans amour. Vous avez droit au bonheur, au même titre que n'importe qui.

— Et vous aussi, répliqua-t-il en lui prenant la main. Je vais trouver une solution, je vous en donne ma parole. Peut-être qu'il n'y aura jamais rien entre nous, mais je suis heureux, déjà, d'avoir fait votre connaissance.

Le visage de Taylor s'éclaira d'un sourire.

— Je suis contente, moi aussi. Et puis, on peut simplement être amis.

Phillip ne répondit pas, mais il avait envie de bien plus avec elle. Il rêvait de faire l'amour avec elle et de la tenir dans ses bras. Jamais il n'avait éprouvé des émotions aussi fortes avec Amanda. C'était comme si la foudre l'avait frappé, la veille, à la terrasse de ce café. Ou alors c'était la Providence qui venait de lui envoyer un énorme cadeau. Un cadeau qu'il n'avait pas envie de perdre. Il ne put s'empêcher de se dire que leur rencontre était écrite.

Après avoir payé l'addition, il posa sur Taylor un regard empli d'affection.

— Quand pourrai-je vous revoir ?

— Je ne sais pas.

Taylor se sentait un peu dépassée. Phillip l'intimidait, et ce qu'il venait de lui apprendre n'était pas facile à digérer. Elle aurait voulu en parler avec sa sœur, mais elle imaginait déjà sa réaction. Un homme marié ? Hors de question. D'autant plus que l'idée d'une simple relation d'amitié était peu crédible. Taylor devinait que ce n'était pas ce qui intéressait Phillip, et elle-même ne pouvait nier l'attirance qu'elle ressentait pour lui. C'était un très bel homme, quoiqu'un peu râblé. Elle aimait ce genre de physique : son frère, banquier à Milwaukee, marié et père de trois enfants, était fait de la même étoffe. Il avait dix ans de moins que Phillip. Sa sœur, elle, avait quarante-trois ans et quatre enfants.

— Pourquoi pas demain midi ? proposa Phillip tandis qu'ils sortaient du restaurant.

Taylor eut l'air gênée.

— Vous trouvez que c'est trop tôt ?

— Oui... Non, corrigea-t-elle. Je ne sais pas.

Elle avait le sentiment qu'elle commençait déjà à tomber amoureuse de lui alors qu'ils venaient à peine de se rencontrer. C'était insensé... Heureusement, il n'avait pas d'enfants – elle n'aurait pas voulu jouer le rôle d'une briseuse de foyer. Mais ne le serait-elle pas quand même, si jamais il se passait quelque chose entre eux ? La culpabilité, la joie et l'excitation se mêlaient dans son cœur. Taylor était sortie avec un garçon pendant quatre ans au lycée et à la fac. Depuis qu'ils avaient rompu, un an plus tôt, elle n'avait rencontré personne qui ait éveillé son intérêt.

— Quelle est votre adresse ? s'enquit Phillip.

— Pourquoi, vous voulez venir chez moi ? demanda-t-elle, inquiète.

Il passa un bras autour de ses épaules en riant. L'idée ne lui aurait pas déplu, mais cela aurait sonné la fin de ses bonnes intentions.

— Mais non, bien sûr. C'est pour la bibliothèque.

Taylor se mit à rire à son tour, tout en notant son adresse sur un morceau de papier.

— Je vais voir si on l'a en stock. Si c'est le cas, je vous la fais livrer.

— Merci, c'est vraiment super.

En jetant un coup d'œil à sa montre, Phillip s'aperçut qu'il avait déjà une demi-heure de retard pour sa réunion.

— Demain midi, alors ?

— Je... euh... Oui !

— Au café Cluny, précisa-t-il avant qu'elle ne change d'avis, et il l'embrassa rapidement sur la bouche.

Comme il levait la main, un taxi s'arrêta devant eux dans un crissement de pneus. Il sauta à l'intérieur et sourit à Taylor, qui était restée sur le trottoir, médusée.

— A treize heures ! cria-t-il par la fenêtre.

215

Sur le trajet du retour, il appela l'entrepôt pour vérifier qu'ils avaient bien la bibliothèque, puis il joignit sa secrétaire, à qui il demanda de la faire livrer à l'adresse de Taylor. En moins de cinq minutes, tout était réglé. Il rappela ensuite la jeune femme.

— Excusez-moi d'être parti si vite, je suis en retard pour une réunion, expliqua-t-il. Merci pour ce déjeuner. Je ne sais pas bien ce que je fais, mais je vous trouve absolument formidable.

— Vous me connaissez à peine ! répondit-elle, confuse.

— J'espère vous connaître mieux un jour. A demain, Taylor.

Il se précipita dans l'immeuble et se glissa dans la salle de conférence avec près d'une heure de retard. Son frère était présent, mais pas sa mère. A la fin de la réunion, John regarda Phillip bizarrement.

— Ça va ? Tu as une drôle de tête.

— Il y a de quoi. Amanda a reçu sa nomination à la cour fédérale avant-hier, c'est le branle-bas de combat.

— Tu t'es calmé, à propos de maman ?

— Peut-être. Je ne sais pas. Je n'ai pas eu le temps d'y réfléchir.

A la lumière de sa relation naissante avec Taylor, Phillip avait conscience que ses objections concernant Peter semblaient soudain paradoxales.

Quand il rentra chez lui ce soir-là, Amanda était en train de dresser la liste de toutes les fêtes qu'elle voulait organiser, des soirées mondaines auxquelles elle voulait assister, des comités dont elle envisageait de faire partie... et des missions qu'elle comptait lui confier.

— Tu as parlé à ta mère ? lui demanda-t-elle en levant le nez de sa feuille.

— Non. Je ne l'ai pas vue aujourd'hui.

— Tu aurais pu l'appeler.

— Je ne savais pas où elle était, répondit Phillip en toute honnêteté.

Amanda considérait sa nomination comme une nouvelle de première importance. Elle l'avait d'ailleurs annoncée massivement par mail.

Lorsqu'elle lui tendit la liste de ce qu'il était censé faire, il eut l'impression de s'être enrôlé dans la marine. Mais comme il se sentait coupable d'avoir déjeuné avec Taylor, il ouvrit une bouteille de champagne et lui en servit un verre.

— Merci, Phillip, dit-elle, flattée.

Il lui porta un toast, tout en s'efforçant de chasser de son esprit l'image de Taylor. En vain.

— Où es-tu allé hier soir, alors ? lui demanda-t-elle.

— J'ai marché jusqu'au Village, j'ai mangé un hamburger, et je suis revenu en taxi.

C'était la vérité.

— Désolée si je t'ai énervé, concéda Amanda, mais c'est vrai : ce serait beaucoup mieux pour moi, si ta mère te laissait la place de P-DG. J'aimerais que tu le lui demandes.

— Pourquoi tu ne lui demandes pas toi-même ? rétorqua froidement Phillip. Je suis sûr que ça l'intéresserait d'entendre tes arguments.

— La pression doit venir de toi. Tu devrais peut-être la menacer de démissionner.

— Et après ? Soit on chamboule toute l'entreprise juste pour que tu puisses dire que tu es mariée à un P-DG. Soit elle me vire, et là, ton mari est au chômage. Ça le fera encore moins.

Il plaisantait à moitié.

— Elle ne va pas te laisser démissionner, Phillip. Tu es son fils.

— Et elle ne va pas non plus renoncer à la direction de l'Usine pour toi. En plus, je t'ai déjà dit que je n'étais pas pressé de prendre sa place, même si, à tes yeux, ça ne fait pas de moi un vrai mec. Mon boulot est déjà assez dur comme ça. Je suis convaincu que je serais incapable de faire ce qu'elle fait. Alors si tu restes avec moi, il faudra te contenter d'un mari directeur financier.

— Vraiment ? Je n'avais pas compris qu'il y avait une option. « Si je reste avec toi ». Tu cherches à me faire passer un message, Phillip ?

— Tu as toujours cette possibilité.

— Est-ce une menace ?

— Non, mais je ne vais pas te laisser remodeler ma vie, ma carrière et ma garde-robe juste parce que tu es devenue juge.

— Ce n'est quand même pas rien.

— Je ne dis pas le contraire. Et je suis fier de toi. Mais ta nomination ne se fera pas au détriment de mon libre arbitre. Mes couilles m'appartiennent, pour parler comme toi. Elles ne font pas partie du contrat de mariage.

— Eh bien, puisqu'on aborde le sujet, qu'est-ce qui en fait partie ? Es-tu prêt à utiliser l'argent des Grayson pour aider ma carrière ? Il me semble que ce serait la moindre des choses.

— C'est ma mère qui décide de ce qu'elle fait de l'argent des Grayson, en accord avec le conseil. Si l'idée ne les enchante pas, ils ne la ratifient pas. Je n'ai pas mon mot à dire.

— C'est bien ce que je disais, Phillip, rétorqua Amanda d'un air écœuré. Tu n'as aucun poids dans cette entreprise.

— J'en ai un peu. Et un jour, j'en aurai plus – tu as juste un train d'avance.

— Il faudra qu'on en reparle, dit-elle d'un ton glacial.

— Si tu veux, mais ça ne changera rien.

Ce soir-là, ils dînaient au restaurant avec un de ses associés. Elle s'employa pendant tout le repas à présenter Phillip comme un moins que rien, à répéter qu'il n'était « que » directeur financier, et à se comporter comme une star. Elle passa une excellente soirée. Quant à Phillip, il bouillait de rage lorsqu'ils rentrèrent chez eux.

— C'est à ça que je dois m'attendre, maintenant ? fulmina-t-il. À être humilié chaque fois qu'on sort, sous prétexte que tu vas bientôt être juge fédérale ? Ça risque d'être lassant.

— Dans ce cas, demande un meilleur job à ta mère, répliqua-t-elle.

La guerre était déclarée. Amanda contre Olivia, avec Phillip comme bouclier.

Dans son lit, ce soir-là, il songea que sa femme dépassait les bornes depuis trop longtemps. Les inquiétudes que sa mère avait exprimées sur le bateau n'étaient pas tombées dans l'oreille d'un sourd. Amanda ne le savait pas encore, mais elle venait de signer l'arrêt de mort de leur mariage.

Le lendemain, Phillip retrouva Taylor pour déjeuner. Sa mauvaise humeur se dissipa sitôt qu'il aperçut la jeune femme.

— Vous êtes formidable ! s'exclama-t-elle.

Il lui prit la main en souriant.

— Vous aussi.

— Non, je veux dire *vraiment* formidable, insista-t-elle, les yeux écarquillés. On m'a livré la bibliothèque hier soir. Elle est parfaite. Le gars me l'a montée et l'a installée à l'endroit où je voulais. Tous mes livres rentrent dedans, il n'y en a plus un seul par terre. C'est génial ! Vous êtes un faiseur de miracles.

Phillip était ravi de lui avoir rendu service. C'était si peu de chose pour lui.

Pendant le déjeuner, Taylor lui raconta son enfance. Ses parents étaient morts dans un accident de voiture alors qu'elle n'avait que huit ans et son frère seize. Sa sœur, tout juste mariée, les avait recueillis chez elle. Taylor considérait que son beau-frère avait été un saint de les accepter sous son toit ; elle y était restée jusqu'à la fin du lycée. Après quoi, elle avait été obligée de travailler pour se payer la fac. Aujourd'hui, ils étaient tous très proches.

Phillip fut gêné quand elle lui posa des questions sur son enfance. Ce qu'elle venait de lui dire lui faisait soudain voir sa propre expérience sous un angle très différent. Certes, sa mère avait été souvent absente, mais au moins, elle était vivante. Son frère, ses sœurs et lui n'étaient pas orphelins. Et ils avaient été gâtés par leur père et Mamibelle. En bref, ils avaient eu une vie rêvée comparée à la sienne.

— Ma mère était très occupée, expliqua-t-il. Elle partait tout le temps en déplacement pour son travail, si bien que j'ai été surtout élevé par mon père et ma grand-mère, qui vivait chez nous. J'ai un frère et deux sœurs. La plus vieille a à peu près le même âge que la vôtre, et la dernière, que je ne vois plus, est un peu plus jeune que votre frère.

— Pourquoi vous ne la voyez plus ?

Cette nouvelle semblait l'attrister, comme si elle avait du mal à concevoir que les membres d'une même famille puissent ne pas être proches.

— C'est une longue histoire, répondit-il. Ma sœur s'est fâchée avec ma mère quand mon père est décédé. Elle lui reproche de n'avoir pas été là – maman était à l'étranger. Cass, qui avait vingt ans à l'époque, est partie vivre à Londres. Ma mère et ma grand-mère la croisent quand elle est de passage à New York, et mon autre sœur l'a revue il y a quelques années, je crois. Moi, ça doit faire dix ans que je n'ai pas eu de nouvelles. Elle garde ses distances. De toute façon, on n'a pas grand-chose en commun. Les relations de famille sont parfois compliquées.

— C'est vrai, reconnut Taylor, compatissante.

Phillip ressentit un élan de sympathie pour la jeune femme, face à qui il avait l'impression de n'être qu'un enfant gâté. Quant à Amanda, qui exigeait un engagement financier de la part des Grayson pour servir son ascension sociale, son arrivisme était tout bonnement écœurant. Elle faisait pâle figure à côté de Taylor. A cet instant, Phillip aurait même eu honte d'avouer à cette dernière qui il était, quelle était sa fortune et pourquoi la bibliothèque qu'il lui avait offerte ne représentait rien pour lui.

Comme elle évoquait son expérience dans le Corps de la Paix, il lui confia qu'il revenait tout juste de vacances en Italie et en France – il ne précisa pas, bien sûr, qu'ils avaient séjourné sur un yacht de quatre-vingt-dix mètres. Après quoi la conversation tourna autour de son premier poste, qu'elle était impatiente de découvrir. Elle devait d'ailleurs se rendre à une réunion de rentrée le lendemain et ne serait pas libre pour déjeuner avec lui.

— Que diriez-vous d'un dîner lundi ? proposa-t-il à la fin du repas. Je vous appellerai pendant le week-end si jamais je peux me libérer.

Elle resta un moment silencieuse. En la voyant si triste, Phillip eut le cœur serré.

— Parfois, j'oublie que vous êtes marié, murmura-t-elle.

— Moi aussi. Mais c'est un drôle de mariage, vous savez. J'ai laissé la situation se dégrader, et maintenant je ne sais pas si je dois tout arrêter, ou tenter d'arranger les choses.

— Vous devriez sans doute choisir la deuxième solution, répondit loyalement Taylor.

— Je ne sais pas si j'en ai envie, confia Phillip.

— A cause de moi, ou pour d'autres raisons ?

— Les deux. Je crois que je n'ai pas épousé la bonne personne, et que j'ai été le seul à ne pas m'en rendre compte. Je voyais sa froideur comme un défi, mais en fait c'est invivable. J'ai l'impression d'habiter dans un igloo.

Et cela ne lui faisait plus du tout envie, maintenant qu'il avait goûté à la chaleur de Taylor.

— Je vais trouver une solution très vite, je vous le promets, dit-il en l'embrassant tendrement sur la joue.

De toute façon, il ne pouvait pas continuer ainsi éternellement, alors que les exigences d'Amanda se faisaient de plus en plus outrancières. Taylor n'était que le catalyseur inattendu de problèmes qui existaient déjà bien avant, mais qu'il n'avait pas voulu voir.

Ce week-end-là, Amanda avait décidé de travailler au bureau, sans prendre la peine d'en informer Phillip. Celui-ci téléphona donc à Taylor et lui donna rendez-vous le samedi après-midi à Central Park, où ils admirèrent les bateaux miniatures sur le lac, écoutèrent des groupes de musique et s'allongèrent dans l'herbe sur une couverture que Taylor avait apportée. Longtemps, ils bavardèrent en regardant les arbres, jusqu'à ce que Phillip se redresse sur un coude pour l'embrasser. Les lèvres de la jeune femme étaient si douces qu'elles semblaient fondre sous les siennes. Jamais il n'avait connu plus agréable baiser.

Le soir venu, ils allèrent dîner au Minetta Tavern, un des restaurants favoris de Phillip, puis il la raccompagna chez elle et rentra vers dix heures. Quand Amanda arriva cinq minutes plus tard et le trouva devant la télévision, elle ne se douta pas qu'il était sorti. Phillip était encore dans un état second après ces merveilleux moments passés avec Taylor et les baisers qu'ils avaient échangés au parc. En voyant Amanda, il crut devenir fou. Sa vie avec elle s'était transformée en cauchemar.

— Ça va ? lui demanda-t-elle en le regardant fixement.

— Oui.

— Tu as l'air malade.

Elle devinait que quelque chose n'allait pas, sans toutefois parvenir à identifier l'origine du problème. En fait, Phillip s'écœurait lui-même : Taylor ne méritait pas de souffrir à cause de lui, et il avait même pitié d'Amanda, qui jouait gros et risquait bien de perdre si elle poussait le bouchon trop loin.

Ce soir-là, il se coucha tôt et sombra dans le sommeil, épuisé par la tension nerveuse. Quand il se réveilla le lendemain matin, Amanda était déjà partie sans laisser de mot. Centrée sur son monde, elle en oubliait complètement Phillip. Celui-ci retrouva Taylor en ville, mais cette fois-ci ils jouèrent les touristes, montant au dernier étage de l'Empire State Building, s'embrassant avec la ville à leurs pieds. Puis ils prirent le ferry de Staten Island. Phillip ne s'était jamais autant amusé à New York. Et il avait la sensation de ne plus pouvoir se passer de Taylor, comme d'une drogue à laquelle il serait devenu accro. En l'espace de quelques jours, leurs vies à tous deux avaient été chamboulées.

La semaine suivante, ils se virent quotidiennement. Phillip se sentait toujours aussi perdu. Visiblement, Amanda ne se rendait compte de rien, et, par moments, il aurait presque espéré qu'elle l'arrête avant que cette histoire n'aille trop loin, qu'elle tente de sauver leur mariage et de lui prouver qu'elle l'aimait. Mais Amanda vivait son heure de gloire ; tout le monde était aux petits soins avec elle au bureau, à tel point qu'elle en avait oublié l'existence de son mari.

Le dimanche, Phillip et Taylor se rendirent à une fête de rue dans le quartier de Little Italy et dégustèrent une glace au citron. Lorsqu'il la raccompagna chez elle, elle lui proposa de monter voir sa bibliothèque. Phillip accepta, mettant de côté son embarras à l'idée de défiler devant ses jeunes colocataires. Par chance, celles-ci n'étaient pas là.

Dans le petit appartement ensoleillé s'entassaient de vieux meubles usés, dégotés dans des vide-greniers et des magasins de seconde main, ou trouvés sur le trottoir. En comparaison, la bibliothèque de l'Usine paraissait majestueuse. Phillip fut touché par la simplicité du cadre de vie de Taylor. Sa chambre, impeccable, ressemblait à celle d'une jeune fille. Le bureau était bien rangé, le lit protégé par un couvre-lit rose rapporté de chez sa sœur, et décoré de coussins fabriqués par ses nièces. A peine étaient-ils entrés dans la pièce que Phillip l'attira dans ses bras, pressé d'enfouir son visage dans ses cheveux qui sentaient si bon. Emporté dans son élan, il la pressa contre lui et l'embrassa fiévreusement, tandis qu'elle répondait à son baiser avec tout autant de ferveur.

Phillip referma la porte de la chambre d'un coup de pied. En quelques secondes, son jean et sa chemise rejoignirent par terre le débardeur et la jupe de Taylor, et ils se laissèrent submerger par la passion, jusqu'à ce que leurs corps explosent à l'unisson et s'échouent l'un contre l'autre. Phillip n'avait jamais autant désiré une femme. Quant à Taylor, elle s'était totalement abandonnée à lui. La digue avait fini par céder et les flots s'étaient déchaînés, incontrôlables.

— Oh mon Dieu, murmura Phillip, hors d'haleine, tandis qu'il se détachait d'elle et plongeait dans ses yeux encore embrumés de désir. Je suis désolé... Je ne voulais pas faire ça.

— Moi je ne suis pas désolée, répondit Taylor d'une voix douce. Je t'aime. Et tant pis si tu décides de rester avec Amanda. On aura eu au moins ça.

Une question traversa soudain l'esprit de Phillip :

— Tu prends la pilule ?

Taylor acquiesça. Ils avaient fait l'amour sans se protéger, et pourtant, ils n'étaient pas inquiets. Ce qui venait d'arriver leur semblait si juste !

— Je veux avoir des enfants avec toi, chuchota-t-il en la serrant dans ses bras.

Il n'avait jamais dit ça à aucune autre femme. C'était comme s'il avait attendu Taylor toute sa vie. En prononçant ces mots, il comprit ce qu'il lui restait à faire.

Taylor, de son côté, lui faisait confiance. Certes, toutes les maîtresses d'hommes mariés avaient dû penser la même chose avant elle, mais elle savait qu'il l'aimait. Et elle l'aimait aussi.

Ils refirent l'amour dans l'après-midi, puis Phillip la quitta, la mort dans l'âme. La culpabilité pesait comme une pierre sur sa poitrine lorsqu'il rentra chez lui. Il avait voulu attendre d'être libre pour passer ce cap avec Taylor, mais il en avait été incapable, et maintenant tout serait plus compliqué. Il ne savait pas quoi dire à Amanda, ni quand. Ce soir-là, il avala un somnifère avant qu'elle ne rentre, pour être sûr de ne pas la voir.

Mais elle était là le lendemain matin. Comme d'habitude, elle ne parla que de sa promotion. Phillip, lui, avait mal au crâne à cause du somnifère.

— Qu'est-ce que tu veux pour ton petit déjeuner ? lui demanda-t-elle.

C'était bien la première fois qu'elle lui posait cette question. Phillip faillit répondre « un divorce », mais il n'en eut pas le cran. Il fallait d'abord qu'il réfléchisse. Il connaissait Taylor depuis deux semaines, et il s'apprêtait à mettre fin à une relation de dix-neuf ans. Etait-il fou ? Avait-il tort ? Avait-il raison ? Il n'en savait plus rien. Ce qui ne faisait aucun doute, c'était qu'il n'aimait pas Amanda.

— Je mangerai quelque chose au bureau, répondit-il en sortant de la cuisine.

Amanda fredonnait un air lorsqu'il partit de la maison.

Lorsqu'il arriva au bureau, la première personne qu'il croisa dans le couloir fut sa mère. Mais il était tellement distrait qu'il passa devant elle sans la voir, et elle dut l'appeler pour qu'il s'arrête enfin. Elle ne l'avait jamais vu dans cet état.

— Ça ne va pas ? lui demanda-t-elle, inquiète. Tu es malade ?

Phillip secoua la tête.

— Non, non, ça va… Juste un rhume.

Il songea alors qu'ils ne s'étaient pas adressé la parole depuis leur dispute à propos de Peter. S'il n'avait pas rencontré Taylor, il n'aurait jamais compris. Mais maintenant, qui était-il pour jeter la pierre à sa mère ? Sans compter que celle-ci était célibataire. Pas lui.

— Je suis désolé, marmonna-t-il.

— A quel propos ?

— Pour Peter… Je ne pensais pas… Je suis sûr que tu sais ce que tu fais.

Ces excuses troublèrent Olivia. Phillip, le roi des rancuniers, capitulant aussi facilement ? C'était suspect. Elle se demanda alors s'il rencontrait des problèmes avec sa femme.

— Amanda va bien ? s'enquit-elle.

— Elle a été nommée à la cour fédérale. Depuis, elle est sur son petit nuage.

— Tu lui transmettras mes félicitations.

Olivia sonda le regard de son fils, cherchant à comprendre pourquoi il avait si mauvaise mine. Mais il se hâta bien vite vers son bureau, comme pour lui échapper.

Dans la soirée, elle rapporta ces propos à Peter, qui fut heureux d'apprendre que Phillip s'était excusé. A ses yeux, cela n'avait rien d'étrange : c'était même plus que justifié. Il lui assura qu'il existait sans doute une explication simple au comportement de son fils.

— Peut-être qu'il est amoureux, suggéra-t-il.

— Phillip ?

Olivia éclata de rire.

— Il fuit l'amour comme la peste ! Il préférerait mille fois se faire arracher une dent sans anesthésie que d'être amoureux. Je ne suis pas sûre qu'il supporterait d'être aimé. C'est pour ça qu'il a épousé Amanda, la femme iceberg. Il a peur des sentiments. Peur de souffrir ou d'être déçu. Donc il reste avec elle et il ne ressent rien. Quelle tristesse.

— Ça peut changer. Peut-être qu'un jour il trouvera la bonne personne et quittera Amanda.

— C'est elle qui le quittera, quand elle rencontrera quelqu'un de plus riche, répliqua amèrement Olivia.

Les jours suivants, des soucis au travail vinrent la distraire de ses préoccupations au sujet de Phillip. Une grève dans une de leurs succursales texanes avait mal tourné et, devant les risques de pillage, ils s'étaient vus obligés de recruter des agents de sécurité et de fermer temporairement le site, pour la plus grande contrariété d'Olivia. Peter l'avait dissuadée de s'y rendre en personne, craignant qu'elle ne se fasse malmener, et elle l'avait écouté.

Or un soir, alors qu'elle lisait le résumé d'un roman dans une librairie, elle vit Phillip entrer avec une jolie demoiselle, qui avait bien la moitié de son âge. Celle-ci le regardait avec adoration, et la réciproque était vraie. Olivia les observa, incrédule, en se cachant derrière un rayon pour ne pas se faire repérer. A cet instant, ils s'embrassèrent. Voilà pourquoi, songea-t-elle, Phillip était revenu sur sa position concernant Peter. S'agissait-il d'une histoire sérieuse, ou d'une simple aventure ? Olivia attendit qu'ils partent, paya les livres et appela Peter dès qu'elle fut sortie de la librairie.

— Je t'avais bien dit qu'il était amoureux ! s'exclama-t-il en riant.

— Je l'ai à peine reconnu. Il a l'air fou d'elle. Elle est très jeune, et très belle.

Tout cela n'était pas pour diminuer les soucis d'Olivia ! Si Amanda venait à découvrir qu'il la trompait, les conséquences seraient terribles. Et cela risquait de coûter cher.

— Phillip est un grand garçon, lui rappela Peter. Il s'en sortira.

— J'imagine. En tout cas, il n'était pas discret. Il l'a embrassée devant tout le monde dans la librairie. N'importe qui aurait pu les surprendre.

— C'est peut-être sérieux.

— Je ne sais pas ce qui serait préférable pour lui, répondit Olivia en soupirant. Subir un divorce, ou passer le restant de ses jours avec la reine de glace. Il mérite tellement mieux !

— Peut-être qu'il sait, lui. En tout cas, il fera ce qui lui semble juste. Tu rentres bientôt ?

Peter était en train de préparer le repas à Bedford.

— Je suis en route, répondit Olivia. Je suis passée prendre tes livres, et c'est là que j'ai vu Phillip.

— Dépêche-toi, chérie. Tu me manques.

— Je fais au plus vite, promit-elle en souriant.

Olivia raccrocha, puis elle s'engagea sur l'autoroute. Moins d'une heure plus tard, elle arrivait chez elle, heureuse de trouver la maison éclairée et de savoir que Peter l'attendait. Elle pensa à Phillip. Lui aussi avait bien le droit de connaître enfin l'amour auprès d'une femme douce et chaleureuse.

17

Cela faisait maintenant un mois que Phillip et Taylor étaient amants. Comme il ne voulait pas risquer de la compromettre davantage en croisant ses colocataires, ils avaient pris l'habitude de se donner rendez-vous à l'hôtel tous les soirs, Taylor n'étant plus disponible dans la journée depuis qu'elle avait commencé son travail. Phillip avait l'impression de marcher sur un fil sans filet de sécurité. Ils avaient même passé une nuit ensemble au Plaza.

Phillip était fou amoureux de Taylor et voulait vivre avec elle, mais il ne savait pas comment s'extirper de son mariage. En fait, il nageait dans une telle confusion qu'il ignorait s'il se trouvait au paradis ou en enfer. Il avait perdu cinq kilos et arrivait en retard à toutes ses réunions. Olivia l'observait à distance avec inquiétude. Une enquête discrète lui avait appris que Liz, John et Maribelle n'étaient au courant de rien, et elle-même avait choisi de ne pas leur faire part de sa découverte.

Alors que Phillip commençait à désespérer, il trouva un soir Amanda qui l'attendait dans le salon, l'air officiel. Persuadé qu'il était démasqué, il allait tout avouer quand elle lui tendit une lettre qu'elle s'apprêtait à envoyer à Olivia.

— Qu'est-ce que c'est ? demanda-t-il, stupéfait. Je ne suis pas un gamin. Tu n'as pas besoin de rapporter mes faits et gestes à ma mère.

— Lis-la.

Phillip s'assit et obtempéra. A sa plus grande surprise, Amanda n'annonçait pas du tout à sa belle-mère qu'il avait une liaison. Elle lui fixait un ultimatum : soit Olivia cédait son siège de P-DG à Phillip, soit Amanda divorçait. Elle expliquait, sans prendre de gants, qu'elle refusait d'être mariée à un « sous-fifre » alors qu'elle venait d'être nommée juge fédérale.

Phillip faillit éclater de rire. Contrairement à ce qu'il avait craint en arrivant, il paraissait évident qu'Amanda ne savait rien de sa liaison avec Taylor. Tout ce qui lui importait, c'était d'être mariée à un P-DG. Peut-être se fichait-elle éperdument qu'il soit amoureux d'une autre femme.

— Tu n'es pas sérieuse, j'espère ?

— Je suis très sérieuse. Tu ne parleras jamais à ta mère, alors j'ai décidé de prendre les choses en main. Elle préférera éviter l'embarras d'un divorce, sans compter que ça vous coûterait très cher. Tu devrais voir les choses du bon côté, Phillip. On y gagne tous les deux : moi, j'aurai enfin un mari important, et toi tu auras la place qu'elle aurait dû te laisser depuis des années.

— Je t'ai déjà dit que je ne voulais pas diriger l'entreprise pour l'instant, répondit Phillip.

— Ta mère en a plus dans le pantalon que toi, lâcha-t-elle avec mépris.

— Tu as sans doute raison, Amanda. Et c'est vrai de toi aussi. Le problème, c'est que je n'ai pas envie d'être marié à un homme. Je veux être avec une femme. Une femme qui n'aurait pas l'idée de me mettre la tête sur le billot ou de faire du chantage à ma mère pour parvenir à ses fins. Je ne crois pas qu'elle appréciera ta lettre. En fait, je vais t'épargner la peine de la lui envoyer.

A présent, Phillip savait ce qu'il voulait. Et Amanda venait de lui tendre une perche qu'il avait bien l'intention de saisir. Jamais il ne s'était senti aussi sûr de lui : la femme avec qui il voulait partager sa vie n'était pas Amanda. Celle-ci ne l'aimait pas : elle n'hésitait pas à le sacrifier au profit de son ascension sociale. Pour elle, il n'était qu'un pion.

— Oublie ta lettre, reprit-il en la regardant froidement. Je choisis le plan B : le divorce. Mais c'est ma décision, pas la tienne.

Amanda parut sidérée. Ce n'était pas du tout la réaction à laquelle elle s'attendait.

— Ça va te coûter cher, le prévint-elle, furieuse.

— Je n'en doute pas. On verra ça avec nos avocats. Tu as eu ce que tu voulais, tu es juge, maintenant. Je n'ai pas l'intention de prendre la place de ma mère juste pour te servir de faire-valoir.

— Elle va te laisser mariner au second plan pendant des années !

— Peut-être, mais qui te dit que ça ne me convient pas ? Je deviendrai P-DG en temps voulu, quand ma mère sera prête à se retirer, ou quand je l'aurai mérité. Je ne te laisserai pas la déposséder d'une fonction qu'elle occupe brillamment après avoir donné cinquante ans de sa vie à cette entreprise, *son* entreprise. De toute façon, ça ne te regarde pas, Amanda. J'aurais dû te quitter bien avant. Tu ne m'as jamais aimé.

— Tu me confonds avec ta mère, répliqua-t-elle, les dents serrées.

— Non, tu te trompes. J'ai mis du temps à le comprendre, mais elle m'aime, quoiqu'elle ait fait de grosses erreurs par le passé. Parfois, on est amené à faire des choix difficiles dans la vie, selon ce qui nous semble juste sur le moment. C'est ton cas aujourd'hui : tu es prête à sacrifier notre mariage pour une évolution de carrière. Eh bien moi, je préfère divorcer plutôt que de m'accrocher à quelque chose qui n'a jamais existé. Tu m'as toujours considéré comme un tremplin. Si je ne m'étais pas appelé Grayson, tu serais partie depuis longtemps, tu ne m'aurais même jamais épousé. Mais c'est fini, maintenant. Tu ne tireras plus rien de moi, à part lors du divorce.

Par chance pour Phillip, ils avaient établi un contrat de mariage solide, si bien qu'Amanda n'obtiendrait pas autant qu'elle l'aurait espéré – et elle le savait. Pour la première fois depuis des semaines, Phillip avait l'impression d'avoir les idées claires et l'esprit sain. Amanda lui avait rendu un immense service.

— C'est ridicule, se défendit-elle, paniquée. Peut-être que ta mère sera d'accord pour se retirer dans un an. J'accepte d'attendre jusque-là.

— Tu ne comprends pas, il n'y a rien à négocier. C'est fini. Trouve un autre cheval sur lequel parier. J'abandonne la course.

— Je n'étais pas sérieuse quand je parlais de divorcer. Je voulais juste faire peur à ta mère. C'était autant pour ton bien que pour le mien !

— Merci, mais je me passerai de ton aide. Et moi, je suis sérieux : j'ai envie d'une vraie vie, pas de ce simulacre de mariage où ma femme calcule ce qu'elle peut tirer de notre relation et me répète que je n'ai pas de couilles.

— J'essayais de t'encourager à tenir tête à ta mère.

Amanda n'était pas stupide : elle avait conscience d'être allée trop loin, et elle tentait à présent de faire machine arrière. Mais Phillip ne se laisserait pas avoir. Il l'avait battue à son propre jeu, et il savait qui il avait envie de retrouver à la fin de la partie : Taylor. Cette dernière l'aimait ; elle ne cherchait pas à profiter de son nom – d'ailleurs, elle ignorait qui il était vraiment.

Phillip monta préparer un sac, Amanda sur les talons.

— Qu'est-ce que tu fais ? lui demanda-t-elle, nerveuse.

— Ma valise. Tu peux rester ici le temps qu'on décide qui garde la maison. Tu peux même la mettre en vente si tu veux.

Bien qu'il l'ait payée intégralement, il était prêt à la lui laisser, son seul souhait étant d'en finir au plus vite.

— Tu n'es pas obligé de partir, Phillip. On peut trouver une solution.

— Non, répliqua-t-il en se tournant vers elle pour la regarder droit dans les yeux. Je n'en ai pas envie. Je veux divorcer.

Amanda le regarda partir depuis le haut de l'escalier. Elle ne lui avait pas dit une seule fois qu'elle l'aimait – cela ne lui était même pas venu à l'esprit. Voilà qui l'aidait à s'en aller la conscience tranquille... Sa femme était incapable d'amour.

— Appelle-moi quand tu auras retrouvé tes esprits, lança-t-elle depuis le palier.

— N'y compte pas, répondit-il à voix basse.

Il se retourna pour la regarder une dernière fois.

— Au revoir, Amanda.

Sur ces mots, il sortit. Il ne claqua même pas la porte derrière lui. Tout cela s'était fait en une demi-heure et dans le calme, sans effusion de sang. Et sans douleur, car plus rien ne le retenait à Amanda.

Phillip héla un taxi et indiqua au chauffeur une adresse familière en centre-ville. Une fois devant l'immeuble, il lui tendit un billet de vingt dollars en lui demandant d'attendre, laissa son sac dans la voiture et monta les marches quatre à quatre. La jeune fille qui lui ouvrit l'informa que Taylor était dans sa chambre, mais qu'elle ne dormait pas encore. Il frappa à la porte et entra avant même qu'elle ait répondu. Le visage de Taylor s'éclaira d'un large sourire, et elle bondit de son lit pour se jeter à son cou.

— Qu'est-ce que tu fais ici ?

Elle n'eut pas le temps de s'inquiéter : Phillip l'embrassait déjà, la pressant contre lui.

— Je viens de la quitter. On va divorcer, annonça-t-il gaiement.

Taylor resta bouche bée.

— Comme ça, du jour au lendemain ? Que s'est-il passé ?

— Elle a poussé le bouchon un peu trop loin. Elle s'apprêtait à faire du chantage à ma mère, à lui fixer un ultimatum. Ça m'a ouvert les yeux. Mais on parlera de ça plus tard, il y a un taxi qui nous attend en bas. Fais ta valise.

— On va où ? demanda Taylor, abasourdie.

— Au Plaza. On va vivre à l'hôtel le temps de trouver une solution. Prévois suffisamment d'affaires pour tenir quelques jours.

— Ça ne va pas te coûter trop cher ? s'inquiéta Taylor. Tu peux rester ici si tu veux.

— Je t'aime, mais je n'ai pas vraiment envie de partager la salle de bains avec cinq jeunes femmes. Et je ne suis pas sûr qu'elles seraient ravies, elles non plus.

Il posa la valise de Taylor sur le lit.

— Je t'attends en bas, dit-il, avant de l'embrasser.

Cinq minutes plus tard, elle le rejoignait dans le taxi avec sa valise et son sac à dos rempli de livres scolaires. Tout était allé tellement vite ! Et si Phillip changeait d'avis ? se demandait-elle avec inquiétude. Mais cela paraissait peu probable. Il était calme et sûr de lui, plus serein qu'elle ne l'avait jamais vu.

Au Plaza, Taylor visita, ébahie, la suite qu'il avait choisie. Il avait beau occuper un poste important et posséder des costumes de qualité, un tel luxe était sans doute au-dessus de ses moyens.

— Ce n'est pas raisonnable, Phillip. Qu'est-ce qu'on fait ici ? Tu vas te ruiner.

Il n'en revenait pas qu'elle n'ait jamais cherché son nom sur Internet. Savoir qu'il était directeur financier de l'Usine lui suffisait.

— Ne te fais pas de souci. Je trouverai un appartement dans quelques jours, la rassura-t-il.

Pendant que Taylor faisait couler un bain, il commanda un repas au room service, puis il la rejoignit dans la somptueuse baignoire. Il avait encore du mal à croire qu'il avait quitté Amanda. Mais il ne regrettait rien.

— Le divorce risque de prendre un peu de temps, la prévint-il.

Malgré le contrat de mariage, il y avait fort à parier qu'Amanda se battrait bec et ongles pour obtenir le maximum.

— J'attendrai, répondit calmement Taylor. Je ne suis pas pressée.

— Moi, je le suis. Je t'ai attendue toute ma vie. Qu'est-ce qui t'a pris si longtemps ?

— J'étais occupée.

Comme elle souriait, il l'embrassa tendrement, puis ils sortirent du bain. Ils dégustèrent leurs club-sandwichs dans les peignoirs molletonnés de l'hôtel, en bavardant et en riant comme des enfants. Et ce n'était que le début : ils avaient la vie devant eux. En la tenant dans ses bras cette nuit-là, Phillip songea à tout ce qu'il avait envie de lui montrer et de partager avec elle. Car Taylor était aussi devenue sa meilleure amie. Il lui avait parlé de sa mère et de sa grand-mère, de son frère et de ses sœurs. Tous allaient l'adorer, il en était certain. Mais l'essentiel, c'était qu'il l'aimait, lui, et que cet amour était réciproque. Tandis qu'il la regardait dormir, il sut qu'il avait reçu un cadeau inestimable.

18

Le lendemain matin, Phillip entra dans le bureau de sa mère et attendit qu'elle termine sa conversation téléphonique. Elle semblait bien occupée, mais il n'avait besoin que de quelques minutes de son temps. Olivia, de son côté, lui trouva meilleure mine. Il n'avait plus cet air égaré qu'elle lui avait vu ces dernières semaines.

— Je voulais juste te prévenir qu'hier soir j'ai quitté Amanda, annonça-t-il calmement.

Pendant un long moment, Olivia resta silencieuse.

— Es-tu satisfait de ta décision ? finit-elle par lui demander.

— Oui. J'aurais même dû le faire bien avant.

— Que s'est-il passé ?

Olivia se doutait bien que la jeune femme qu'elle avait aperçue avec lui à la librairie n'y était pas pour rien.

Phillip eut un petit rire.

— Elle voulait que tu me laisses ta place.

— Ma place de P-DG, tu veux dire ? Maintenant ?

— Oui, maintenant. Comme elle vient d'être nommée juge fédérale, elle estime qu'elle doit être mariée à un P-DG.

— Tu le seras un jour.

— Pas avant longtemps, j'espère. J'avais le choix entre ça et le divorce. J'ai choisi la deuxième solution. Ça me va très bien, mais ça risque de coûter cher.

— Tu as un bon contrat de mariage, non ?

— Elle essaiera sûrement de le faire annuler. Il ne faut pas oublier qu'elle est avocate.

— Ça ne la mènera pas bien loin. Y a-t-il d'autres raisons ? s'enquit Olivia, qui n'avait pu faire taire sa curiosité.

— Oui, plusieurs. Notre couple était fichu : elle ne m'a jamais aimé et je ne ressens plus rien pour elle. Et puis... J'ai rencontré quelqu'un il y a un mois. Tout est allé très vite.

Olivia ne s'attendait pas à ce qu'il se montre aussi honnête avec elle.

— Qui est-ce ? demanda-t-elle sans dissimuler son inquiétude.

— Une fille que j'ai connue dans un café. C'est une institutrice originaire de Milwaukee, elle vient juste d'arriver ici pour enseigner dans une école de Harlem. Elle est géniale, je l'aime et elle m'aime. Elle a vingt-huit ans. Et elle n'a aucune idée de qui tu es.

— Ça me semble être un bon début, commenta Olivia en souriant. Elle est très jeune.

— Oui, et elle me donne l'impression de rajeunir, expliqua-t-il avec une sérénité qu'elle ne lui connaissait pas. Je veux faire des enfants avec elle.

Olivia le dévisagea, stupéfaite.

— Elle doit vraiment être exceptionnelle ! Je n'aurais jamais cru t'entendre dire ça un jour.

— Moi non plus.

— Ne vous précipitez pas trop, quand même. Il faudra que vous attendiez le divorce, et ce n'est pas plus mal. Ça vous laissera le temps de vous connaître un

239

peu mieux. Est-ce que j'aurai le plaisir de la rencontrer, avant que vous ne commenciez à faire des bébés ?

La question le fit rire.

— Oui, quand les choses se seront tassées. Je ne voudrais pas qu'elle pense qu'on va trop vite.

— C'est un peu tard pour ça, j'ai l'impression. Où est-ce que tu loges ?

— Au Plaza, le temps de trouver une solution.

— Tu peux t'installer à Bedford, si tu veux.

— Merci. Je crois que je préfère rester en ville.

Phillip détestait faire les trajets entre New York et la banlieue, mais cela ne l'empêchait pas d'apprécier la proposition généreuse de sa mère. Il hésita un instant, avant de reprendre :

— Maman, je regrette vraiment ce que je t'ai dit à propos de Peter. C'était totalement déplacé. Le destin n'a pas attendu pour me donner une bonne leçon. Je t'accusais d'être immorale, et voilà que je tombe follement amoureux d'une femme qui n'est pas la mienne. La vie est bien ironique.

Olivia sourit.

— C'est vrai qu'elle a le chic pour nous remettre à notre place. On ne gagne pas grand-chose à se montrer moralisateur. On finit toujours par ravaler ses paroles.

— Et par manger son chapeau, renchérit Phillip. Je te demande pardon.

— Bien sûr que je te pardonne.

Olivia se leva et fit le tour du bureau pour serrer son fils dans ses bras.

— Un divorce, c'est triste, mais je suis heureuse pour toi. Tu méritais bien mieux qu'Amanda.

— Je crois que j'ai trouvé.

— Espérons-le. Laisse faire le temps, ne brûle pas les étapes, lui conseilla-t-elle.

Au moins légalement, il n'avait pas le choix. Les événements s'étaient suffisamment précipités comme ça.

— J'ai hâte de rencontrer cette jeune femme, confiat-elle, sans préciser qu'elle l'avait déjà aperçue. Comment s'appelle-t-elle ?

— Taylor.

— Joli prénom.

Une fois seule, Olivia se remit au travail, un sourire aux lèvres. Elle n'aurait jamais cru que Phillip quitterait Amanda. A peine deux mois plus tôt, celle-ci passait des vacances avec eux sur le yacht, et aujourd'hui elle n'était plus qu'un souvenir. La vie réservait parfois de sacrées surprises.

19

Deux jours après avoir rencontré son nouvel agent à New York, Liz ébauchait le plan d'un autre livre. Elle y travaillait maintenant depuis trois semaines, sans bien savoir où cela la mènerait, quand Andrew Shippers l'appela pour lui demander de venir à son bureau.

— Il y a un problème ? s'enquit-elle aussitôt.

Peut-être avait-il renoncé à la représenter. Peut-être les éditeurs n'avaient-ils pas aimé son livre, comme Sarah ?

— Pourquoi pensez-vous forcément qu'il y a un problème ? demanda-t-il, curieux.

La jeune femme avait été si nerveuse lors de leur premier rendez-vous qu'il avait craint qu'elle ne s'évanouisse sous ses yeux.

— Je m'attends toujours au pire, répondit-elle simplement.

Sa franchise le fit rire.

— Eh bien, attendez-vous au meilleur, pour une fois. Il se pourrait que j'aie une nouvelle formidable à vous annoncer.

— Une bonne nouvelle ?

— Venez me voir au bureau, se contenta-t-il de répondre.

— Quand ?

— Demain, cela vous irait ?

— Non, mes nerfs ne tiendront pas jusque-là. Aujourd'hui, c'est possible ? Je peux venir en voiture.

Andrew ne put s'empêcher de sourire.

— Elizabeth, vous avez un talent incroyable, mais vous êtes complètement névrosée. Vous avez déjà essayé l'acuponcture ou le yoga ?

— Les deux. Je déteste les aiguilles, et je suis ressortie de ma première séance de yoga avec un torticolis et un muscle froissé à l'aine.

— Le Valium, alors. Ou le Lexomil, le gaz hilarant, quelque chose, quoi. Cinq heures ? Vous pourrez attendre jusque-là ?

— Je n'ai pas le choix.

Liz n'insista pas pour en savoir plus. De toute évidence, Andrew Shippers était têtu et ne dirait rien.

Comme elle avait envie de bien s'habiller pour l'occasion – elle n'avait pas oublié à quel point son nouvel agent était séduisant –, elle enfila une petite jupe noire trouvée dans l'armoire de Sophie, un joli pull assorti emprunté à Carole, et ses propres talons hauts. Liz disposait en permanence d'une triple garde-robe, grâce aux vêtements que ses filles laissaient à la maison. Après avoir complété sa tenue avec de longues boucles d'oreilles sexy, elle se mit en route et, pour une fois, pensa même à prendre de l'essence. A cinq heures tapantes, elle se garait devant l'agence.

Lorsque la secrétaire la fit entrer dans le bureau d'Andrew, celui-ci mit de côté les contrats qu'il était en train de lire.

— Vous êtes ravissante, la complimenta-t-il tandis qu'elle s'asseyait en face de lui. Et plutôt calme. Vous avez pris un Valium ?

— Non, j'ai descendu la moitié d'une bouteille de vodka pendant que je conduisais. Je plaisante, précisa-t-elle, amusée par sa mine perplexe.

Finalement, elle n'était pas si atteinte que cela, songea-t-il. Juste un peu angoissée.

— Alors, cette bonne nouvelle ? demanda-t-elle en soutenant son regard.

Andrew s'efforça de se rappeler qu'ils étaient là pour parler affaires.

— Deux éditeurs se disputent votre livre, expliqua-t-il sans détour. La maison qui me semble le mieux vous correspondre propose une avance de cinq cents mille dollars, uniquement pour les droits en Amérique du Nord. Vous garderiez les droits étrangers, ce qui nous permettrait de les vendre séparément. En fait, ils sont prêts à tout pour obtenir votre livre. Ils envisagent un premier tirage massif en relié, puis un autre en poche. J'ai aussi pris la liberté de montrer votre roman à un agent de cinéma avec qui je travaille à Los Angeles. Il pense qu'on peut l'adapter – il l'a déjà proposé à deux producteurs, et l'un d'eux doit me rappeler demain. Il a adoré votre livre.

Liz en resta bouche bée.

— *Cinq cents mille dollars* ? Ils sont fous ?

— Je prends ça pour un oui. Vous pourrez dire à votre belle-sœur que c'est à ce prix-là que se vendent les mauvais livres de nos jours. Les livres commerciaux, j'entends, ceux dont l'éditeur est convaincu qu'ils seront des best-sellers. Ils comptent sur un million de ventes pour le vôtre.

— Je crois que je vais m'évanouir.

— N'en faites rien, par pitié. Ma grand-mère n'arrêtait pas de défaillir quand j'étais petit, ça m'a traumatisé.

— Dans ce cas, je vais vraiment avoir besoin d'un Valium ou d'une vodka.

— D'accord. Allons boire un verre au Carlyle.

Andrew attrapa une veste Hermès en lin, ornée d'un mouchoir de poche en soie. Il s'habillait avec beaucoup d'élégance.

— Il faut arroser ça, de toute façon, renchérit-il. Vous comprenez pourquoi je ne voulais pas vous annoncer la nouvelle au téléphone : j'avais peur que vous fassiez une syncope toute seule dans votre cuisine. Vous auriez pu vous cogner la tête. C'est dangereux, les blessures à la tête.

— Attendez. Vous êtes sérieux, n'est-ce pas ? Vous ne me faites pas marcher ?

— Absolument pas. Vous allez bientôt être très riche.

Elle l'était déjà, mais, ça, il l'ignorait. Lui-même issu d'une famille fortunée, il était le mouton noir qui avait fui l'Angleterre pour s'installer à New York. Il adorait son métier, surtout lorsqu'il signait des contrats comme celui-ci. Jamais il n'avait vendu un livre aussi facilement.

Lorsque Liz lui proposa de prendre sa voiture pour se rendre au Carlyle, il hésita un instant.

— Ce n'est pas risqué de vous laisser conduire ? Dans votre état d'excitation ?

— Oh, n'exagérez pas, quand même. Et je suis très bonne conductrice.

— Si vous le dites.

En chemin, il lui décrivit plus en détail l'accord qu'ils s'apprêtaient à signer. Liz avait l'impression de vivre un conte de fées.

Lorsqu'elle se fut garée sur Madison Avenue, ils entrèrent au Carlyle et prirent une table au Bemelmans

Bar, établissement raffiné où Liz n'avait pas mis les pieds depuis des années.

Andrew commanda un whisky-soda, elle une coupe de champagne.

— Merci de m'avoir obtenu ce magnifique contrat, dit-elle sincèrement. Je n'y croyais vraiment pas. Je croyais même que vous ne vouliez plus de moi comme cliente et que vous n'aviez pas envie de me le dire par téléphone.

— Vous êtes une femme joyeuse et optimiste comme je les aime ! s'exclama-t-il en levant son verre. Dites-moi, comment se fait-il que vous ayez si peu confiance en vous ? Vous avez été kidnappée et battue étant gamine ?

— Non, répondit-elle en riant. Je viens d'une famille de surdoués, ce qui fait que j'ai eu peur de l'échec toute ma vie. En fait, je n'ai pas réussi grand-chose avant ce livre.

— C'est faux, protesta-t-il. Vos nouvelles sont excellentes. Je les ai lues la semaine dernière.

— Merci. Mais j'ai écrit deux très mauvais romans que Charlie n'a pas pu vendre.

— Vous faites bien de me le rappeler. Ceci dit, vos poèmes étaient très bons.

Liz n'en revenait pas qu'il ait lu tous ses écrits.

— Parlez-moi de votre famille de surdoués. La mienne aussi me complexe, entre parenthèses. C'est pour ça que je me suis réfugié en Amérique et que je suis devenu agent. Ils ne s'en sont toujours pas remis.

— Eh bien, ma mère réussit brillamment dans les affaires.

— Dans quel domaine ?

— Elle a repris la quincaillerie que ma grand-mère avait héritée de son compagnon et en a fait une entreprise prospère. Mon grand frère est diplômé de Harvard. Il travaille pour elle, comme mon petit frère, qui lui est un artiste talentueux. C'est sa femme qui enseigne à Princeton et qui a détesté mon livre. Quant à ma plus jeune sœur, elle vit à Londres et compte parmi les producteurs de musique les plus connus au monde. Moi, j'ai eu deux mariages ratés, et deux filles merveilleuses. Fin de l'histoire. Difficile de rivaliser avec des gens comme ça.

— Vous venez pourtant de le faire, lui rappela-t-il. C'est le plus gros à-valoir que j'aie jamais obtenu pour un premier roman. Et je suis sûr qu'il va avoir un succès fou. Ça devrait leur clouer le bec. Pourquoi vos mariages n'ont pas marché, en deux mots ?

— J'ai épousé un pilote de formule 1 français quand j'avais vingt et un ans, qui s'est malheureusement tué dans une course avant la naissance de notre fille, Sophie. Puis un acteur relativement connu, Jasper Jones. On a divorcé moins d'un an plus tard, parce qu'il avait une liaison avec une actrice. On a eu mon autre fille ensemble, Carole. Voilà.

— Au moins, vous avez épousé des hommes intéressants. Moi, je me suis marié avec une femme très quelconque que j'avais rencontrée au lycée. Elle est partie avec mon meilleur ami. Elle a grossi et il est devenu chauve, mais ils sont très heureux ensemble. Ça m'a vacciné, et je ne me suis jamais remarié. Après ça, j'ai quand même vécu six ans avec une fille, qui était très gentille mais qui a finalement décidé de se faire nonne. On peut donc dire que j'ai envoyé au moins une femme au couvent... Un peu rude, vous ne trouvez pas ? Depuis, je préfère fréquenter des athées. Vous croyez en Dieu ?

— Ça m'arrive, répondit Liz, avant de froncer les sourcils. Dites-moi, ça m'a tout l'air d'un interrogatoire : vous m'avez invitée à boire un verre en tant qu'agent, ou vous avez autre chose en tête ?

— Je ne sais pas. Qu'en pensez-vous ? Vous êtes une très belle femme, bien qu'un peu névrosée et très angoissée. Je ne serais pas contre.

— Vous êtes marié ? s'enquit-elle.

— Non. Plus jamais.

— Vous vivez seul ?

— Malheureusement, oui. Je suis très bordélique, personne ne veut vivre avec moi. En plus, j'ai un chien qui ronfle.

— Vous voyez quelqu'un en ce moment ?

— Non. C'est un peu la traversée du désert, pour tout dire.

— Dans ce cas, pourquoi pas.

— Parfait. Maintenant que cette question est réglée, on peut partir du bon pied. Vous voulez bien dîner avec moi ?

— Ce soir ? demanda-t-elle, surprise.

— Ou un autre jour, si vous n'êtes pas libre.

— Je le suis. C'est juste que je ne m'attendais pas à cela.

Voilà que son entrevue avec son agent se transformait en rendez-vous galant...

— La surprise a du bon, parfois. Vous aimez les sushis ?

— Beaucoup. Quel genre de chien ?

— Un bulldog anglais. Il s'appelle Rupert, comme mon oncle. Il lui ressemble.

— Et laissez-moi deviner... Vous êtes allé à Eton et à Cambridge.

Liz se doutait qu'il appartenait à l'aristocratie ; il portait d'ailleurs une chevalière armoriée.

— Eton, Oxford et Cambridge. Bien vu. J'ai détesté Eton : je me faisais tabasser à longueur de journée. A l'époque, j'étais petit en taille, j'ai grandi assez tard. On m'a envoyé là-bas à sept ans.

— Quelle horreur... Je n'aime pas l'éducation anglaise.

— Moi non plus. C'est pour ça que je n'ai pas voulu d'enfants, entre autres. Pourquoi en avoir si c'est pour les expédier au pensionnat à peine sortis des couches ?

— Tout à fait d'accord.

— Mes frères ont adoré, par contre.

— Et les autres raisons qui vous ont dissuadé de faire des enfants ?

— Ils se souviennent de tout ce que vous avez fait de mal, ils ne vous pardonnent jamais vos erreurs, et ils vous détestent, quoi que vous fassiez.

— Ça me fait penser à mon frère aîné, fit remarquer Liz en riant. Il en veut encore à ma mère de ne pas avoir été assez présente pendant son enfance. Elle travaillait beaucoup.

— Vous aussi, vous la détestez ?

— Non, je l'aime. Elle a fait de son mieux, et ma grand-mère s'est très bien occupée de nous.

— Les femmes sont plus indulgentes. Quand on fait des enfants, il faudrait toujours se débrouiller pour avoir au moins une fille. Mes parents n'ont pas eu de chance, avec cinq garçons. Et vos filles, que font-elles ?

— L'aînée finit son master en sciences informatiques au MIT, après quoi ma mère lui a promis un emploi. Et la plus jeune vient de partir à Los Angeles pour travailler avec son père et sa belle-mère, qui produisent des films.

— L'acteur est donc devenu producteur ?

— Oui, vous avez bien suivi. Du moins sa femme est productrice. Et il travaille pour elle.

— Maintenant que j'en sais plus sur votre famille, je me rends compte de ma chance : votre mère aurait très bien pu vous recruter, vous aussi. Et vous n'auriez jamais eu le temps d'écrire ce livre.

— A ce propos, j'en ai commencé un autre, lui confia Liz.

Andrew parut heureux de l'apprendre. Après avoir réglé la note, il l'invita dans un petit restaurant de sushi, où ils se régalèrent. Il lui parla de l'industrie du livre et de la façon dont il y était entré, mais aussi de son enfance en Angleterre, et de sa famille, qu'il disait très excentrique. Liz rit beaucoup. A la fin de la soirée, elle le déposa chez lui au Dakota, un vieil immeuble réputé de Central Park West, dont les appartements avaient été magnifiquement rénovés et où vivaient de nombreuses célébrités. Ce n'était certainement pas grâce à son salaire d'agent littéraire qu'il avait pu s'installer ici.

— J'ai passé un très bon moment, dit-il avant de descendre de voiture. Ce n'était pas une mauvaise idée, finalement, de se voir en dehors du travail.

Liz sourit. Cet homme lui plaisait de plus en plus.

— Oui. Et merci d'avoir vendu mon livre.

— Tout le plaisir a été pour moi. Continuez à travailler sur votre nouveau roman, je le vendrai aussi. Je ferais n'importe quoi pour une commission.

Sur ses mots, il s'éloigna et pénétra dans son immeuble en lui faisant signe de la main. Il avait l'élégance d'un dandy anglais. Liz alluma la radio et reprit la route d'excellente humeur.

Le lendemain matin, au saut du lit, elle appela sa mère pour lui annoncer la nouvelle.

— Tu ne vas pas me croire, maman ! Il a vendu mon livre pour cinq cents mille dollars ! Les éditeurs l'ont adoré ! Et il essaie même de le faire adapter au cinéma.

— Oh, ma chérie, je suis si contente ! Tu vois, heureusement que tu n'as pas écouté Sarah.

— Je pensais qu'elle savait de quoi elle parlait.

— Mais non, elle ne connaît que la littérature universitaire. Je suis très, très fière de toi.

— Merci, maman. Il faut que je prévienne Mamibelle. Au fait, j'ai dîné avec lui, hier soir. Mon agent.

— Le nouveau ?

— Oui. Il est anglais, très sympa. Il m'a invitée à boire un verre au Carlyle, puis à dîner dans un restaurant japonais.

— Invitée... comme pour un rendez-vous romantique, tu veux dire ?

— On a décidé que c'était ça, oui. On a voté.

— Voilà qui est intéressant.

— Et j'ai commencé à écrire un nouveau livre.

— Que de bonnes nouvelles ! s'exclama Olivia, heureuse pour sa fille. Tu crois que tu vas le revoir ?

— Je l'espère. Mais peut-être qu'il ne voudra pas.

— Je suis prête à parier le contraire.

— Il habite au Dakota.

— Ses affaires doivent bien tourner alors, ou il vient d'un milieu aisé.

— Je crois que c'est plutôt ça. Il fait très aristocratique, très british. Il est passé par Eton, Cambridge et Oxford.

— Eh bien, attendons de voir la suite, ma chérie... Félicitations pour ton livre.

— Merci d'avoir cru en moi, maman.

— Tu le mérites. Tu t'es épanouie sur le tard, mais avec quel brio.

Cette idée plut à Liz. Elle n'était pas une ratée : elle avait simplement mis un peu plus de temps à faire ses preuves. Voilà qui transformait complètement sa vision des choses – et d'elle-même.

Plus tard dans la matinée, Andrew l'appela pour lui dire qu'il avait beaucoup apprécié leur soirée de la veille et qu'il était prêt à recommencer la prochaine fois qu'elle se rendrait à New York.

— Pourquoi ne viendriez-vous pas chez moi ? suggéra Liz. C'est seulement à quarante-cinq minutes en train. Vous pouvez même faire le trajet en voiture, si vous préférez.

— Ça me plairait bien. Vous avez quelque chose de prévu ce week-end ?

— Non, rien.

— Samedi, alors ?

— Parfait. Venez dans l'après-midi, on bavardera au soleil avant d'aller dîner.

— Excellente idée. Envoyez-moi les indications par mail, je viendrai en voiture.

— Vous pouvez amener Rupert, si vous voulez.

— Oh, il n'aime pas trop la chaleur, et il est malade en voiture. Je vous le présenterai la prochaine fois.

Liz était tout excitée. Elle venait de vendre son livre une petite fortune, en avait entamé un autre, et elle avait rendez-vous avec le plus séduisant des hommes... La vie lui souriait enfin.

Le samedi, tout se déroula à merveille. Andrew arriva à quinze heures, et ils passèrent l'après-midi à bavarder sur la terrasse en buvant du thé glacé. Il n'avait pas eu de nouvelles de l'adaptation cinématographique, mais ce genre de projets mettait plus de temps à se concrétiser. Lorsque Liz lui résuma l'idée de son nouveau roman, Andrew se montra très enthousiaste. Le soir, ils dînèrent dans l'ambiance intime d'un petit restaurant italien, au rythme des anecdotes d'Andrew et des éclats de rire de Liz. Vers minuit, il la raccompagna chez elle, lui fit quelques amabilités d'usage, puis, sans crier gare, captura ses lèvres pour un baiser qu'elle n'était pas près d'oublier.

— Je suis content qu'on ait décidé de sortir ensemble, murmura-t-il, avant de l'embrasser à nouveau. Cela pourrait devenir une habitude.

Liz le regarda partir en agitant la main. Elle venait de passer une soirée de rêve, avec un homme tout droit tombé du ciel.

20

Alors qu'Olivia profitait d'un après-midi paisible à Bedford – Peter était au golf comme tous les dimanches –, elle reçut un coup de téléphone d'Alex, très perturbé.

— J'avais raison.

— A quel propos ?

— Ça y est, ils savent. Papa a pété les plombs, il m'a traité de tapette. Maman a fondu en larmes.

Et voilà qu'Alex pleurait lui aussi.

— Ce n'est pas possible, murmura Olivia, choquée.

— Je m'en vais. Je t'appelais juste pour te tenir au courant.

— Où sont-ils, en ce moment ?

— Ils sont partis manger avec des amis.

— Et tu vas où, Alex ? s'enquit-elle, très inquiète pour lui et terriblement déçue par son fils.

— Chez un copain, peut-être.

— Viens ici, si tu veux. Tu peux rester avec moi quelques jours. Tu crois que le lycée t'accordera une absence ?

— J'arrête l'école, de toute façon.

Cela devenait sérieux.

— Ne fais pas de bêtise. Ils finiront par se calmer.

— Je m'en fous, je les déteste. Et ils me détestent aussi.

— Mais non, ils ne te détestent pas. C'est juste qu'ils ne comprennent pas.

— Ils ne veulent pas comprendre, oui. Papa dit que je lui fais honte, que je ne suis pas normal.

— Comment peut-il être aussi stupide ? s'emporta Olivia, tandis qu'Alex pleurait de plus belle. Prends le train jusqu'à New York. Je te retrouve à la gare et je te ramène ici.

— Tu n'es pas obligée de faire ça, mamie, dit-il d'une voix perdue.

Olivia aurait voulu étrangler John. Son fils méritait qu'on lui remette les idées en place. Et Sarah aussi.

— J'y tiens absolument, répondit-elle. Préviens-moi quand tu sauras quel train tu prends.

Lorsqu'il la rappela une heure plus tard, elle lui fit promettre de laisser un mot à ses parents pour qu'ils ne s'inquiètent pas. Puis elle attrapa son sac à main et ses clés de voiture et fila le rejoindre à New York.

Alex se jeta dans les bras de sa grand-mère en descendant du train et éclata en sanglots. Après l'avoir serré contre elle un long moment sans pouvoir retenir ses propres larmes, elle le ramena à Bedford. Ils parlèrent tout l'après-midi. Alex répéta qu'il détestait ses parents et le lycée, et qu'il ne voulait plus aller à l'université. Pour ne rien arranger, le garçon dont il était amoureux s'intéressait à quelqu'un d'autre et n'était peut-être même pas gay. Cela faisait beaucoup à digérer pour un jeune homme de dix-sept ans. Olivia aurait voulu appeler John et Sarah, mais elle préférait attendre qu'ils se manifestent.

Le soir, elle prépara à manger pour Alex et l'installa dans sa chambre d'amis. Elle ne pouvait rien faire d'autre pour lui, hormis lui dire qu'elle l'aimait et être présente à ses côtés.

A minuit, elle reçut un appel de Liz.

— Je ne voudrais pas t'inquiéter, mais je viens d'avoir John au téléphone, dit-elle d'un ton grave. Alex est parti. Ils se sont disputés avec lui, et quand ils sont rentrés, il n'était plus là. Tu n'aurais pas de ses nouvelles, par hasard ? Ils ne voulaient pas que je t'appelle, mais j'ai préféré le faire quand même.

Liz savait que sa mère était très proche de son petit-fils.

— Tu as bien fait, il est ici, répondit calmement Olivia. Ils t'ont dit pourquoi ils se sont disputés ?

— Non. Quelque chose en rapport avec le lycée, je crois. Ça m'étonne, Alex est un gamin tellement facile !

— C'est bien plus sérieux que ça, expliqua Olivia. C'est ma faute, en réalité. Alex est homosexuel, et je l'ai encouragé à en parler à ses parents. Sauf que John s'est mis dans une rage folle, il l'a insulté et lui a dit qu'il avait honte de lui. Alex m'avait promis de leur laisser un mot avant de partir, mais j'imagine qu'il ne l'a pas fait. Il ne veut pas rentrer chez lui.

— Merde. Comment John a-t-il pu être aussi stupide ? Ils ne m'ont rien dit, mais ils avaient l'air très inquiets. Ils voulaient savoir si Alex avait contacté Sophie. Mais elle n'était au courant de rien ; c'est pour ça que j'ai décidé de t'appeler. S'il est avec toi, tant mieux. Je vais les prévenir.

— Dis-leur de ne pas venir ici, il faut que je leur parle avant. Alex veut arrêter l'école.

— Il ne peut pas faire ça ! s'exclama Liz. Il va tout foutre en l'air pour l'université.

— C'est lui que John et Sarah risquent de foutre en l'air s'ils s'y prennent mal. Ils pourraient le marquer à vie – si ce n'est pas déjà fait. Il était dans un sale état quand je l'ai récupéré à New York.

— Tu es allée le chercher à New York ? C'est gentil, maman.

— C'est mon petit-fils, je l'aime. Qu'il soit homo ou hétéro ne change rien à l'affaire. John ferait bien de comprendre ça rapidement.

— J'irai peut-être leur parler demain.

— Ce serait une bonne idée, approuva Olivia. Ton frère t'écoute toujours.

Dix minutes après qu'elle eut raccroché avec Liz, Olivia reçut un coup de téléphone de John.

— Qu'est-ce qu'il fait chez toi ? demanda-t-il sans préambule.

— Il m'a appelée en pleurs et je lui ai dit de venir. Il était censé vous laisser un mot. Je suis désolée qu'il ne l'ait pas fait.

Ses excuses n'iraient pas plus loin.

— Vous allez avoir du boulot pour recoller les morceaux, prévint-elle. Tu te rends compte de ce que tu lui as dit ? Alex a le droit d'être traité avec respect.

— Il t'a raconté ce qui s'est passé ? rétorqua John d'une voix tremblante. Je l'ai surpris en train d'embrasser un garçon dans la piscine. Un garçon ! Il m'a avoué qu'il était gay.

— Est-ce que ça t'aurait dérangé si tu l'avais surpris avec une fille ? Non, je ne crois pas. Eh bien, Alex n'aime pas les filles. Il est attiré par les hommes, c'est comme ça.

— Il ne peut pas savoir ça, à son âge.

— Bien sûr que si. Autant que toi quand tu avais dix-sept ans. Tu imagines, si je t'avais dit à l'époque que j'avais honte de toi parce que tu t'intéressais aux filles ? Est-ce que tu aurais pu y changer quelque chose ? Est-ce que tu aurais même voulu changer ?

— Il n'est pas homosexuel.

— Si, il l'est, répliqua-t-elle fermement, sur ce ton qui faisait trembler les plus costauds des hommes.

Olivia ne plaisantait pas. Elle protégeait son petit-fils comme une lionne.

— De quel droit, John, te permets-tu de lui dire qui il est ? Il le sait mieux que quiconque.

— Et toi, comment tu t'es retrouvée mêlée à cette histoire, maman ?

— Il s'est confié à moi cet été. Et je l'ai encouragé à vous en parler parce que je pensais que vous comprendriez. Alex était persuadé du contraire, et il avait raison. J'ai honte de toi. Si j'avais su que tu réagirais comme ça, je lui aurais dit de garder son secret. Je t'aime, John, mais tu me déçois beaucoup. Alex a besoin de notre soutien à tous. Si sa famille n'est pas là pour lui, qui le sera ?

— Je ne vais pas accepter qu'il fricote avec des garçons sous mon toit.

— Dans ce cas, qu'il déménage. Parce qu'il a le droit d'être gay.

— Que vont penser les gens ?

— Mais enfin, sors du Moyen Age, John ! Les gens vont penser que tu es un abruti fini. Et Sarah ? Est-ce qu'elle est aussi arriérée que toi ?

— Ça lui a brisé le cœur. Elle n'a pas arrêté de pleurer depuis qu'il nous a annoncé la nouvelle.

— Alex aussi, il pleure. Et il a plus de raisons qu'elle : son père est un idiot. Et en quoi Sarah a-t-elle eu le cœur brisé ?

— Elle n'a déjà pas pu avoir d'autres bébés, et maintenant elle n'aura pas de petits-enfants. Elle est effondrée.

— Elle en aura peut-être. Beaucoup d'homosexuels font des enfants de nos jours, ou bien ils les adoptent.

Mais ce n'est pas la question. Là, il s'agit d'Alex, pas de Sarah. Vous devriez aller voir un psy, cela vous aiderait à accepter. Et à vous comporter décemment avec votre fils.

— Depuis quand es-tu si moderne ?

— Depuis qu'il s'est confié à moi. Et que ce soit bien clair, il ne rentrera pas tant que vous ne vous serez pas ressaisis. Vous devriez arriver à le traiter comme un être humain, non ?

John resta muet de surprise.

— Et vous pouvez me faire un procès si ça ne vous plaît pas. Je ne vais pas vous laisser le perturber.

— Il est déjà perturbé.

— Alors il a besoin de votre aide, plus que jamais.

— Comment va-t-il aller au lycée s'il reste à Bedford ?

— Tu n'as qu'à leur dire qu'il est malade. De toute façon, il veut abandonner l'école.

— Il ne peut pas faire ça ! s'indigna John.

— C'est ce que je lui ai dit. En tout cas, pour l'instant, il reste ici.

— On se rappelle, grommela John, avant de raccrocher.

Malgré sa colère, il était rassuré de savoir son fils en sécurité.

Le lendemain matin, Olivia prévint sa secrétaire qu'elle travaillerait à la maison ce jour-là. Dans l'après-midi, Liz l'informa qu'elle était allée voir John et Sarah et que ceux-ci n'avaient pas cessé de pleurer. Sur son conseil et celui d'Olivia, Sarah avait pris rendez-vous chez un psychologue de l'université.

Le soir, Olivia emmena Alex au cinéma puis au restaurant à Bedford. Il allait un peu mieux lorsqu'ils rentrèrent se coucher, même s'il n'avait toujours pas

entendu la voix de ses parents. John et Sarah l'appelè-
rent le jour suivant, après avoir rencontré le thérapeute.
Celui-ci leur avait clairement fait comprendre que
c'était à eux de s'adapter, et non l'inverse. Il avait planifié des séances pour le mois à venir, auxquelles Alex
pouvait participer s'il le souhaitait. A entendre John au
téléphone, Olivia songea qu'on aurait pu croire qu'il
venait de perdre un être cher – et c'était un peu le cas :
il avait perdu son fils rêvé. Mais le vrai Alex était bien
vivant, et il avait besoin de son père et de sa mère.

Après être restée un jour de plus à la maison avec son
petit-fils, Olivia lui proposa qu'il l'accompagne au
bureau, où elle avait des réunions de programmées. En
apprenant que son père avait pris une semaine de
congés et qu'il ne risquait donc pas de le rencontrer,
Alex accepta volontiers. Phillip fut étonné de le croiser
dans les couloirs.

— Comment va ton père ? lui demanda-t-il. Je ne
l'ai pas vu de la semaine.

On lui avait dit que John était malade.

— Je ne sais pas, je ne l'ai pas vu non plus, répondit
Alex sans détour. Je dors chez mamie, en ce moment.

Que de surprises dans cette famille ! songea Phillip.
Et il décida d'annoncer à son neveu qu'il venait de
quitter Amanda. Alex lui confia alors qu'il était homosexuel, que son père avait très mal pris la nouvelle, et
qu'il s'était donc installé provisoirement chez sa grand-
mère, à qui cela ne posait aucun problème. Phillip
appela son frère pour en discuter. Il partageait l'avis de
Liz et d'Olivia, à savoir que John devait se faire une raison. Le midi, il emmena Alex déjeuner au restaurant.
Le soir venu, ce dernier avait retrouvé le moral et se
montra beaucoup plus bavard sur le trajet du retour.

Le lendemain, Olivia reçut un appel de John : il voulait savoir si Sarah et lui pouvaient venir à Bedford le samedi.

— Oui, si vous êtes capables de soutenir votre fils, lui répondit-elle. Il en a bien besoin.

Lorsque Sarah et John se présentèrent chez elle le samedi, ils avaient bien mauvaise mine : leurs traits étaient creusés et tristes. Mais ils se montrèrent courtois avec Alex. Il y eut des larmes, des reproches et des questions, puis John finit par prendre son fils dans ses bras et lui dire qu'il l'aimait. Un pas important venait d'être franchi.

Le dimanche, Olivia raccompagna Alex à Princeton : il avait décidé de laisser une chance à ses parents. De toute évidence, John faisait un effort, même s'il lui faudrait du temps pour accepter l'homosexualité de son fils. Alex savait au moins que sa grand-mère, sa tante et son oncle l'aimaient sans réserves. Ses parents y parviendraient aussi, à leur rythme.

Après son retour à l'école, Alex appela Olivia régulièrement. Les deux jours qu'il avait passés à l'Usine l'avaient conforté dans son désir d'y travailler plus tard.

— Tu vois, il faut absolument que tu finisses le lycée et que tu ailles à la fac, remarqua Olivia.

Elle-même n'avait pas fait d'études, mais aujourd'hui le monde de l'entreprise était bien plus complexe et sophistiqué.

— Tu sais, mamie, papa et maman vont mieux.

— Eh bien, je suis contente de l'apprendre, mon chéri.

— Merci, mamie, merci pour tout, conclut Alex avant de raccrocher. Je t'aime.

21

L'avocat de Phillip lui avait judicieusement conseillé de ne pas s'installer avec Taylor pour l'instant. Dans le cadre d'un divorce par consentement mutuel, Amanda ne pouvait pas le poursuivre pour adultère, mais cela ne servait à rien de la contrarier outre mesure. Tôt ou tard, elle apprendrait l'existence de Taylor, et Phillip devinait sans peine que sa colère et sa jalousie pouvaient lui coûter cher. Elle n'accepterait pas sans faire de vagues qu'il tourne la page si rapidement, qui plus est avec une femme de seize ans de moins qu'elle. Taylor garda donc sa chambre en colocation au Village, tout en passant presque toutes ses nuits avec Phillip.

Celui-ci avait trouvé un meublé agréable et ensoleillé en haut de Park Avenue. A la mi-octobre, il y avait déjà déménagé la plupart de ses affaires. Sans grande surprise, Amanda exigeait qu'il lui laisse la maison de New York, ainsi que celle des Hamptons ; en contrepartie, disait-elle, il pouvait garder son voilier. Toutefois, leur contrat de mariage ne lui donnait droit à aucune de ces propriétés, Phillip les ayant achetées toutes les deux. Leurs avocats se livraient une bataille acharnée à ce sujet.

Phillip n'assista pas à la cérémonie d'investiture d'Amanda, mais lui fit livrer des fleurs et un mot de félicitations. Pour lui, divorcer ne voulait pas dire se détester à tout prix. Amanda, elle, demandait un million de dollars pour chacune de leurs dix-neuf années de mariage. Olivia ne décolérait pas face à la cupidité sans bornes de sa belle-fille.

Maribelle se montra d'un grand soutien lorsque Phillip lui rendit visite. Tout en regrettant qu'il ait à endurer un divorce, elle était curieuse d'en apprendre plus sur la nouvelle femme de sa vie. Personne, dans la famille, ne l'avait encore rencontrée. Ils savaient juste qu'elle était enseignante, très jeune, que Phillip et elle se fréquentaient depuis deux mois, et que leur coup de foudre avait fait voler en éclats son mariage avec la reine de glace. Ils avaient hâte de faire la connaissance de cette femme qui avait métamorphosé Phillip. En quelques semaines, celui-ci semblait s'être adouci, même avec sa mère.

Après s'être arrangé avec Amanda, Phillip avait invité Taylor dans leur maison de Southampton. La petite demeure était meublée dans le style contemporain et décorée d'œuvres d'art de grande valeur. Sans reconnaître tous les artistes, Taylor fut frappée par l'impression de luxe et de bon goût qui s'en dégageait. Ils passèrent un agréable week-end dans ce lieu paisible, à cuisiner ensemble et à se promener sur la plage à la faveur d'un bel été indien.

— Tu crois que tu aurais divorcé si on ne s'était pas rencontrés ? lui demanda-t-elle alors qu'ils étaient allongés sur le sable.

Taylor se sentait parfois coupable d'avoir fait s'écrouler son château de cartes. Phillip ne s'en plaignait jamais, mais elle devinait que sa femme et lui s'affrontaient sur le partage des biens et de l'argent.

— Probablement, répondit-il avec honnêteté. Pendant longtemps, j'ai été trop paresseux pour reconnaître que je n'étais pas satisfait, et peut-être un peu peur aussi. Je me contentais de ce que j'avais. J'ai été le dernier à voir qu'Amanda est une femme dure et cupide, aigrie, arriviste. Au début, je trouvais même sa froideur stimulante. Mais elle ne vit que pour ses ambitions sociales, professionnelles et financières. Et le coup qu'elle m'a fait par rapport à mon boulot aurait fini de torpiller notre mariage, de toute façon.

— Qu'est-ce qui ne lui plaît pas dans ton travail, à vrai dire ? demanda Taylor.

Elle percevait au fond de ses yeux une profonde blessure qu'il n'expliquait jamais, et qui ne semblait pas avoir de lien avec son divorce. Elle ne voulait pas le presser, même si de son côté elle lui avait tout confié, ce qui lui tenait à cœur, ses peines et ses chagrins – la mort de ses parents, par exemple. Phillip se livrait plus lentement, couche après couche, comme on pèle un oignon. Mais Taylor était plus jeune et plus simple, et malgré le traumatisme de son enfance, elle avait eu une vie de famille plus équilibrée que celle de Phillip.

— Amanda estimait que mon travail n'était pas assez important, expliqua-t-il en posant sur elle un regard doux. Elle voulait que je devienne P-DG, juste pour pouvoir dire qu'elle était mariée à un chef d'entreprise.

— Directeur financier, ça me semble déjà pas mal, observa-t-elle.

S'il possédait une maison à New York, celle-ci dans les Hamptons et un voilier, il devait plutôt bien réussir dans la vie !

— Et puis, reprit-elle, tu ne vas pas te pointer dans le bureau de ton chef et lui dire « Salut, je veux ta place ». Ce ne sont pas des choses qui se font !

— Tu as raison, en théorie, répondit Phillip, un sourire aux lèvres. Mais j'avais un atout et Amanda voulait que je m'en serve. J'ai refusé, et ça l'a mise en pétard.

— Quel atout ?

Phillip eut un petit rire.

— Mon chef, c'est ma mère.

— Vraiment ? Elle travaille à l'Usine, elle aussi ?

Elle avait dit cela avec tant d'innocence que Phillip ne put s'empêcher de l'embrasser. Taylor n'avait aucune expérience des hautes sphères dans lesquelles il évoluait, aucune idée de la fortune qu'il pouvait posséder.

— Plus exactement, l'Usine lui appartient. Elle a commencé à travailler là-bas à douze ans, à l'époque où c'était une quincaillerie. Puis elle en a fait le succès mondial que tu connais.

— C'est incroyable ! Ta maman doit être formidable.

— C'est ce qu'on dit, oui... Et c'est vrai, concéda-t-il, mais j'ai souffert de son absence étant enfant. On ne construit pas un empire comme ça du jour au lendemain.

— J'imagine. Ton frère travaille aussi pour elle, alors ?

Phillip acquiesça.

— L'Usine emploie toute ta famille ?

Cette histoire avait piqué la curiosité de Taylor. La mère de Phillip était sans doute une femme peu commune, dotée d'une énergie et d'une intuition sans pareilles. En la voyant à ce point impressionnée, Phillip se rembrunit. Il voulait qu'on s'intéresse à lui, pas à Olivia. Cette dernière n'avait pas besoin de nouveaux fans.

— Non, juste mon frère et moi, répondit-il. John est responsable du service design et création. C'est lui qui dessine les meubles que tu aimes tant, comme ta bibliothèque, par exemple, et il conçoit les nouvelles tendances avec ma mère. Je t'ai déjà parlé de ma sœur Cass, qui vit à Londres. Mon autre sœur, Liz, a essayé toute sa vie d'être écrivain, et elle vient enfin de vendre un livre à un éditeur, une sorte de conte fantastique. Moi, j'ai récupéré le poste de directeur financier de mon père, même s'il était bien plus intelligent et créatif que moi. Je me contente de maintenir le navire à flot. C'est ce qui énerve Amanda : elle aurait voulu que j'occupe une fonction plus prestigieuse.

« Pourtant, la star, c'est ma mère. Et même si elle vient de fêter ses soixante-dix ans, je crois qu'elle ne prendra jamais sa retraite – je l'espère, en tout cas. C'est une entreprise colossale maintenant, quoique toujours détenue et gérée par la famille. Ma mère ne veut pas la vendre et elle a bien raison. De toute façon, vu les gènes dont elle a hérité, elle peut rester aux commandes encore longtemps : ma grand-mère a quatre-vingt-quinze ans, et elle est plus en forme que jamais.

« Finalement, Amanda a écrit une lettre à ma mère sous forme d'ultimatum, dans laquelle elle lui demandait de se retirer. Elle ne serait pas allée bien loin, mais c'est ce qui a signé l'arrêt de mort de notre mariage. Ça, et le fait que je t'aie rencontrée, bien sûr. Tout est arrivé en même temps. Pour être franc, j'aime mon boulot, et je redoute le jour où je succéderai à ma mère. Et si je fous tout en l'air ? Je n'ai ni son génie créatif, ni son intuition. Je sais seulement manier les chiffres. Amanda a raison, je ne suis qu'un gratte-papier.

Qui n'a pas de couilles, ajouta-t-il intérieurement.

— Je suis sûre que tu t'en sortiras très bien, quoi que tu fasses, répliqua Taylor. Et sache qu'il faut bien des comptables pour soutenir les créateurs.

Phillip acquiesça.

— Depuis qu'on est tout petits, ma mère nous prépare à diriger le navire. Elle aimerait aussi que ses petits-enfants montent à bord un jour. C'est bien parti pour deux d'entre eux : Sophie, l'aînée de ma sœur Liz, devrait être embauchée cet hiver quand elle aura obtenu son master au MIT, et le fils de mon frère, Alex, est bien intéressé lui aussi, sauf qu'il est encore au lycée – il a le temps de changer d'avis. Entre parenthèses, il vient de provoquer un petit séisme en annonçant à ses parents son homosexualité. Ma mère l'a très bien pris, mais mon frère a bien failli faire une syncope.

— Eh bien, ta famille n'est pas banale, c'est le moins qu'on puisse dire ! s'exclama Taylor. Dis-moi, est-ce que tu en veux toujours à ta mère, maintenant que tu connais mieux les obligations liées à la direction d'une entreprise ?

— Elle n'était *jamais* là, répliqua-t-il, avant de se corriger : bon, d'accord, elle était là de temps en temps, mais pas assez. Ma sœur Cass ne lui a pas pardonné d'avoir été en voyage d'affaires dans les Philippines quand mon père est mort d'une crise cardiaque. Il a fallu une journée entière pour réussir à la joindre, et deux jours de plus pour qu'elle rentre.

— Elle a dû beaucoup s'en vouloir, souligna Taylor, magnanime. Est-ce qu'elle a des regrets par rapport à votre enfance ?

— Je crois que oui, mais c'est un peu tard. On ne peut pas rattraper le temps perdu. Elle s'efforce d'être là pour nous maintenant qu'on est adultes, et elle s'occupe bien de ses petits-enfants, mieux que de nous quand on était gamins. Il faut dire aussi qu'elle est plus âgée et qu'elle a plus de temps. Elle vient d'avoir soixante-dix ans. C'est pour fêter son anniversaire qu'on a fait la croisière en bateau.

Phillip avait déjà évoqué ce voyage avec Taylor, sans entrer dans les détails du *Lady Luck*.

— On part en vacances ensemble tous les ans, pour marquer le coup. Cette année, c'était un chiffre important ; elle s'est surpassée.

— Au moins, elle fait cet effort, observa Taylor d'une voix douce. Vous vous entendez bien, entre vous ?

— Assez bien. Sauf avec Cass, qui ne vient jamais. Et je crois que les autres n'aimaient pas Amanda, même s'ils restaient polis avec elle. De son côté, elle les détestait. Pour elle, ces vacances étaient une obligation – ma mère piquerait une crise si on ratait ce rendez-vous annuel.

Taylor comprenait qu'ils formaient une famille de fortes têtes, et elle devinait aisément combien leur mère était une femme puissante, une présence imposante.

— Pourquoi tu ne m'as jamais parlé de tout ça ? demanda-t-elle doucement.

— Je n'aime pas me vanter.

— Tu avais peur que je m'intéresse à ton argent ?

— Non, répondit-il un peu trop vite. Enfin si, peut-être... Je ne sais pas. L'Usine est une très grosse entreprise, on a plus d'une centaine de succursales dans le monde, des usines, des magasins d'usine, des centaines de milliers d'employés. C'est assez impressionnant. Je voulais que tu me voies moi, pas la firme dans laquelle je travaille, ni ma mère.

— Je comprends, murmura Taylor, avant d'ajouter, avec une mine de petite fille : Ça doit être marrant d'avoir autant d'argent.

Phillip sourit.

— C'est sûr qu'on n'est pas à plaindre, mais aucun de nous ne fait de folies, même si Amanda aurait bien aimé. John et Sarah vivent dans une petite maison à Princeton, la voiture de mon frère a six ans, et ils ne veulent surtout pas se faire remarquer. Liz habite une vieille ferme qui va s'écrouler d'un jour à l'autre. Quant à Cass, je ne connais pas son style de vie, mais elle a fait sa propre fortune, un peu comme ma mère. C'est une vedette dans le monde de la musique. Elle est en couple avec une rock star, Danny Devil ou je ne sais quoi.

Taylor éclata de rire.

— Danny Hell ? Tu rigoles ? C'est le plus grand chanteur de rock de la planète.

— Ouais, pour les moins de vingt ans, peut-être. C'est ma sœur qui l'a découvert. Elle a l'air douée dans ce qu'elle fait, j'ai lu des articles élogieux sur elle. Je crois qu'elle a hérité de l'esprit d'entreprise de ma mère, même si elle a choisi un univers de fous. Il est vraiment connu, ce Danny ? demanda-t-il à Taylor, avec un regain de curiosité pour sa sœur.

— Il est super-connu, répondit Taylor. Un futur Mick Jagger. Tout est allé très vite pour lui : la première fois que j'en ai entendu parler, j'étais à la fac, c'était il n'y a pas si longtemps.

— Merci de me le rappeler, dit-il en grimaçant, avant de la regarder d'un air inquiet. Ça ne te dérange pas de sortir avec un vieux croûton comme moi ?

— Tu n'es pas un « vieux croûton », et je t'aime, répondit-elle.

Après tout, il n'avait que quarante-six ans. Certes, Taylor avait dix-huit ans de moins et elle aurait pu être sa fille, mais elle ne pensait jamais à leur différence d'âge. D'autant que Phillip semblait se détendre et rajeunir à mesure qu'ils apprenaient à se connaître.

— Taylor, j'ai envie de t'épouser quand tout ça sera fini, mais ça risque de prendre du temps.

— Je ne suis pas pressée, répondit-elle, tout en se penchant pour l'embrasser. Tu sais, tu as bien fait de ne pas me raconter tout ça avant. Je n'aurais pas voulu que tu me voies comme une croqueuse de diamants. On pourrait vivre dans un trou à rats, je m'en ficherais. Tout ce qui m'importe, c'est d'être avec toi.

— Je sais, c'est pareil pour moi. J'ai même envie de te faire un bébé. Avant, je ne voulais pas d'enfants, parce que j'avais peur de les rendre aussi malheureux que je l'ai été étant gamin.

Phillip était persuadé que Taylor serait une mère idéale pour ses enfants, tout comme elle était la femme parfaite pour lui. Même s'il ne lui avait jamais posé la question, il ne doutait pas un seul instant qu'elle désirait devenir maman un jour. Elle semblait avoir cela dans la peau. Et qui choisirait d'enseigner en école élémentaire sans aimer les enfants ?

— Au fait, tu en voudrais combien ? s'enquit-il.

— J'ai toujours rêvé d'en avoir quatre, répondit-elle pensivement.

D'autant qu'avec lui ils pourraient se le permettre financièrement...

Phillip resta bouche bée.

— Est-ce qu'on pourrait commencer avec un, et voir comment on s'en sort ? demanda-t-il d'une voix étranglée.

Taylor éclata de rire et l'embrassa encore.

— En général, ils arrivent un par un.

— Pas toujours. Et je m'y mets tard.

— Il va falloir se dépêcher, alors. Peut-être que deux paires de jumeaux, ce serait pas mal, le taquina-t-elle.

— Je crois que je vais m'évanouir, gémit-il en se laissant tomber en arrière dans le sable.

Difficile de croire qu'à peine deux mois plus tôt il vivait avec Amanda, et qu'aujourd'hui il était ici avec cette jeune fille remarquable, discutant des quatre enfants qu'ils auraient plus tard comme s'il n'y avait rien de plus naturel...

— La vie nous réserve bien des surprises, tu ne trouves pas ? observa-t-il avec sérieux. On pense savoir exactement ce qu'on fait et où on va, et, du jour au lendemain, on se retrouve cul par-dessus tête, avec tous nos repères chamboulés. C'est plutôt agréable, si on ne craint pas les bosses.

— Mon frère m'avait prévenue qu'il se passait des choses bizarres à New York, répondit-elle en riant.

Les proches de Taylor connaissaient à présent l'existence de Phillip. Bien que celui-ci fût un peu âgé à leur goût, ils étaient prêts à lui donner une chance s'il se montrait bon avec elle. Elle n'avait pas envie de leur révéler tout de suite son identité. Elle préférait qu'ils l'apprécient pour ce qu'il était, pas pour ce qu'il possédait.

Le dimanche, tandis qu'ils se baladaient sur la plage main dans la main, Phillip lui confia qu'il rêvait de partir en vacances avec elle – peut-être dans les Caraïbes, à Noël – et qu'il souhaitait la présenter à sa grand-mère avant toute autre personne. Maribelle incarnait ce qu'il aimait le plus dans l'idée de famille, elle en était l'essence même à ses yeux. Il la dépeignit à Taylor comme une adorable et sémillante petite mamie, passionnée de jeux de cartes, qui lui avait appris les rudiments du poker et du poker menteur.

En fin d'après-midi, alors qu'ils revenaient de leur promenade et s'apprêtaient à faire leurs valises pour rentrer à New York, Phillip reçut un appel de sa mère sur son téléphone portable. Immédiatement, il sut qu'il était arrivé quelque chose de grave.

— Qu'est-ce qui se passe ? demanda-t-il en s'asseyant sur une chaise, sous le regard inquiet de Taylor.

La jeune femme connaissait ce genre d'appels, elle se souvenait parfaitement du visage de sa sœur lorsqu'on les avait prévenues que leurs parents avaient été tués dans un accident. Inconsciemment, elle retint sa respiration en même temps que Phillip. Pendant un long moment, il écouta sans rien dire tandis que les larmes roulaient sur ses joues. Taylor lui caressa les épaules et pressa son visage contre son dos, tentant de lui transmettre tout son amour et son soutien.

Phillip n'ouvrit la bouche que pour promettre à sa mère qu'il la rejoindrait à Bedford le plus vite possible. Après avoir raccroché, il se tourna vers Taylor sans chercher à retenir ses larmes.

— C'est ma grand-mère. Elle est allée faire une sieste cet après-midi après une partie de cartes. Quand ils sont passés la voir deux heures plus tard, elle était morte. Elle s'est éteinte dans son sommeil. Et maintenant, tu ne pourras plus jamais la rencontrer, conclut-il d'une voix brisée.

Il était redevenu ce petit garçon qui avait tant aimé sa grand-mère, et qu'elle avait tant chéri en retour. Emue aux larmes, Taylor l'attira dans ses bras, et il sanglota comme un enfant contre son cœur. Mamibelle n'était plus de ce monde.

22

Après qu'ils eurent remballé leurs affaires et fermé la maison, Phillip laissa Taylor prendre le volant. Il se sentait trop bouleversé pour conduire. Il resta silencieux pendant une grande partie du trajet ; chaque fois que Taylor jetait un coup d'œil vers lui, elle le voyait pleurer, et elle lui caressait alors la main ou la joue. Qu'aurait-elle pu faire d'autre ? Elle était heureuse de s'être trouvée à ses côtés au moment où il avait appris la nouvelle. Elle se souvenait encore comme si c'était hier du désespoir qui l'avait accablée à la mort de ses parents. La grand-mère de Phillip avait été comme une deuxième mère pour lui. Aujourd'hui, il pleurait toutes les larmes de son enfance.

— Je ne peux imaginer une vie sans elle, murmura-t-il. Je voulais la voir cette semaine, mais je n'ai pas eu le temps.

On regrette toujours cette dernière occasion qu'on a manquée...

— Tu as de la chance d'avoir pu profiter d'elle aussi longtemps, observa-t-elle d'une voix douce. Et elle a vécu pleinement sa vie, jusqu'au bout. C'est dur pour vous, bien sûr, mais il faut se dire qu'elle a eu une jolie fin. Elle n'a pas souffert, elle était heureuse. Elle a joué aux cartes avec ses amis, puis elle s'est endormie.

Une mort rêvée, en somme, mais qui ne les ébranlait pas moins. Ils avaient tant aimé Maribelle qu'ils avaient tous cru qu'elle vivrait éternellement.

— Comment allait ta mère, au fait ?

— Elle est sous le choc. Je suis désolé, mais je vais devoir te laisser, mon cœur. Il faut que je parte pour Bedford dès qu'on sera rentrés. Ma mère aimerait que nous l'aidions à organiser les funérailles, je ne sais même pas ce que cela implique. J'imagine que l'enterrement aura lieu dans quelques jours.

— Ne t'inquiète pas pour moi, répondit Taylor avec tendresse. Je ferai ce que tu me diras de faire. Je ne veux surtout pas m'imposer.

Elle comprenait parfaitement que le moment était mal choisi pour rencontrer la famille de Phillip.

Et celui-ci s'inquiétait pour sa mère, qui n'était plus toute jeune et devait être bouleversée. Dans un premier temps, il n'avait pensé qu'à sa propre douleur face à la perte de sa grand-mère ; il prenait conscience peu à peu de ce que cela signifiait pour Olivia.

Lorsqu'ils arrivèrent à son appartement, elle l'aida à préparer un sac, lui fit mettre dedans des sous-vêtements, des chaussettes, une paire de chaussures et une ceinture. Sans elle, il serait parti avec seulement deux costumes et trois chemises. Il ne savait pas combien de temps il resterait à Bedford – probablement une semaine, au-delà de l'enterrement –, mais il promit à Taylor de la tenir informée.

— Tu vas me manquer, murmura-t-il tristement, avant de se remettre à pleurer. Excuse-moi, tu dois me trouver ridicule, mais je l'aimais tellement !

— Je sais. Je comprends.

Phillip se demandait s'il fallait appeler Amanda. Il n'en avait pas envie. Un simple message pour la prévenir de la date et du lieu de l'enterrement suffirait. S'il regrettait de ne pouvoir emmener Taylor avec lui, il préférait ne pas la présenter à sa famille dans des circonstances aussi tristes, alors que personne n'aurait le goût de s'intéresser à elle. Et dire qu'elle ne rencontrerait jamais sa grand-mère ! Mamibelle allait cruellement leur manquer.

Phillip embrassa longuement Taylor avant de partir, puis le portier héla un taxi pour la jeune femme. Tout en regardant la voiture de Phillip s'éloigner sur Park Avenue, Taylor espérait qu'il parviendrait à surmonter son chagrin.

Une heure plus tard, il arrivait à Bedford. Il était le premier. La gouvernante d'Olivia était venue l'aider à préparer les chambres, tous les enfants et petits-enfants devant loger dans la maison.

Olivia ne pleurait pas, mais elle était ébranlée : Phillip remarqua que ses mains tremblaient chaque fois qu'elle décrochait le téléphone. Il ne se souvenait pas de l'avoir jamais vue se disputer avec sa mère, dont elle était restée très proche toute sa vie. Il y avait bien eu quelques accrochages, mais tellement rares qu'ils ne valaient pas la peine d'être notés.

— Au moins, elle a retrouvé Ansel là-haut, observa tristement Olivia, alors que Phillip et elle prenaient le thé. Les gens de la maison de retraite m'ont dit qu'elle allait très bien. Elle n'était pas malade, elle ne s'est plainte de rien. Après avoir joué au bridge avec d'autres dames, elle a voulu s'allonger un peu en attendant l'heure du dîner. Elle ne s'est pas réveillée. Selon le médecin, son cœur s'est juste arrêté de battre. C'est fou.

Olivia semblait ne pas comprendre comment sa mère, pourtant âgée de quatre-vingt-quinze ans, avait pu mourir.

— J'espère qu'elle a gagné sa partie, osa Phillip pour tenter de faire rire Olivia.

Elle ébaucha un sourire.

— Mamibelle m'a appris tous les jeux de cartes que je connais, ajouta-t-il.

— Elle m'a tout appris de la vie, répliqua Olivia, accablée. Elle a été tellement bonne avec moi ! Même à l'époque où nous étions pauvres, elle faisait en sorte que je ne manque de rien. Et elle m'a tout pardonné, même mes erreurs les plus stupides.

En prononçant cette dernière phrase, elle avait levé les yeux vers Phillip, qui détourna la tête, peiné. Il se rendait soudain compte à quel point il avait été dur avec sa mère pendant toutes ces années. Ce qu'il lui reprochait lui semblait si futile à présent, face au chagrin auquel ils étaient confrontés... Cette perte les renvoyait à leur propre mortalité et leur rappelait que la vie tenait à peu de chose. Il ne s'agissait pas de la gâcher par des rancœurs idiotes et sans fondement.

Surtout, il fallait qu'ils s'estiment heureux. S'ils avaient espéré que Maribelle soit un jour centenaire – quelle fête ils auraient organisée pour l'occasion ! –, elle avait tout de même vécu longtemps et pleinement.

Liz arriva peu après Phillip. Sophie devait faire le trajet en voiture depuis Boston, tandis que Carole prendrait un vol de nuit pour les rejoindre le lendemain à l'aube. Quant à John et Sarah, ils étaient partis de Princeton avec Alex une demi-heure plus tôt. La famille se rassemblait comme pour toutes les grandes occasions, heureuses ou tristes. Plus qu'un empire, Olivia avait bâti une dynastie qui prenait sa vraie dimension dans des moments comme celui-ci, où ils pouvaient compter les uns sur les autres pour surmonter les épreuves. L'enterrement de Joe leur avait provoqué à l'époque un choc bien plus violent : sa mort avait été si brutale. Et Phillip se rendait compte aujourd'hui que la colère déplacée de Cass envers sa mère n'avait fait qu'empirer les choses. En comparaison, la mort de Maribelle était plus sereine, elle ne suscitait aucun ressentiment ou reproche contre personne. La vieille dame s'était éclipsée tranquillement, comme elle l'aurait voulu, après un après-midi passé à jouer aux cartes.

— Est-ce que tu as prévenu Cass ? demanda Phillip à Liz.

— Bien sûr. Elle doit venir en avion. Elle est en tournée à Dallas avec Danny Hell.

— C'est ce que j'ai entendu dire.

Pour la première fois en quatorze ans, Cass reviendrait parmi eux, et ce grâce à Maribelle, s'il était possible de s'exprimer ainsi. Olivia songea que cela lui aurait fait plaisir.

Une heure plus tard, John, Sarah et Alex arrivèrent à leur tour. Le jeune garçon paraissait aussi bouleversé que le reste de la famille. Retrouvant Liz dans la cuisine, il lui confia que ses relations avec ses parents s'arrangeaient et que ceux-ci continuaient à voir le psychologue. Alex avait participé à l'une des séances pour expliquer ce qu'il ressentait. Mais Sarah et John avaient beau faire beaucoup d'efforts pour se montrer tolérants, cela n'avait pas empêché ce dernier de demander à son fils s'il pensait changer d'avis un jour – comme si être gay était un choix.

— Ton père a toujours été un peu borné, même quand il était petit, répondit Liz. Je crois que c'est son côté artiste. Il ne comprend pas bien comment ça se passe dans la vraie vie, parce qu'il a la tête dans les nuages, ou le nez collé sur son nombril.

Alex éclata de rire. Il aimait la franchise de sa tante et la façon dont elle jouait cartes sur table avec ses filles. Ses parents à lui avaient des œillères, ils voyaient le monde comme ils avaient envie de le percevoir et partaient du principe que les autres pensaient forcément comme eux. Ayant reçu son lot de coups durs, Liz était beaucoup plus réaliste, plus lucide. Alex s'estimait chanceux de l'avoir pour tante. Quant à Olivia, c'était son héroïne : non seulement elle avait géré cette crise à la perfection, mais il avait adoré ces quelques jours passés avec elle, à tel point qu'il était heureux de revenir à Bedford malgré les circonstances tragiques.

Phillip commanda le dîner dans un restaurant du coin qui servait des plats à emporter, et toute la famille s'installa dans la salle à manger. La gouvernante avait dressé la table et prévoyait de rester pour débarrasser. Ils passèrent le repas à parler de Maribelle, à se remémorer des anecdotes amusantes, les facéties qu'elle avait pu faire quand ils étaient petits. Olivia apporta sa propre contribution de souvenirs, qui les firent beaucoup rire. C'était un soulagement pour eux de se rappeler les jours heureux.

Les enfants savaient que Maribelle avait eu un prétendant en la personne d'Ansel Morris, puisque celui-ci lui avait légué sa quincaillerie, mais ils l'imaginaient comme un soupirant dévoué que leur grand-mère n'avait pas voulu épouser par loyauté envers son défunt mari. Ainsi, ils ignoraient que leur idylle avait été bien réelle et qu'Ansel avait été marié à une autre pendant longtemps. Maribelle n'avait pas tenu à ce qu'ils connaissent cet aspect licencieux de sa vie. Olivia respectait son choix, tout en se demandant s'il n'y avait pas quelque chose de génétique dans les relations extraconjugales. Après tout, elle se trouvait aujourd'hui dans la même situation que sa mère, après avoir passé des années à lui reprocher sa conduite. Mais leur dernière conversation l'avait apaisée. Elle était heureuse de savoir que Maribelle avait prévu d'épouser Ansel et qu'il était mort avant d'avoir pu faire d'elle une femme honnête. Cela lui semblait plus respectable ainsi, même si, pour sa part, elle n'avait aucune intention d'officialiser son union avec Peter.

Lorsqu'elle appela ce dernier pour lui annoncer le décès de sa mère, il lui exprima sa profonde tristesse et lui proposa de la rejoindre à Bedford. Olivia doutait que ce fût une bonne idée. Les enfants avaient beau être au courant de leur liaison, Peter n'en restait pas moins un homme marié, et il n'était pas assez proche de la famille pour que sa présence soit justifiée. Peter s'en rendit compte de lui-même, sans qu'Olivia ait besoin de le lui expliquer.

Sophie arriva de Boston vers dix heures, et ils décidèrent, sur une suggestion de Phillip, de jouer aux cartes à la mémoire de Maribelle – en pariant de l'argent, comme elle l'aurait fait. Même Olivia voulut participer. C'était une belle façon de rendre hommage à leur aïeule, et qu'eux seuls pouvaient comprendre. Rapidement, l'ambiance se fit bruyante et tapageuse, si bien que lorsque Phillip appela Taylor entre deux parties, la jeune femme fut surprise d'entendre des cris et des éclats de rire en fond sonore.

— Qu'est-ce qui se passe ?

— On joue aux cartes en l'honneur de ma grand-mère. Je viens de faire perdre vingt dollars à ma sœur, et elle est furieuse, d'autant plus que mon neveu lui en avait fait perdre dix juste avant... Elle est vraiment nulle !

— C'est original comme idée, répondit Taylor. Je suis sûre que ta grand-mère aurait adoré.

Cela lui faisait penser aux veillées funèbres irlandaises, dans lesquelles le mort est joyeusement fêté. Elle avait hâte de rencontrer la famille de Phillip. Il lui promit de la lui présenter lorsqu'ils auraient fait leur deuil, peut-être pour Thanksgiving. En attendant, il devait soutenir sa mère. Taylor le remercia d'avoir appelé et lui assura qu'elle était de tout cœur avec lui.

Ce soir-là, Liz accompagna sa mère jusqu'à sa chambre. Olivia avait les traits tirés et portait son âge plus que de coutume. La mort de Maribelle l'avait durement frappée : elle marquait la fin d'une époque.

— J'ai de la chance qu'elle ait vécu aussi longtemps, murmura-t-elle en serrant sa fille dans ses bras.

A cet instant, elles se demandaient l'une comme l'autre comment se passerait le retour de Cass, mais aucune n'aborda la question. Puis Liz retourna boire un verre avec ses frères et Sarah. Alex s'était déjà retiré. Il avait bavardé un moment avec Sophie, à qui il avait résumé les rebondissements de ces dernières semaines. Sa cousine lui avait confié qu'elle se doutait depuis longtemps de son homosexualité. Selon elle, ses parents finiraient par accepter. Alex lui-même commençait à y croire, malgré des débuts bien chaotiques.

Bientôt, Sarah prit congé, et John, Phillip et Liz se retrouvèrent seuls. Ils trouvaient du réconfort dans la compagnie des uns et des autres et bavardèrent longtemps. Liz demanda à Phillip où en était son divorce.

— Ça va être une sacrée pagaille, reconnut-il, résigné. Je finis par me dire qu'Amanda ne s'est jamais intéressée qu'à mon argent.

Liz en était convaincue, mais s'abstint de tout commentaire.

— Et ta nouvelle amoureuse ? s'enquit-elle.

— Elle est géniale, je suis sûr que vous allez l'adorer. J'ai pensé que ce n'était pas le bon moment pour vous la présenter, mais vous la rencontrerez bientôt.

Le lendemain, Liz se leva en entendant Carole arriver. Sophie les rejoignit quelques instants plus tard, et elles se rendirent dans la cuisine pour préparer du café. Quand Olivia apparut dans sa robe de chambre en satin, elle semblait fatiguée, mais elle avait pris le temps de faire sa toilette et de se coiffer. Une demi-heure plus tard, la famille au complet était réunie. Alors qu'ils bavardaient avec animation à la table du petit déjeuner, la sonnette retentit. Liz alla ouvrir et découvrit Cass en débardeur, pantalon noir moulant et veste en cuir, perchée sur des talons hauts, ses cheveux courts dressés en pointes. Les deux sœurs se dévisagèrent un moment, avant de se serrer dans les bras l'une de l'autre, heureuses de se retrouver. Elles ne s'étaient pas vues depuis des années.

— Tu es superbe ! s'exclama Liz, arrachant un petit rire à Cass.

Lorsqu'elles pénétrèrent dans la cuisine, le temps parut s'arrêter. Tous les regards se tournèrent vers la jeune femme. Olivia fut la première à se lever pour l'embrasser, puis les conversations se remirent à fuser tandis que tout le monde l'accueillait chaleureusement. La fille prodigue était de retour.

S'installant à table avec eux, Cass grignota une tartine et répondit à leurs questions sur sa tournée avec Danny Hell. En dépit de quelques problèmes mineurs, tout se passait bien, jusqu'à ce qu'elle reçoive cette terrible nouvelle à propos de Mamibelle.

281

A la fin du petit déjeuner, on aurait pu croire que Cass n'avait jamais quitté le nid. Elle ne semblait plus en colère, juste triste d'avoir perdu sa grand-mère. Seule celle-ci occupait les esprits.

L'après-midi, une épreuve difficile les attendait. Olivia avait tout organisé avec l'aide de Liz et de Phillip : le corps de Maribelle avait été transporté dans un funérarium à Bedford, afin que ceux qui le souhaitaient puissent lui rendre un dernier hommage. Bien qu'Olivia ait demandé un cercueil fermé, elle tenait à ce que sa mère soit correctement habillée, et Phillip s'était proposé pour récupérer les vêtements qu'elle avait choisis. Cherchant à détendre l'atmosphère, il déclara qu'il glisserait un paquet de cartes dans une des poches de sa grand-mère.

Ils pleurèrent à chaudes larmes autour du cercueil, dans la petite chapelle qu'Olivia avait fait décorer de roses blanches et d'orchidées. Un intense parfum de fleurs flottait dans la pièce. Olivia s'effondra dans les bras de Liz. Puis elle s'agenouilla et murmura une prière pour cette femme merveilleuse qu'avait été sa mère. Les autres se taisaient, accablés par la triste réalité : Mamibelle les avait quittés.

Le retour à la maison se fit dans le silence. Les obsèques étant prévues deux jours plus tard, ils décidèrent de rester ensemble à Bedford jusque-là. Phillip, John et Olivia passèrent quelques coups de fil à l'Usine, afin de s'assurer que tout était sous contrôle.

Le soir, Peter passa voir Olivia après le travail. Il savait que la mort de sa mère l'avait profondément bouleversée.

— Comment vas-tu ? lui demanda-t-il d'un air soucieux.

— Je tiens le coup.

Peter la serra contre lui avec tendresse.

— Ça me fait plaisir d'avoir Cass à la maison, reprit-elle. Maman serait ravie. J'aurais tellement aimé qu'elle n'ait pas besoin de mourir pour que cela arrive.

Elle sourit à travers ses larmes, tandis que Peter lui tenait la main, un bras passé autour de ses épaules.

— Je suis de tout cœur avec toi, Olivia.

— Je sais.

Il présenta ses condoléances aux autres membres de la famille, qui se montrèrent aimables avec lui, y compris Phillip. Après le départ de Peter, ils dînèrent de nouveau tous ensemble. Plus qu'une veillée à la mémoire de Maribelle, Olivia avait le sentiment qu'il s'agissait d'un repas de bienvenue en l'honneur de Cass. Après une si longue absence, celle-ci semblait étonnamment à l'aise avec ses frères et sa sœur, et même avec sa mère. Elle prit des nouvelles de chacun et leur raconta un peu sa vie, bien différente de la leur. Ses nièces et son neveu, béats d'admiration, la trouvèrent « géniale ». De son côté, Cass était impressionnée de voir à quel point ils avaient changé – les derniers souvenirs qu'elle avait d'eux remontaient à leur enfance.

Le lendemain, ils retournèrent au funérarium pour accueillir les personnes venues rendre hommage à Maribelle. Et le jour suivant se déroulèrent les obsèques, magnifiques, élégantes, infiniment tristes. Olivia avait sélectionné les morceaux de musique préférés de sa mère, dont l'« Ode à la Joie » de Beethoven, aussi belle et légère, aussi gaie et pétillante que l'avait été Maribelle. Après la prédication du pasteur, les enfants d'Olivia se succédèrent à la chaire pour évoquer le souvenir de leur grand-mère. Phillip raconta des anecdotes amusantes, comme le jour où elle lui avait appris à jouer au poker alors qu'il venait de se faire opérer des amygdales, à six ans. Liz avait rédigé un texte émouvant. John expliqua que Mamibelle avait été une passionnée d'art et l'avait encouragé à laisser s'affirmer l'artiste en lui. Enfin, Cass remonta solennellement l'allée de l'église, superbe dans sa robe noire sobre et ses talons hauts, le visage caché derrière la voilette de son chapeau. L'assistance fut émue aux larmes par son discours. C'était une grande oratrice, et son amour pour sa grand-mère transparaissait dans chacun de ses mots. En l'écoutant, Olivia se rendit compte que sa fille cadette était devenue une personne remarquable, capable de capter l'attention de tout un auditoire. Ce qu'elle comprit aussi, à travers les interventions de chacun de ses enfants, c'est que Maribelle avait été une vraie mère pour eux. Elle leur avait apporté ce qu'elle-même n'avait pu leur offrir. Olivia se sentait à la fois coupable et reconnaissante, et toute petite à côté du personnage extraordinaire qu'avait été Maribelle. Tandis que le cortège suivait le cercueil sur la musique de Beethoven, nul ne resta insensible à la beauté poignante du moment.

Une cérémonie funèbre eut lieu devant la concession familiale en présence des proches, qui rejoignirent ensuite les deux cents personnes venues exprimer leur soutien. Olivia apprécia la présence réconfortante de Peter, qui resta à ses côtés sans pour autant s'imposer. Les enfants échangèrent quelques mots avec de lointaines connaissances. Amanda avait assisté aux funérailles, vêtue d'un tailleur Chanel noir d'allure sévère, mais elle avait eu le bon goût de ne pas suivre le groupe à la maison. En sortant de l'église, Phillip l'avait remerciée d'être venue. La messe semblait l'avoir émue, elle aussi. Après tout, elle était peut-être humaine…

Lorsque le dernier invité fut reparti, ils s'écroulèrent dans des fauteuils, épuisés par l'émotion. Ils avaient offert un magnifique enterrement à la mère, grand-mère et arrière-grand-mère qu'ils avaient tant aimée. Sur le programme des obsèques, on avait pu voir une photo de Maribelle en train de rire, aussi joyeuse et malicieuse qu'elle l'avait été de son vivant.

Malgré le champagne et les petits fours servis après la cérémonie, Phillip reconnut qu'il mourait de faim. Liz fit réchauffer les pâtes que le traiteur leur avait préparées pour le dîner.

— Débarrassons-nous de nos habits noirs, suggéra Olivia. Il faut qu'on se déride, Mamibelle n'aurait pas aimé nous voir si tristes.

Peter était reparti avec le reste de l'assemblée. Quant à Phillip, il avait appelé Taylor une dizaine de fois ces derniers jours – il se languissait d'elle. Tous devaient quitter la maison le lendemain matin.

Ce soir-là, l'ambiance fut aussi exubérante et volubile que Maribelle avait pu l'être. Les pâtes se révélèrent délicieuses, le vin coula à flots et les conversations s'enchaînaient sans jamais tarir.

Phillip tapota son verre avec sa cuiller et déclara qu'il avait une annonce à leur faire. Les regards se tournèrent vers lui, emplis de curiosité. Phillip était un peu éméché, mais ils l'étaient tous – ils avaient besoin de relâcher la pression.

— Je suis amoureux d'une femme formidable et je vais l'épouser dès que j'aurai divorcé, lança-t-il.

Les acclamations fusèrent.

— Bye bye, Amanda ! cria Liz, avant de se lever à son tour.

Olivia repensa soudain aux déclarations extravagantes qu'ils avaient l'habitude de faire à table quand ils étaient enfants. Nul doute que sa mère aurait été aux anges et qu'elle se serait elle-même prêtée au jeu. Ils formaient un groupe enjoué, fort de l'amour qu'ils se portaient.

— J'ai vendu mon livre une fortune, annonça Liz.

Sarah grimaça brièvement, mais réussit à ne pas lever les yeux au ciel.

— Et je crois que je sors avec mon agent, mais je n'en suis pas certaine, ajouta Liz. C'est un aristocrate anglais, et il est très beau.

— Préviens-nous quand tu le sauras ! répliqua Phillip, déclenchant une vague de rires.

C'était typique de Liz, ça : ne pas savoir si elle fréquentait son agent. Elle n'était jamais sûre de rien.

Se laissant entraîner dans l'esprit du moment, Alex jeta un regard circulaire sur sa famille et prit la parole d'une voix claire et forte :

— Eh bien moi, je suis gay. Et j'en suis sûr !

Même sa mère réussit à sourire, tandis que ses deux cousines, assises à ses côtés, l'entouraient de leurs bras pour le féliciter de son courage. Personne autour de la table ne sembla contrarié. Alex était heureux.

C'est alors que Cass les stupéfia. Son retour enthousiaste avait été assez étonnant en lui-même : quand elle aurait pu se contenter de venir uniquement pour les obsèques et de rester dans son coin, elle avait passé trois jours avec eux et semblait avoir apprécié ces moments en famille. Elle avait bavardé pendant des heures avec sa sœur et sa mère, essayé de faire connaissance avec son neveu et ses nièces, et supporté sans se plaindre les taquineries de ses frères, comme au bon vieux temps. Mais ils n'étaient pas au bout de leurs surprises...

— Je suis enceinte, annonça-t-elle. Je viens de le découvrir, et je compte garder le bébé, qui est prévu pour juin. Le papa est Danny Hell, mais on ne va pas se marier. Et j'en suis sûre, moi aussi.

Tout le monde la dévisagea, bouche bée. Puis la conversation reprit de plus belle tandis qu'ils la félicitaient. Quant à Olivia, elle arborait un grand sourire d'approbation. Peu importait que sa fille ait un enfant sans être mariée – après tout, on était au XXIe siècle. Elle se réjouissait tant que les blessures du passé se soient suffisamment refermées pour que Cass accepte d'être mère. Maribelle aurait été ravie.

— C'est une excellente nouvelle, ma chérie ! s'exclama-t-elle joyeusement, avant de lever son verre en l'honneur de sa fille et de lui envoyer un baiser.

— En tant qu'aînée des petits-enfants, intervint Sophie, je tiens à dire qu'on vous aime, mais qu'on vous trouve quand même un peu cinglés. Alors que vous êtes censés nous servir de modèles, tonton Phillip va divorcer pour pouvoir se remarier cinq minutes après, maman n'arrive pas à savoir si elle sort avec son agent – ce qui veut sans doute dire qu'elle sort avec – et tante Cassie va avoir un bébé hors mariage qui naîtra sûrement avec un tatouage. Vous êtes super, tous. On a de la chance de vous avoir comme famille.

Ils rirent de bon cœur, puis submergèrent Cass de questions à propos du bébé. A trois heures du matin, ils se quittèrent enfin, se résignant à aller se coucher.

Le lendemain, au petit déjeuner, ils avaient retrouvé leur sérieux et étaient prêts à reprendre chacun le cours de leur existence. Comme souvent dans la vie, les trois jours qu'ils avaient passés ensemble leur laissaient un goût doux-amer, tant ils avaient été à la fois merveilleux et poignants, heureux et tristes. Avant qu'ils ne se séparent, Olivia les invita à revenir dans six semaines, pour Thanksgiving. La fête serait bien moins joyeuse sans Maribelle, mais il lui tenait à cœur de les réunir. Tous acceptèrent.

— Et cela concerne aussi vos amoureux et amoureuses, précisa-t-elle. Phillip, tu peux venir avec Taylor, si tu veux. Liz, si tu décides que tu sors avec ton agent, amène-le-nous. Et Cassie, ma chérie, je serais honorée que tu nous présentes Danny. Après tout, c'est le père de mon futur petit-enfant, dit-elle, les larmes aux yeux.

Cassie la serra dans ses bras.

— Merci, maman. Merci pour tout.

— Merci à *toi*. Prends soin de toi et du bébé.

— J'essaierai. J'espère juste que je ne ficherai pas sa vie en l'air. Je suis aussi occupée par ma vie professionnelle que tu l'étais.

— Tu ne feras pas les mêmes erreurs que moi, lui assura gentiment Olivia. Tu seras une maman formidable.

Cass l'embrassa, avant de rejoindre la limousine qui devait la conduire à l'aéroport. Elle retrouverait Danny à Houston, lieu de son prochain concert.

Une fois seule, Olivia prit sa voiture pour retourner au bureau à New York. Sa mère lui manquait déjà. Elle aurait tant voulu lui raconter ce qui s'était passé ces derniers jours ! Mais bizarrement, quelque chose lui disait que sa mère savait, et qu'elle n'aurait pas été surprise. Après tout, c'était elle qui avait élevé les enfants, en leur apprenant à devenir eux-mêmes, à suivre leur cœur et se servir de leur tête, et à se montrer honnêtes et courageux en toutes circonstances. C'était les mêmes leçons qu'elle avait enseignées à Olivia, et cela lui avait réussi.

23

Leur emploi du temps fut bien chargé pendant les semaines précédant Thanksgiving. Phillip restait en contact permanent avec ses avocats pour suivre les exigences toujours plus insensées d'Amanda, qui continuait à le menacer de casser leur contrat de mariage. Bien qu'elle n'eût aucune chance d'y parvenir, c'était une façon de faire pression pour obtenir un partage des biens et une pension alimentaire plus favorables. Phillip finit par lui céder la maison de New York, dans laquelle il n'avait de toute façon aucune envie de s'installer avec Taylor. En revanche, il tenait à garder la petite propriété des Hamptons. Ses avocats lui avaient annoncé un délai minimum d'un an avant que le divorce soit prononcé. Cela lui convenait : en attendant, il était heureux en compagnie de Taylor.

Phillip, Liz et Olivia se rendirent à l'exposition de John, qui se tint peu après les obsèques de Maribelle. Comme chaque fois, ce fut un succès : à la fin de la soirée, tous ses tableaux avaient été vendus.

Liz dîna plusieurs fois avec Andrew Shippers. Tantôt elle le rejoignait en ville, tantôt il faisait le trajet jusqu'à la ferme du Connecticut, qu'il l'aidait à rénover. La relation qui se mettait en place entre eux était très encourageante. Les nouvelles étaient bonnes aussi du côté des filles de Liz : Sophie se réjouissait à l'idée d'obtenir son diplôme et de rentrer à New York, et Carole, qui travaillait sur le dernier film de son père, s'était découvert une passion pour la côte ouest. Elle avait enfin trouvé sa voie, et semblait avoir beaucoup mûri au cours de ces trois derniers mois.

Liz et Andrew riaient beaucoup ensemble. En plus d'évoluer tous les deux dans le milieu littéraire, ils partageaient de nombreux points communs. Ils étaient nés le même jour et la même année – un signe du destin, répétait-il. Et maintenant, Liz était sûre d'elle ; elle avait la certitude de ne pas commettre d'erreur. Vendre son livre et fréquenter Andrew lui avaient redonné confiance en elle, en tant qu'auteur et en tant que femme.

Quelques jours avant Thanksgiving, l'agent artistique avec lequel Andrew était en contact depuis des mois lui donna enfin une réponse : il acceptait d'adapter le roman de Liz à l'écran. Andrew attendit le week-end pour annoncer la nouvelle à l'intéressée, qui poussa un cri de joie en l'apprenant. Elle travaillait déjà sur un autre livre, et elle allait en plus vendre le premier pour un film ! Ils fêtèrent cela sous la couette, où ils se précipitaient de toute façon dès qu'Andrew arrivait.

Après leur étreinte passionnée, Andrew se redressa sur un coude pour contempler Liz. Jamais il ne s'était senti aussi heureux avec une femme.

— Dis-moi une chose, murmura-t-il. Est-ce que tu couches avec moi parce que j'ai vendu ton livre et que tu vas devenir très riche et très célèbre grâce à moi ? Ou bien est-ce parce que tu me trouves irrésistible ?

— Les deux, répondit-elle en le taquinant. Aujourd'hui, peut-être plus à cause du film. D'habitude, à cause du livre et de l'argent. Et aussi, parce que tu es un formidable homme à tout faire, et que grâce à toi ma maison ne me tombera pas sur la tête.

— C'est vrai que je suis un excellent charpentier. Je n'y avais pas pensé. Mais je ne suis pas sûr d'apprécier l'idée que tu couches avec l'homme à tout faire. Ça t'arrive souvent ?

— Jamais. Avec toi, en tout cas, c'est plutôt pas mal.

— Je sais, je suis doué... Alors dis-moi, à quel point ta famille va-t-elle me détester quand je vais la rencontrer pour Thanksgiving ? J'imagine que j'aurai droit à un interrogatoire en règle. Après tout, qui leur dit que je ne viens pas de sortir de prison ?

Depuis trois mois qu'ils se fréquentaient, Andrew avait déjà eu l'occasion de rencontrer Sophie, un week-end où elle était rentrée chez sa mère. Il lui avait fait une très bonne impression. Quant à Carole, qui ne le connaissait pas encore, elle était certaine qu'il lui plairait, d'après les échos qu'elle en avait eus.

Andrew ne manquait pas d'assurance, mais l'idée d'affronter le clan Grayson le rendait nerveux – il connaissait l'Usine et son histoire incroyable. Il était toutefois curieux de rencontrer Olivia, cette femme qui, selon lui, aurait dû écrire son autobiographie. Liz lui avait expliqué que sa mère était bien trop discrète et modeste pour raconter sa vie. Et quand Andrew lui avait suggéré de la rédiger pour elle, Liz lui avait répondu qu'elle ne serait sans doute pas d'accord non plus.

— Ma famille va t'adorer, lui promit-elle. En plus, le petit copain de ma sœur risque de te voler la vedette. Tu ne feras peut-être pas le poids face à une rock star de vingt-quatre ans ! Sans compter qu'ils vont avoir un bébé en juin.

— Vous êtes vraiment des gens fascinants. Il me tarde de les rencontrer, même si je suis dégoûté qu'un chanteur de rock me fasse de l'ombre. Je devrais me faire tatouer, murmura-t-il d'un air pensif.

Thanksgiving ressembla aux funérailles de Maribelle, la tristesse en moins. Bien que la vieille dame leur manquât, ils étaient heureux de se retrouver. La maison était pleine à craquer. Taylor fut d'abord intimidée de faire l'objet de toutes les attentions, mais sa gentillesse naturelle conquit bientôt toute la tribu. Clairement amoureuse de Phillip, elle ne le quittait pas d'une semelle, et ils ne se lâchaient presque jamais la main. Après avoir discuté un moment avec elle dans le jardin, Olivia rentra avec le sourire jusqu'aux oreilles. Taylor était l'antithèse d'Amanda, et tout ce qu'elle avait toujours souhaité à son fils.

Liz et Andrew arrivèrent peu après ; ce dernier charma son monde avec ses traits d'esprit et son humour pince-sans-rire. Il les régala d'épouvantables histoires de parties de chasse en Angleterre et d'anecdotes sur sa folle jeunesse. Il leur assura aussi que Liz avait beaucoup de talent et qu'elle connaîtrait sans nul doute un grand succès. Olivia buvait du petit lait.

Danny Hell représenta incontestablement le clou du week-end. Drôle, extravagant et irrévérencieux, il parlait avec un accent cockney à couper au couteau, qu'Andrew imitait à la perfection. Tous les deux, ils ne cessèrent de plaisanter dans un dialecte que personne d'autre ne comprenait. Danny était jeune, talentueux et branché, et fou de Cass ; l'idée d'avoir un bébé le réjouissait. Devant les adultes impressionnés, il joua de la guitare avec Alex et ses cousines, pendant que Cass le couvait des yeux comme une mère poule.

Profitant d'un moment de tranquillité avec Olivia, Cass la surprit en lui demandant si elle accepterait d'assister à la naissance.

— Pour être honnête, maman, j'ai la trouille. De l'accouchement, mais aussi du reste. Danny n'arrête pas de me répéter que tout ira bien, mais qu'est-ce qu'il en sait ? C'est encore un ado, gémit-elle, les larmes aux yeux.

Profondément émue, Olivia serra sa fille dans ses bras.

— Il a raison, tout va bien se passer. Et je serais très honorée d'être là.

Jamais elle n'aurait cru que sa fille cadette lui ferait un jour confiance à ce point. Que demander de plus ? Maribelle avait eu raison : tout finissait par s'arranger.

— Je viendrai aussi te voir avant, précisa-t-elle. Il y a un château en Provence que j'aimerais visiter au printemps pour nos prochaines vacances d'été. On va avoir besoin de place, cette année, avec tous ces nouveaux visages.

Olivia espérait qu'Andrew serait de la partie. Taylor remplacerait Amanda, et Cass se joindrait enfin à eux, avec Danny, le bébé et une nourrice.

— Et moi, j'ai bien l'intention de passer à New York encore quelques fois avant d'accoucher, répondit Cass.

Enthousiasmées par leurs projets, elles allèrent retrouver le reste du groupe. Cass était rassurée à l'idée que sa mère soit présente le jour de la naissance. Mais plus encore que l'accouchement en lui-même, elle redoutait de ne pas être à la hauteur de son rôle de maman.

Lorsque Peter appela Olivia pour lui souhaiter un heureux Thanksgiving, elle lui décrivit les nouveaux venus dans la famille – et parmi eux, l'exubérant et original Danny Hell, qui n'était au fond qu'un adorable gamin. Elle comprenait pourquoi sa fille était tombée amoureuse de lui, même si elle avait du mal à l'imaginer papa. Cass savait qu'elle serait obligée d'être adulte pour deux, ce qui ne manquait pas de l'angoisser encore plus.

— J'aimerais venir te voir lundi, annonça-t-il d'un ton officiel à la fin de la conversation.

— Il y a un problème ? s'inquiéta Olivia.

— Non, j'ai juste envie de passer une soirée tranquille avec toi une fois que tout le monde sera parti. Tu me manques.

— Toi aussi.

Peter était toujours l'homme invisible dans ces rassemblements familiaux : présent en permanence dans l'esprit d'Olivia, mais jamais là en chair et en os.

— A lundi, alors, conclut-il, avant de raccrocher.

Lorsque Olivia retourna au salon, Danny et Andrew étaient en train de chanter une chanson en dialecte cockney, qu'elle soupçonna d'être extrêmement grivoise. C'était amusant de voir l'aristocrate et le jeune Londonien bras dessus bras dessous, et tous les autres qui riaient avec eux. Comme elle regrettait que sa mère ne soit pas là pour assister à ce spectacle !

La fin du week-end arriva à la vitesse de l'éclair. On s'accorda à dire que cette fête de Thanksgiving avait été une réussite, et les nouveaux venus n'y étaient pas pour rien. Tout le monde était heureux pour Phillip et trouvait Taylor adorable. Danny et Andrew avaient eu un franc succès, auprès des plus jeunes comme des plus vieux. Pour sa part, Andrew avait été ravi de rencontrer enfin Carole, avec qui il avait discuté pendant deux bonnes heures du monde du cinéma, qu'elle apprenait chaque jour à connaître un peu mieux.

Quand ses enfants et petits-enfants repartirent, Olivia resta sur le seuil pour leur faire signe de la main, plus excitée que jamais à l'idée de leurs prochaines vacances d'été et du bébé qui naîtrait six semaines avant – s'il n'arrivait pas plus tôt. Malheureusement, elle ne les verrait pas à Noël : Liz, Andrew, John et Sarah avaient décidé de louer une maison à Stowe, où Alex et Sophie les rejoindraient ; Carole voulait rester en Californie avec son père, et Phillip emmènerait Taylor à Saint-Barthélemy. Quant à Cass et Danny, ils passeraient Noël tranquillement en Angleterre.

— Alors, tu as trouvé ça comment ? demanda Phillip à Taylor sur le chemin du retour.

— Génial. Tu as une famille incroyable, répondit-elle sincèrement.

— Un peu folle, peut-être, mais on arrive quand même à bien s'entendre. Et maintenant que Cass est revenue, ma mère semble vraiment heureuse.

Phillip regrettait que sa grand-mère n'ait pas vécu assez longtemps pour assister au retour de sa petite-fille cadette. Mais sans sa mort – et sans le bébé que Cass allait avoir avec Danny Hell –, ces retrouvailles n'auraient peut-être jamais eu lieu.

— J'aime bien son copain, confia-t-il.

— C'est vrai qu'il est sympa. Andrew aussi. Ta sœur m'a paru très amoureuse.

— Je crois que, cette fois-ci, elle a enfin trouvé le bon.

Il se tourna alors vers Taylor, le regard empli de reconnaissance.

— Et moi, j'ai trouvé la femme de ma vie, ajouta-t-il en se penchant pour l'embrasser.

24

Comme convenu, Peter arriva le lundi soir, peu après qu'Olivia fut rentrée du travail. Sa mine sombre l'alarma aussitôt. Au téléphone, elle l'avait déjà senti préoccupé, mais il avait éludé la question. Olivia redouta soudain qu'il soit malade.

— Peter, est-ce que ça va ? s'enquit-elle.

— Bien, répondit-il en souriant. Très bien, même.

— Tu as l'air si sérieux !

Il lui prit la main.

— Il est arrivé quelque chose d'inattendu ce week-end, mais je ne voulais pas t'en parler au téléphone.

— Un problème ?

— Pas du tout. Emily a enfin décidé de se faire soigner ! Je crois que les enfants ont réussi à la convaincre. Ce serait formidable si elle pouvait arrêter de boire, parce que ça lui a gâché la vie, et la nôtre par la même occasion. On en a discuté quand les enfants sont repartis après Thanksgiving, et elle semble déterminée : elle a déjà choisi l'endroit. C'est un établissement qui a un très bon taux de réussite, et elle est prête à y rester le temps qu'il faudra.

— Je suis heureuse pour elle, commenta Olivia doucement.

Elle savait combien la dépendance de sa femme avait fait souffrir Peter. Intérieurement, elle se demandait néanmoins ce que ce changement signifierait pour eux. Si Emily parvenait à se soigner, peut-être déciderait-il de mettre un terme à leur aventure. Dans ce cas, elle n'aurait pas son mot à dire. Après tout, Peter était un homme marié, elle n'avait rien à exiger de lui.

— En fait, continua-t-il, elle a envie de prendre un nouveau départ. Elle est convaincue que son alcoolisme est dû en partie à l'échec de notre mariage, et je suis d'accord avec elle. Bien sûr, elle est malade, mais c'est vrai qu'on n'a jamais été heureux ensemble. On n'est pas faits l'un pour l'autre. Maintenant, elle veut arrêter les frais, et elle demande le divorce. J'ai accepté, évidemment. Je crois que c'est le mieux à faire pour elle comme pour moi.

— Bigre ! s'exclama Olivia, stupéfaite. Ça, c'est une surprise. Tu penses qu'elle est sérieuse ?

— Absolument. Elle a contacté un avocat. Et comme on est tout à fait d'accord sur le divorce et le partage des biens, ça risque d'aller très vite. Ce qui veut dire, ajouta-t-il en plongeant son regard dans celui d'Olivia, que je serai bientôt un homme libre.

Avant qu'elle ait pu le retenir, il posa un genou à terre.

— Peter, qu'est-ce que tu fais ?

— Je te demande en mariage, répondit-il, les yeux emplis d'amour.

Elle avait déjà vécu cette scène quarante-sept ans plus tôt, avec Joe. Pour la deuxième fois dans sa vie, un honnête homme souhaitait l'épouser.

— Veux-tu être ma femme, Olivia ? J'en serais profondément honoré, et je m'efforcerais de te rendre heureuse chaque jour qu'il me reste à vivre.

— Je n'en doute pas, murmura-t-elle, la gorge nouée. Mais j'ai soixante-dix ans, Peter. Je suis trop vieille pour me marier.

— Comme le disent fort justement les Français, l'amour n'a pas d'âge, répliqua-t-il. Olivia, veux-tu m'épouser ?

Elle se cacha le visage dans les mains avant de réussir à le regarder en face.

— Je t'aime de tout mon cœur, mais je ne peux pas. Je n'ai jamais songé à me remarier. Je ne pensais pas que tu divorcerais.

— Moi non plus. Sauf qu'aujourd'hui Emily me fait un immense cadeau. On ne s'aime pas, elle le sait autant que moi. Et avec l'espoir de soigner sa dépendance, elle veut être aussi libre que je veux l'être. Toi et moi, c'est différent. Je suis certain qu'on serait heureux, tous les deux.

— Je le pense aussi, mais pourquoi se marier ? On peut continuer à se voir comme on l'a fait jusque-là. Passer une nuit ensemble de temps en temps.

Peter s'était relevé et assis dans un fauteuil. Après toutes ces années à s'aimer en secret, il s'était attendu à ce qu'elle se jette à son cou. Olivia, de son côté, se demandait si sa mère avait ressenti la même chose quand la femme d'Ansel était morte. Sans doute pas, puisque lui et Maribelle s'étaient fiancés... Elle, elle n'en avait pas envie. Elle avait beau aimer Peter, leur situation actuelle lui convenait tout à fait, sans compter qu'elle aurait eu l'impression de trahir Joe en épousant un autre homme.

— Tu te sens trop vieille pour te marier, mais moi je suis trop vieux pour flirter, dit Peter avec un petit rire sans joie. J'ai envie d'être chez moi, dans mon lit, avec la femme que j'aime. C'est peut-être excitant de fréquenter quelqu'un sans vivre avec, mais ce n'est pas mon truc. Ça ne l'a jamais été.

Olivia ne voyait pas les choses de cette façon. A ses yeux, épouser Peter serait une bêtise. Allait-il chercher une autre femme ? L'idée la peinait, mais pas assez pour la faire changer d'avis.

— Qu'est-ce qu'on fait, alors ? demanda-t-elle tristement.

— J'imagine qu'on continue comme ça. Je n'ai pas l'intention de te perdre, ni d'aller voir ailleurs. En revanche, sache que je ne considère pas notre relation comme un simple flirt : tu es la femme que j'aime. Je vais chercher un appartement en ville. Emily pense qu'on devrait vendre le nôtre, et je crois qu'elle a raison – c'est un lieu déprimant, qui a connu beaucoup trop de moments tristes. Je trouverai quelque chose de petit, juste pour moi, où tu pourras me rejoindre quand bon te semblera. Et je viendrai ici quand tu voudras bien de moi.

— Peter, je ne te mérite pas ! s'exclama Olivia, rayonnante. Je t'aime, tu sais, c'est juste que je n'ai pas envie de me marier. Mais si je devais épouser quelqu'un, ce serait toi, je te le promets.

Il la croyait, et caressait même l'espoir qu'elle finirait par changer d'avis.

De toute façon, son divorce allait transformer leurs vies de façon spectaculaire. Tout deviendrait tellement plus simple ! Ils pourraient s'afficher en public, voyager et même passer des vacances ensemble. Ce soir-là, ils firent l'amour, pour célébrer non pas leurs fiançailles comme il l'aurait souhaité, mais leur toute nouvelle liberté.

Tout en lui caressant le visage, Olivia tenta de comprendre pourquoi elle refusait d'épouser un homme qu'elle aimait.

— Peut-être que je préfère vivre dans le péché, avança-
t-elle.

Il se mit à rire et l'attira contre lui.

— Tu es une femme diabolique, Olivia Grayson.

— Ça doit être ça, gloussa-t-elle malicieusement, se
sentant plus jeune après leurs tendres ébats.

Elle se demanda soudain si Maribelle aurait approuvé
sa décision. Une chose était certaine, le monde était
sens dessus dessous. Son fils aîné s'apprêtait à divorcer
et à se remarier (ce dont elle se félicitait), Liz « pensait »
avoir un petit copain mais n'en était pas sûre, Cass
allait avoir un bébé hors mariage avec une rock star,
son petit-fils était homosexuel, et elle-même venait de
refuser la main d'un homme qu'elle aimait pourtant
depuis dix ans...

25

Comme les enfants et petits-enfants d'Olivia avaient d'autres projets pour Noël et que ceux de Peter passaient les fêtes dans leurs belles-familles, ils décidèrent de réveillonner tous les deux à Bedford. Cela ne leur était jamais arrivé, et Olivia attendait ce moment avec impatience – elle pensait en outre que cela l'aiderait à mieux supporter l'absence de sa mère. Tous les jours, elle tendait la main vers le téléphone pour l'appeler, avant de se souvenir que Maribelle n'était plus là. Sa sagesse, son amour, ainsi que ses manières douces et enjouées lui manquaient cruellement. Elle chérirait son souvenir jusqu'à la fin de sa vie.

Peter lui aussi se réjouissait à l'idée de célébrer Noël et la Saint-Sylvestre avec Olivia, après avoir connu, année après année, des fêtes déprimantes en compagnie de sa femme alcoolique. Le divorce était en cours, et Emily avait entamé sa cure de désintoxication.

Olivia avait déjà acheté tous ses cadeaux. Elle prévoyait de les offrir à ses enfants lors d'un dîner de Noël anticipé, avant qu'ils ne partent pour leurs destinations respectives. Cette fois-ci, Peter serait invité.

La première semaine de décembre, elle passa sa mammographie annuelle. Elle redoutait toujours cet examen, consciente qu'à son âge, la foudre pouvait frapper à tout moment – c'était la roulette russe de la vie.

L'examen se déroula sans anicroche. La procédure n'était certes pas agréable, mais pas non plus insupportable. Tout en se rhabillant, Olivia se morigénait de se faire chaque fois autant de bile pour rien, quand la manipulatrice réapparut.

— Pourriez-vous venir voir le radiologue quelques instants, madame Grayson ? lui demanda-t-elle, tenant encore à la main le dossier d'Olivia.

— Il y a un problème ? s'enquit celle-ci, tandis qu'un frisson lui parcourait la colonne vertébrale.

L'assistante ne répondit pas à sa question, se contentant de réitérer sa demande avec un sourire. Olivia sentit son sang se glacer dans ses veines. C'en était trop. Elle avait déjà perdu sa mère, et voilà que sa santé… Elle s'était toujours crue immunisée contre la maladie, tout cela parce que Maribelle était restée en pleine forme toute sa vie. Aujourd'hui, ses certitudes volaient en éclats.

Elle se présenta tout habillée dans le bureau du médecin, portant ses vêtements comme une armure alors qu'en vérité, elle était vulnérable et terrorisée. Sur un tableau lumineux fixé au mur, le praticien avait placé plusieurs clichés de son sein gauche vu de face et de profil. Olivia n'y vit qu'un amas de gris, mais il lui montra un point un peu plus sombre.

— Cette tache ne me plaît pas, annonça-t-il, les sourcils froncés. Ça pourrait être le début d'une petite masse. Il faut faire une biopsie.

— Maintenant ? s'étrangla Olivia.

Elle aurait voulu crier, ou s'enfuir de la pièce en courant, mais ses jambes avaient soudain la consistance de la gelée. Malgré sa panique, elle s'efforça de garder son calme.

— Vous pouvez revenir demain, si vous voulez. Mais il ne faut pas trop tarder.

— Vous pensez que c'est un cancer ? lâcha-t-elle.

— Ça peut être une petite lésion maligne.

— Qu'est-ce qui se passe si c'est le cas ?

— Ça dépendra de ce qu'on trouve. Quand c'est pris assez tôt, une ablation de la tumeur, sans autre traitement, suffit parfois. Si vous en êtes à un stade plus avancé, on envisagera une chimiothérapie, une radiothérapie, ou une hormonothérapie. Mais comme il n'y a pas d'antécédents de cancers du sein dans votre famille, la tumorectomie devrait marcher, avec un peu de chance.

— Vous êtes sûr que c'est un cancer ?

Pour une femme qui dirigeait un empire, Olivia se sentait subitement toute petite et impuissante.

— Non, c'est pour ça qu'il faut faire une biopsie, répondit-il d'une voix ferme. Demain, cela vous irait ?

Plutôt jamais, faillit-elle répondre, mais elle devait se montrer responsable. Bien qu'elle fût terrifiée à l'idée d'affronter seule cette épreuve, elle n'avait pas envie d'inquiéter ses enfants. Quant à Peter, elle venait tout juste de refuser sa demande en mariage ; elle n'avait pas le droit de lui infliger la menace d'un cancer alors qu'elle ne voulait pas être sa femme. C'était son problème, pas le sien. Elle accepta de revenir le lendemain pour la biopsie, puis quitta le bureau du radiologue dans un état second. La technicienne l'attendait dehors avec son sourire radieux.

— Tout va bien se passer, lui assura-t-elle.

Facile à dire, quand ce n'est pas votre sein, songea Olivia. La jeune femme lui expliqua qu'ils pratiqueraient une petite incision sous anesthésie locale et qu'ils analyseraient ensuite l'échantillon prélevé. Si nécessaire, ils l'opéreraient alors pour retirer la tumeur. Simple comme bonjour... mais non moins terrifiant.

Lorsqu'elle retourna au bureau, Olivia avait l'impression d'avoir reçu un coup sur la tête.

— Tout va bien ? lui demanda Margaret, qui la trouvait un peu pâle.

— Très bien, répondit-elle avec un sourire forcé.

Elle avait décidé en chemin de n'en parler à personne et de se débrouiller seule si l'opération s'avérait nécessaire. Ses enfants étaient déjà assez bouleversés par la mort de leur grand-mère, et elle refusait de profiter de l'homme qu'elle ne voulait pas épouser.

Elle passa la nuit à se ronger les sangs. Et quand arriva l'heure de la biopsie, celle-ci se révéla moins anodine que ce qu'on avait bien voulu lui faire croire. L'anesthésie ayant mal fonctionné, l'intervention fut douloureuse. L'incision s'avéra plus grande qu'Olivia ne s'y attendait : selon les médecins, il fallait prélever un échantillon suffisamment important pour être sûr de ne rien rater. Après la biopsie, elle souffrait tellement qu'elle passa le reste de la journée au lit. Quand Peter l'appela pour lui demander s'il pouvait venir ce soir-là, elle prétendit qu'elle avait une gastro et qu'elle ne voulait pas le contaminer. Jamais elle ne s'était sentie aussi seule. Elle reçut ensuite un coup de fil de Liz qui, tout excitée, lui parla en long et en large d'Andrew et de son livre ; Olivia avait l'impression de l'écouter depuis une autre planète. Son esprit était entièrement accaparé par la conscience aiguë de sa propre mortalité, plus encore qu'après le décès de sa mère. Elle était persuadée d'avoir bel et bien un cancer. Et si elle mourait ? Ses enfants seraient anéantis. Et pourtant, il fallait bien qu'elle meure un jour... Peut-être avait-elle fait le mauvais choix en ne prévenant pas Peter ? Elle faillit lui téléphoner pour lui demander de venir, avant de se raviser : elle ne voulait pas que la peur ou le besoin motivent son appel ; il fallait qu'elle soit forte. Dans cinq à sept jours, on la rappellerait pour lui donner les résultats de la biopsie.

Le lendemain, Olivia retourna au bureau ; ce fut la semaine la plus longue de sa vie. Le week-end venu, elle évita Peter en prétextant qu'elle était toujours malade et resta chez elle, seule avec son angoisse. Le jeudi suivant, le médecin l'appela pour lui annoncer une « bonne nouvelle » – un choix de mots qui lui parut pour le moins contestable : il s'agissait d'un cancer, mais à un stade précoce, et s'il n'y avait pas d'atteinte ganglionnaire, si la tumeur était encore bien délimitée, ils pourraient la retirer en pratiquant une simple incision. Il lui conseillait de faire l'opération au plus vite. Une semaine après, ils recevraient les résultats et seraient en mesure de dire si elle avait besoin d'une chimiothérapie ou d'une radiothérapie, ou si elle pourrait s'en passer. Olivia ne voyait vraiment pas ce qu'il y avait de bon dans tout ça. Joyeux Noël, songea-t-elle.

Elle prit rendez-vous pour le jeudi, de telle sorte qu'elle puisse récupérer de l'opération pendant le weekend. Son dîner de Noël avec les enfants était prévu dix jours plus tard, le lundi. Le médecin lui assura qu'elle aurait le temps de se remettre d'ici là.

Pour couronner le tout, Peter vint la voir dans son bureau : grisé par sa toute récente liberté, il espérait bien passer le week-end avec elle.

— Je ne peux pas, j'ai du travail, répondit-elle sèchement sans relever la tête.

Elle redoutait, en le regardant en face, qu'il devine la terreur qui la rongeait. Lorsqu'elle croisa enfin son regard, elle comprit qu'il était blessé.

— Tu m'en veux ? lui demanda-t-il d'une voix douce.

— Non, bien sûr que non.

Elle se força à sourire.

— Excuse-moi, j'étais distraite. J'ai du mal à me débarrasser de cette gastro, et j'ai une tonne de travail à faire ce week-end. Je dois étudier les rapports des ventes de fin d'année.

— Tu es sûre ?

— Certaine. Je te promets qu'on se verra le week-end prochain. Désolée d'être aussi rabat-joie.

Cela faisait plus d'une semaine qu'elle l'évitait. Peter n'avait pas l'air suspicieux, seulement vexé.

— Je pourrais quand même venir et bouquiner pendant que tu travailles, suggéra-t-il avec espoir.

— J'aurais trop mauvaise conscience.

Elle se sentait monstrueuse. Hors de question néanmoins qu'il la voie faible et souffrante, ni qu'il apprenne qu'elle avait un cancer, aussi « précoce » fût-il. C'était son secret. Pour Peter, elle devait être forte, la quintessence de la femme indépendante qu'elle croyait être avant la biopsie. Il repartit la mine attristée.

Les jours qui précédèrent l'opération lui parurent interminables, et la dernière nuit fut un véritable cauchemar. Peter l'appela, mais elle laissa sonner le téléphone. Elle avait peur de craquer et de le supplier de l'accompagner à l'hôpital.

Olivia se présenta à l'accueil à six heures du matin, comme on le lui avait demandé. On lui fit des analyses, on lui installa une perfusion, et à sept heures et demie elle fut transportée en salle d'opération dans un état de panique qu'elle n'avait jamais connu auparavant. Quelques minutes plus tard, elle était endormie.

A son réveil, elle se sentit vaseuse, et son sein lui faisait horriblement mal. Elle reçut une piqûre contre la douleur, puis le chirurgien vint lui expliquer que tout s'était très bien passé. La tumeur était petite et circonscrite, et si le compte-rendu anatomo-pathologique révélait que ses ganglions lymphatiques étaient indemnes, elle n'aurait pas besoin de suivre un traitement. Il lui suffirait de faire une mammographie de contrôle tous les six mois pour vérifier que le cancer ne récidivait pas.

Le chirurgien lui annonça ensuite qu'elle ne pourrait pas se servir de son bras gauche pendant les deux semaines à venir – il avait oublié de le lui préciser avant l'opération. Par chance, elle était droitière... Olivia resta à l'hôpital toute la journée, hébétée par la douleur et les médicaments, jusqu'à ce qu'on la renvoie chez elle. Elle s'était arrangée pour qu'une voiture avec chauffeur la reconduise à Bedford, et c'est dans une maison déserte qu'elle arriva à dix-huit heures.

Peter l'appela à la minute où elle poussa la porte. La tête lui tournait tellement qu'elle fut obligée de s'asseoir. Peut-être était-ce stupide de rester seule après une intervention ? Quoi qu'il en soit, elle comptait se coucher directement : non seulement elle n'avait pas faim, mais les médicaments lui donnaient la nausée, son sein lui faisait mal et elle avait la migraine.

— Où étais-tu ? lui demanda Peter d'un ton inquiet. J'ai essayé de t'appeler toute la journée. Margaret m'a dit que tu n'étais pas venue travailler.

— C'est encore cette satanée gastro. Je me sens vraiment mal fichue.

— Mon Dieu, c'est vrai que tu as une sale voix ! Je vais venir m'occuper de toi.

— Non, surtout pas ! Tu vas attraper mes microbes, et je t'assure que ce n'est pas une partie de plaisir.

— Pourquoi ai-je l'impression que tu m'as évité toute la semaine ?

— Parce que tu es paranoïaque. Je t'aime, Peter.

En réalité, cela faisait presque quinze jours qu'on lui avait découvert une opacité sur sa mammographie. Elle n'avait pas revu Peter depuis, en dehors du travail.

— Je t'aime aussi. J'ai envie de te voir, insista-t-il.

— Je te promets que ça ira mieux dans quelques jours. Tu viendras pour le dîner de Noël avec les enfants.

— J'espère bien te revoir avant ! s'indigna-t-il. Si tu veux, je passerai dans la semaine.

Olivia voulait laisser le temps à l'incision de cicatriser et préférait attendre d'avoir reçu le compte-rendu du pathologiste avant d'affronter Peter. Mais elle n'eut pas le cœur de lui dire non, cela n'aurait fait qu'accroître ses soupçons. En revanche, comment allait-elle lui expliquer la présence du pansement, qu'elle porterait encore lorsqu'ils se reverraient ? Sans compter que, selon le chirurgien, son sein resterait douloureux pendant plusieurs semaines, et un petit creux serait visible à l'endroit où ils avaient retiré la tumeur. Tôt ou tard, elle serait obligée de trouver quelque chose à lui dire, quitte à minimiser la gravité du problème. Mais pas maintenant, alors qu'elle se sentait si mal, si faible. Elle n'avait pas envie de lui dévoiler, ni à personne d'autre, son côté humain et fragile. C'était sa force qu'elle avait l'habitude de montrer au monde.

— Appelle-moi si tu veux que je passe pendant le week-end, conclut-il d'une voix pleine d'espoir.

Lorsqu'ils eurent raccroché, Olivia se traîna jusque sous la couette, avala un antidouleur et sombra dans le sommeil.

Ce fut un long week-end solitaire. Tandis qu'elle souffrait dans son lit, Olivia eut tout le temps de faire son examen de conscience. Elle avait rempli tous ses objectifs dans la vie : créé une entreprise prospère qu'elle transmettrait à ses enfants, assuré leur sécurité, et vécu suffisamment longtemps pour connaître ses petits-enfants – elle assisterait même à la naissance du bébé de Cass en juin. Elle avait élevé ses fils et ses filles du mieux qu'elle pouvait, et aimé deux hommes merveilleux. Mais brusquement, cela ne lui semblait plus suffisant. Elle n'avait pas pris le temps de jouer, de se détendre, de se divertir. Son travail l'avait tellement accaparée qu'il avait supplanté tout le reste pendant la majeure partie de sa vie d'adulte, sinon la totalité. Dire qu'elle ne partait que deux semaines en vacances chaque année ! Elle ressentit soudain le besoin de lever le pied – pas complètement, mais suffisamment pour prendre du bon temps et profiter de Peter, qui comptait plus pour elle qu'elle n'avait bien voulu l'admettre. Sans parler de se marier, ils pourraient se voir plus. Ces deux jours de solitude lui avaient ouvert les yeux : elle ne voulait pas mourir seule dans une maison déserte et silencieuse.

A la fin du week-end, elle téléphona à Peter. Elle venait de traverser des moments éprouvants, qui lui avaient permis de comprendre qu'elle ne vivrait pas éternellement. Même si elle n'avait pas cent ans devant elle, elle avait toutefois l'intention de faire bon usage – meilleur usage – du temps qu'il lui restait à vivre. Ralentir un peu, s'amuser, et savourer l'amour de l'homme qui l'aimait.

— Tu me manques, lui avoua-t-elle.

— Toi aussi, tu me manques, Olivia. Je me suis senti bien seul, sans toi, ce week-end.

— Pareil.

— Comment vas-tu ? s'enquit-il d'un ton préoccupé.

— Un peu mieux.

Elle n'avait pas encore décidé de ce qu'elle dirait à Peter le moment venu – l'entière vérité, ou seulement une partie ? Elle voulait également lui parler de la révélation qu'elle avait eue pendant le week-end, mais seulement quand elle irait mieux. Elle avait réussi à surmonter seule cette épreuve, sans être certaine pour autant d'avoir envie de recommencer. Elle avait compris qu'il n'y avait aucun mal à partager son fardeau avec quelqu'un, surtout si ce quelqu'un vous aimait. Après tout, elle-même aurait soutenu Peter s'il avait eu besoin d'elle.

En pensant à lui ce soir-là, elle regretta qu'il n'ait pas été là ces deux derniers jours, auprès d'elle, pendant qu'elle dormait. Si seulement elle lui avait permis de venir ! Une petite voix en elle lui soufflait toujours d'être forte, et elle lui avait obéi. Mais était-ce si important de se montrer courageuse en toutes circonstances, de ne jamais baisser la garde, de diriger son empire d'une main de fer ? Pour la première fois de sa vie, elle voulait seulement être une femme. C'était bien assez.

26

Toute la semaine, Olivia attendit dans l'angoisse le compte-rendu du pathologiste, qu'elle ne reçut que le vendredi. Les résultats se révélèrent aussi bons qu'elle pouvait l'espérer : marges saines, ganglions lymphatiques indemnes, cancer de stade 1, ce qui signifiait qu'elle n'avait pas besoin de traitement supplémentaire. Ce fut un immense soulagement. La seule inquiétude qui demeurait, c'était celle d'une rechute. Avec un peu de chance, elle serait épargnée.

Ce week-end-là, Peter fêtait l'anniversaire de sa fille à Boston. Olivia disposait donc d'un répit supplémentaire pour se reposer avant le dîner de Noël en famille, prévu le lundi soir.

— J'ai hâte d'être à demain, lui confia-t-elle, une des nombreuses fois où il l'appela pendant le week-end.

Peter avait prévu de rester dormir le lundi. Peut-être lui avouerait-elle la vérité à ce moment-là. C'était la première fois qu'il participait à un repas familial avec les enfants d'Olivia, ce qui marquait une étape importante dans leur relation. Après Thanksgiving, Olivia avait annoncé à Phillip que Peter divorçait. Son fils était heureux pour elle, et il s'était empressé de prévenir son frère et ses sœurs.

— Tâche d'être en forme demain, lui dit Peter avec un soupçon de romantisme dans la voix.

Olivia faillit grogner tout haut. Elle n'arrivait toujours pas à lever son bras gauche ! Mais finalement, elle prit le parti d'en rire. Peter avait peut-être raison lorsqu'il disait qu'ils étaient trop vieux pour flirter, surtout si le corps d'Olivia commençait à la trahir en tombant en ruine… Les réparations avaient été un peu rudes, ce coup-ci. Elle enviait sa mère d'avoir gardé la santé jusqu'à ses quatre-vingt-quinze ans. Même si d'autres étaient bien plus à plaindre, cet épisode lui avait fait peur et donné une bonne leçon d'humilité.

Le lundi soir, l'ambiance était à la fête : la maison embaumait les fleurs, la table avait été magnifiquement dressée et le sapin de Noël décoré. Olivia, qui se sentait en meilleure forme, portait un pantalon de tailleur noir, un chemisier blanc en soie, et une veste de satin rouge. Taylor ressemblait à une jeune fille avec sa jolie robe en laine blanche, ses jambes de pouliche et ses longs cheveux bruns qui retombaient en cascades dans son dos. Sarah avait dégoté, dans un magasin de vêtements rétro, une étrange création en macramé dont elle était très fière. Liz était ravissante, et Andrew tout à fait fringant et raffiné dans son costume sombre. Avant le dîner, Olivia leur offrit à chacun une pile de cadeaux qu'elle avait soigneusement choisis, et qu'ils ouvriraient à Noël – elle ferait la même chose avec les leurs de son côté. En la voyant se servir uniquement de son bras droit, Peter lui lança un regard interrogateur. Les enfants, eux, n'avaient visiblement rien remarqué.

— Tu as mal au bras ? s'enquit-il.

— Non, ça va.

Olivia ne mentait qu'à moitié : elle allait réellement mieux. Autour de la table, tout le monde semblait de bonne humeur. Taylor trépignait d'impatience à l'idée de partir à Saint-Barthélemy avec Phillip, et les autres se réjouissaient de passer des vacances ensemble à Stowe. Liz avait prévenu Andrew qu'elle skiait très mal, mais cela tombait plutôt bien – lui-même préférait les activités après-ski aux pentes enneigées. En revanche, Alex comptait participer à quelques courses, étant de son côté un skieur confirmé. Quant à John, il prévoyait de peindre pendant que Sarah dévalerait les pistes.

Le repas, délicieux, s'acheva par le pudding traditionnel, servi avec son beurre de cognac. Olivia repensa à l'époque où Maribelle cuisinait la dinde, quand les enfants étaient petits... Depuis quelques années, Olivia la prenait chez un traiteur qui la réussissait à la perfection.

Dès que les enfants furent repartis, les bras chargés de cadeaux, Olivia se laissa choir dans un fauteuil, fatiguée. Peter l'enlaça et suggéra d'aller se coucher. L'heure de vérité avait sonné. Elle ne pouvait plus le fuir ; bientôt, il découvrirait son pansement.

Elle le rejoignit au lit en robe de chambre et s'allongea en soupirant. Comme Peter la couvait d'un regard langoureux, elle lui prit la main d'un air sérieux.

— J'ai quelque chose à te dire.

— Tu es enceinte ? Ce n'est pas un problème, je t'épouse tout de suite.

Olivia éclata de rire.

— Non, ce n'est pas tout à fait ça. Tu sais, j'en ai bavé, ces derniers temps.

— C'est ce qui m'a semblé. Tu m'as caché quelque chose ?

— Quand j'ai passé ma mammographie annuelle, on m'a trouvé une petite masse. Une tumeur maligne, un cancer de stade 1. Je ne t'en ai pas parlé parce que je ne voulais pas t'inquiéter. Toujours est-il que j'ai été opérée vendredi dernier et que je devrais être sortie d'affaire, puisqu'ils pensent avoir tout enlevé. Mais pour être honnête, je ne faisais pas la fière cette semaine. Non seulement j'ai eu peur, mais ça m'a aussi ouvert les yeux : même si je ne suis pas encore prête à partir à la retraite – j'espère ne jamais l'être –, j'ai envie de ralentir un peu, de prendre le temps de vivre, comme on dit. J'ai aussi réfléchi à autre chose. Que dirais-tu qu'on essaie de vivre ensemble ? Tu pourrais venir t'installer ici.

Peter sembla tomber des nues et ne put retenir sa colère.

— Pourquoi tu ne m'as rien dit pour ton cancer ? Bon sang, je savais qu'il se passait quelque chose, tu ne répondais même pas au téléphone ! Tu crois que je suis quoi, franchement, un compagnon des beaux jours ? Je t'aime. J'ai envie d'être avec toi quand ça va bien *et* quand ça va mal. Je ne veux pas que tu affrontes ce genre d'épreuves toute seule. Personne ne te demande d'être aussi courageuse, Olivia ; tu as le droit d'avoir des faiblesses. Je te préviens, je serai très, très en colère contre toi si tu me refais un coup comme ça.

— Je regrette de ne pas t'avoir prévenu, Peter, lui assura-t-elle. Mais je ne me sentais vraiment pas bien. J'avais peur. Ç'a été un tel choc au début que je n'ai pas su quoi faire, et après, j'ai continué sur ma lancée. Je te promets de ne plus jamais recommencer. Qu'est-ce que tu penses de mon idée de vivre ensemble ?

Peter se pencha pour l'embrasser.

— Je suis bien obligé d'accepter, sinon je ne saurai jamais ce que tu mijotes. Je ne te fais pas confiance.

Quand je pense que tu as vécu tout ça sans m'en parler !

— Je sais. C'était idiot.

— Et comment ! Alors comme ça, tu veux vivre avec moi, mais pas te marier. Je suppose que ce n'est pas une obligation en effet – je pensais juste que ce serait mieux. Je dois être vieux jeu, en fait. Mais si tu préfères qu'on vive comme un couple de libertins, et si tes enfants n'y trouvent rien à redire, alors ça me va. Où dois-je signer ? demanda-t-il en souriant.

Alors qu'il l'embrassait, il se redressa, soudain inquiet.

— Ton bras te fait mal ?

— Je ne pourrai pas m'en servir pendant quelques semaines.

Elle ouvrit alors sa robe de chambre pour lui montrer le pansement, plus gros qu'il ne s'y attendait.

— Mon pauvre bébé, murmura-t-il en l'attirant dans ses bras.

Quelques instants plus tard, ils éteignirent la lumière.

— Alors, quand est-ce que tu t'installes ici ? demanda-t-elle d'une voix de petite fille.

— Demain, ça t'irait ? Depuis le temps que j'attends ça ! Olivia, tu es une vraie terreur, mais je t'aime.

— Je t'aime aussi, murmura-t-elle en se pelotonnant contre lui.

Pour la première fois depuis des semaines, elle se sentait enfin en sécurité.

Les samedi et dimanche suivants, ils déménagèrent une partie des affaires de Peter. Les nouveaux meubles s'intégraient parfaitement dans la maison, comme si Peter y avait toujours habité. Leur vie ressemblait à présent aux week-ends en amoureux qu'ils passaient ensemble auparavant, en mieux. Peter aimait cuisiner, si bien que lorsque Olivia rentrait du travail, le repas était parfois déjà prêt. Ils furent invités à deux fêtes de Noël à New York et dînèrent avec les enfants de Peter, qui firent bon accueil à Olivia. Celle-ci avait prévenu les siens qu'ils avaient décidé de vivre ensemble ; personne n'avait émis la moindre objection. En revanche, elle ne leur avait pas parlé de son opération, et n'avait pas l'intention de le faire.

Liz aussi avait du nouveau de son côté :

— Andrew emménage chez moi à notre retour de Stowe, annonça-t-elle à sa mère au téléphone.

Même s'ils ne se fréquentaient que depuis quatre mois, ils étaient sûrs de leur couple. Selon Andrew, Liz avait besoin d'un homme à tout faire à domicile, ce qu'elle admettait volontiers.

— Je suis heureuse pour toi, ma chérie, répondit Olivia.

— Et moi, je me dis que Peter aura une bonne influence sur toi, répliqua Liz pensivement. Peut-être qu'il te fera lever le pied.

— J'y ai déjà songé. J'ai envie de m'amuser un peu, de ne plus consacrer *tout* mon temps à l'Usine.

— Tu le mérites amplement.

Olivia travaillait d'arrache-pied depuis ses dix-huit ans.

— En mars ou en avril, on ira en Provence chercher un lieu de vacances pour cet été. Et j'aimerais voir Cassie avant la naissance du bébé. Elle m'a dit qu'elle commençait à s'arrondir.

— J'en doute, objecta Liz. C'est une vraie brindille. Ça va être rigolo de la voir enceinte.

— On est quand même sacrément modernes, dans cette famille, commenta Olivia. Toi et moi, on va vivre en union libre avec nos amoureux, et Cass va avoir un bébé sans être mariée au papa. Je ne l'aurais jamais cru. Tu penses épouser Andrew, un jour ?

— Qui sait ? C'est trop tôt pour se poser la question. Et toi et Peter ?

Liz était étonnée que sa mère ne soit pas attirée par la respectabilité du mariage, mais Olivia s'était habituée à son indépendance.

— Je ne vois pas l'utilité de se marier, répondit-elle. Je changerai peut-être d'avis un jour, mais, pour l'instant, ça me va très bien comme ça.

— C'est exactement ce que je ressens avec Andrew.

Le soir du 24 décembre, Olivia ouvrit les cadeaux de ses enfants. Ils avaient tous eu d'excellentes idées. Même Taylor avait fait un geste en lui offrant une jolie bougie parfumée. Quant à Alex, il lui avait acheté un médaillon dans lequel il avait inséré une photo de lui ; elle le mit aussitôt, avant de l'appeler pour le remercier.

Peter et Olivia s'échangèrent leurs cadeaux le matin de Noël. Elle lui avait choisi quelques pulls, sachant qu'il en avait besoin, ainsi qu'une montre Patek Philippe qu'il trouva magnifique. Olivia eut le souffle coupé en ouvrant son paquet : c'était une magnifique bague en saphir de chez Tiffany.

— Ce n'est pas une bague de fiançailles, s'empressa-t-il de préciser, tout en la lui passant au doigt. Juste une bague de concubinage, mais si jamais tu changes d'avis, je n'aurai qu'à prononcer une formule magique et elle se transformera aussitôt.

Tandis qu'il l'embrassait, elle songea à la bague qu'Ansel avait offerte à sa mère et que celle-ci avait portée jusqu'à sa mort. Elle se trouvait à présent dans la boîte à bijoux d'Olivia.

— Elle me plaît énormément, mon chéri. Je ne la quitterai jamais.

Toute la journée, elle admira sur sa main la magnifique pierre précieuse.

Olivia ne fut pas la seule à recevoir une bague ce matin-là. Celle de Taylor était toutefois bel et bien une bague de fiançailles. La jeune femme resta sans voix devant tant de beauté. Lorsque Phillip lui demanda sa main, elle accepta sans hésiter. Phillip appela sa mère pour lui annoncer la bonne nouvelle. Il espérait pouvoir épouser Taylor à Noël de l'année suivante, une fois son divorce avec Amanda prononcé. Olivia leur adressa toutes ses félicitations.

A Londres, Danny avait fait fabriquer pour le bébé une minuscule guitare électrique rouge, adorable, qui marchait réellement. Cass éclata de rire en la découvrant, et alla aussitôt l'accrocher dans la future chambre de leur enfant. Elle confia à Danny que c'était exactement le cadeau qu'elle voulait. Il était aux anges.

De l'Angleterre aux Etats-Unis en passant par Saint-Barthélemy, ce fut un Noël merveilleux pour chacun d'entre eux.

Cependant, au retour des vacances, John réservait une surprise à sa mère. Un choc dont elle se serait bien passée. S'il en discutait depuis des mois avec Sarah, il n'en avait parlé à personne d'autre, pas même à Phillip, car il voulait qu'Olivia fût la première au courant. Il se présenta dans son bureau, visiblement nerveux.

— Tout s'est bien passé à Stowe ? lui demanda-t-elle.

— C'était génial. Mais j'ai quelque chose à te dire, maman. Je vais démissionner.

John était navré de lui faire faux bond, mais il avait décidé de suivre sa voie, et celle-ci ne menait pas à l'Usine. L'Usine était le rêve d'Olivia, celui de Phillip et d'Alex, pas le sien. Il avait accepté d'y travailler pour faire plaisir à ses parents, et parce qu'on n'en attendait pas moins de lui ; aujourd'hui, ces raisons ne suffisaient plus. Il l'avait compris lors de ses récentes séances avec le psychologue. Alex lui avait montré l'exemple en s'assumant tel qu'il était. A présent, il devait en faire autant.

— Je veux peindre à plein temps, expliqua-t-il à sa mère.

Olivia resta silencieuse un long moment, puis elle acquiesça. Suivre son propre chemin, voilà une leçon que Maribelle lui avait apprise, parmi tant d'autres.

— Je respecte ton choix, John. Je ne veux que ton bonheur, lui assura-t-elle en souriant.

Il se leva pour la serrer dans ses bras, soulagé.

— Tu n'es pas en colère ?

— Pourquoi le serais-je ? Tu as travaillé ici dix-huit ans, tu as largement fait ta part. Si tu veux être un artiste, il faut écouter ton cœur. Laisse-moi juste le temps de te trouver un remplaçant, et tu seras libre.

— Bien sûr. J'ai déjà quelques idées.

— Tu en as parlé à Phillip ?

— Pas encore. Je voulais te le dire en premier. Seule Sarah est au courant.

— Merci, dit-elle avec gratitude. Merci pour tout ce que tu as fait.

Elle le raccompagna jusqu'à la porte, avant de revenir s'asseoir à son bureau. Les talents de John manqueraient à l'Usine, mais elle devait le laisser suivre sa vocation. Alors qu'elle regardait par la fenêtre, elle s'aperçut qu'il neigeait ; un épais tapis blanc recouvrait les trottoirs. Peut-être irait-elle se promener avec Peter cet après-midi. Désormais, elle voulait prendre le temps pour ces petits plaisirs tels que marcher dans la neige... Olivia se remit au travail le sourire aux lèvres, avec la certitude que sa mère aurait été fière d'elle.

27

En mars, Olivia et Peter firent le voyage en Europe dont elle parlait depuis des mois. Comme à son habitude, elle avait combiné travail et loisirs : ils passèrent ainsi deux jours dans leur magasin en banlieue de Paris, et un troisième dans celui de Bordeaux, avant de visiter le château qu'elle avait repéré en Provence. C'était un édifice remarquable par sa taille et sa beauté, incroyablement bien conservé. Les jardins avaient été dessinés par Le Nôtre, le jardinier de Versailles, et s'y mêlaient des tonnelles, des kilomètres de roseraies, ainsi qu'un labyrinthe. Après avoir servi de palais d'été à l'une des maîtresses de Louis XV, le monument avait miraculeusement échappé aux destructions de la Révolution et connaissait aujourd'hui une seconde vie grâce à son actuel propriétaire, qui l'avait entièrement rénové. Olivia prévoyait d'y séjourner un mois avec Peter ; les enfants les rejoindraient pour deux semaines, ou plus, selon leurs envies.

Après quelques nuits passées au château, ils s'accordèrent pour dire que toute la famille allait adorer le lieu. Olivia avait également invité le fils et la fille de Peter. Avec les vingt ou vingt-cinq chambres alignées le long des vastes couloirs, il y avait assez de place pour loger tout le monde.

Ils explorèrent les environs pendant le week-end, puis repartirent pour Londres, enchantés de leur choix. Cassie, enceinte de six mois, savait à présent qu'elle attendait un petit garçon. Au comble de l'excitation, Danny voulait que son groupe joue pendant la naissance du bébé, mais Cass avait mis son veto, en lui promettant néanmoins qu'ils pourraient faire un concert dès son retour de la maternité.

Olivia et sa fille passèrent deux jours ensemble à se balader et acheter de la layette et des meubles pour la chambre du petit. Danny avait fait fabriquer un piano miniature assorti à la guitare.

— Je me demande comment je vais réussir à le faire patienter jusqu'à la naissance, confia Cass à sa mère. Il est complètement électrisé, c'est le cas de le dire, surtout maintenant qu'il sait que c'est un garçon.

— Ce ne sera plus très long, fit remarquer Olivia. Plus que trois mois.

— J'ai tellement peur, maman. Je ne sais pas si je me sentirai prête un jour. Et si je fais quelque chose de travers ?

— Je suis sûre que tu t'en sortiras très bien, ma chérie.

Olivia tenta de la rassurer du mieux qu'elle put, lui rappelant qu'ils avaient la chance d'avoir déjà trouvé une nourrice. Et le château qu'elle avait visité en Provence était idéal pour leurs vacances de cet été. L'année précédente, le yacht avait eu un franc succès, mais il n'aurait pas été adapté pour un nourrisson de six semaines.

De l'autre côté de l'Atlantique, John formait son remplaçant afin de pouvoir partir en mai. Quant à Alex, il appela sa grand-mère pour lui annoncer, fou de joie, qu'il avait été pris à Stanford. Sophie, elle, avait commencé son stage au magasin de New York. Olivia pensait l'envoyer à Londres dans quelques mois. Et Cass avait proposé d'héberger sa nièce le temps qu'elle trouve un appartement.

Les trois mois suivants filèrent comme l'éclair. Avant de retourner à Londres pour attendre l'arrivée de son petit-fils – cette fois-ci, elle avait prévu d'y aller seule, et Peter la rejoindrait après la naissance –, Olivia passa sa mammographie de contrôle. Tout allait bien.

Lorsqu'elle retrouva sa fille, elle faillit éclater de rire. Jamais elle n'avait vu de femme enceinte avec un si gros ventre. C'était sans doute un effet d'optique lié au fait qu'elle était restée très mince de partout ailleurs. Quant à Danny, il trépignait d'impatience et parlait constamment au bébé, la bouche collée au ventre de sa belle. Parfois, il lui chantait des chansons ou lui jouait de la guitare, convaincu que son fils serait un musicien de génie. Ses pitreries semblaient amuser Cassie, et c'est une belle-mère aux anges qu'il emmena en virée dans sa Rolls Royce rouge vif pendant tout un après-midi.

La date prévue de l'accouchement était passée depuis deux jours quand Cass annonça calmement à Olivia qu'elle avait des contractions ; quelques instants plus tard, elle perdit les eaux, et ils partirent tous les trois pour la maternité. Danny lui fredonna des chansons pendant tout le trajet.

— Je t'adore, mais chut, s'il te plaît, souffla Cass entre deux contractions. Ça commence à faire vraiment mal.

Le jeune homme cessa aussitôt de chanter, se contentant de lui tenir la main.

— Tout va bien se passer, murmura-t-il.

Olivia, qui les observait en silence, constata que Danny savait se montrer adulte quand il le fallait. A l'hôpital, elle aida sa fille à s'asseoir dans un fauteuil roulant, et, pendant que la sage-femme examinait Cassie, Danny et elle passèrent au vestiaire pour enfiler une blouse.

— Vous savez que je suis fou amoureux de votre fille, Olivia ? dit-il très sérieusement, alors qu'il faisait le clown quelques instants plus tôt pour distraire Cassie.

— Oui, je le sais.

— Et j'aime déjà ce bébé. Je serais prêt à mourir pour eux, vraiment. Je tiens à votre fille plus qu'à la vie. Elle est fantastique : sans elle, je ne serais rien.

— Prenez soin l'un de l'autre, répondit Olivia d'une voix douce. C'est tout ce que vous avez à faire.

En prononçant ces mots, elle pensa à Joe et aux enfants qu'ils avaient eus ensemble, devenus aujourd'hui des personnes formidables.

— Je vous en donne ma parole, promit Danny d'un ton solennel.

Comme il l'embrassait sur la joue, elle ne put retenir un sourire.

— Je te crois, Danny. Maintenant, allons accueillir ton fils.

— Bien dit, belle-maman ! C'est parti.

Lorsqu'ils rejoignirent Cassie dans la salle de naissance, les contractions s'étaient intensifiées. La sage-femme lui avait annoncé que son col était ouvert à quatre centimètres. Pour un premier bébé, elle n'était pas encore au bout de ses peines.

Pendant huit heures, Danny lui massa le dos et la nuque, lui tint la main, lui chantonna des chansons, et sécha ses larmes. Ayant décidé dans un premier temps de se passer de péridurale, elle changea d'avis et supplia qu'on lui en fasse une, mais il était trop tard. La douleur était insupportable. Le moment était venu cependant de pousser ; Danny se plaça d'un côté pour la soutenir par les épaules, tandis qu'Olivia, de l'autre, l'encourageait.

— Je ne peux pas, maman, sanglotait Cassie. Je ne peux pas... Ça fait trop mal !

Totalement désemparé, Danny implorait Olivia du regard, mais elle ne pouvait rien faire à part tenir la main de sa fille. Après une minute de répit, Cassie recommença à pousser, redoublant d'efforts lorsque la sage-femme lui annonça qu'elle voyait les cheveux du bébé. Les larmes ruisselaient sur son visage – et sur celui de Danny. C'est alors que retentit un cri puissant, suivi d'un long vagissement. Un magnifique petit garçon venait de naître. Danny serra Cass dans ses bras en lui répétant qu'il l'aimait, tandis qu'elle regardait par-dessus son épaule avec étonnement, cherchant son fils du regard. Danny coupa le cordon et déposa le bébé dans ses bras. Lorsque Olivia – qui pleurait à chaudes larmes – put le tenir à son tour, elle eut l'impression de nager en plein bonheur et elle pensa à sa mère et à l'amour que celle-ci avait porté à ses petits-enfants.

— Cass, tu as été incroyable ! s'exclama Danny, tandis que leur fils commençait à téter.

Comme Olivia se penchait pour embrasser sa fille, celle-ci lui sourit.

— Merci d'avoir été là, maman. Je n'aurais pas pu y arriver sans toi et Danny.

Olivia sut à cet instant que sa fille lui avait pardonné ses péchés. C'était le plus beau jour de sa vie depuis la naissance de ses propres enfants.

— Comment on l'appelle, ce bonhomme ? demanda-t-elle.

Jamais elle n'aurait pensé qu'elle se sentirait aussi proche de Danny. A travers ce précieux bébé, qui dormait paisiblement dans les bras de sa mère, ils partageaient maintenant un lien unique.

— Harry, répondit-il. Harry Hell.

Cass opina, satisfaite.

— C'est parfait, murmura Olivia en souriant.

Un profond sentiment de paix l'envahissait. Peu importait qu'ils ne soient pas mariés. Ils s'aimaient et Danny avait beau être encore jeune, il avait prouvé qu'il pouvait être un homme. Et son fils l'aiderait à grandir.

— J'en veux quatre de plus, décréta-t-il.

Cass poussa un grognement.

— Ça pourra attendre un peu ?

— Je te laisse une semaine, et après je te remets en cloque, dit-il avec son plus bel accent cockney.

Tout le monde éclata de rire, même la sage-femme qui était en train de recoudre Cassie. Celle-ci était tellement heureuse avec son bébé dans les bras qu'elle ne sentait pas la douleur.

Olivia les laissa seuls un instant pour appeler Peter.

— C'est un beau bébé de quatre kilos cinq, annonça-t-elle fièrement.

— Comment va Cassie ?

— Je ne l'ai jamais vue aussi radieuse. Danny a été super.

— J'arrive demain. Je prends le premier avion.

— J'ai hâte que tu sois là ! répondit Olivia, tout excitée.

Assister à la naissance de son petit-fils avait été un miracle qu'elle n'était pas près d'oublier.

A son retour dans la salle de naissance, Cass et Danny rayonnaient de joie. La sage-femme s'était éclipsée.

— On va se marier, déclara Cass.

— Je viens juste de lui faire ma demande, précisa Danny.

— Eh bien, il était temps ! les taquina Olivia, ravie.

Elle prévoyait de rester une semaine, le temps que Cass prenne ses marques à la maison. Elle reviendrait ensuite en Europe un mois plus tard, pour les vacances en Provence.

— Maman, est-ce qu'on pourrait se marier au château, cet été ? lui demanda Cass. Comme ça, tout le monde serait réuni.

Olivia trouva l'idée excellente.

— Je m'occupe de tout, répondit-elle avec un grand sourire. Tu n'auras qu'à choisir le jour.

Elle venait d'assister à une naissance, et voilà qu'elle allait organiser un mariage... Quelle joie de faire à nouveau partie de la vie de Cass ! Jamais elles n'avaient été aussi proches l'une de l'autre.

Olivia resta encore une heure avec eux, puis on installa la jeune maman dans une chambre. Elle repartit alors à son hôtel, soucieuse de les laisser profiter de ces premiers moments à trois. La journée avait été longue pour elle aussi, mais toutes ces émotions l'empêchèrent de dormir. Sans compter qu'elle reçut un coup de fil de Liz, qui venait d'avoir Cass au téléphone. Olivia lui raconta tout en détail. Liz était très heureuse pour sa petite sœur, et très excitée à l'idée du mariage.

Peter arriva le lendemain soir vers six heures. Olivia était sur un petit nuage. Elle avait passé l'après-midi à bercer Harry, qui était un bébé adorable. Quant à Danny, fou de joie, il servait le champagne comme de l'eau.

A peine Peter entra-t-il dans la chambre qu'on lui annonça que Danny allait épouser Cass au château.

— C'est une bonne idée, répondit-il en les embrassant tous. C'est l'endroit rêvé pour un mariage.

Il s'assit et leva tendrement les yeux vers Olivia. Au fil des ans, ils avaient traversé de nombreuses épreuves ensemble, mais les événements s'étaient précipités ces six derniers mois pour Olivia – la réconciliation avec sa fille, la menace du cancer, la naissance de son petit-fils, le mariage de Cass au château... Peter se dit soudain qu'elle serait peut-être plus ouverte à l'idée de l'épouser. Il réfléchit quelques instants et se jeta à l'eau :

— Si on se mariait là-bas, nous aussi ? Cela ferait une double cérémonie...

Olivia resta silencieuse un moment. Puis un sourire se dessina sur ses lèvres

— Pourquoi pas, dit-elle enfin. Il faut que j'en parle au traiteur.

Peter se leva et l'attira dans ses bras.

— C'est comme tu veux, ma chérie. Je ne t'impose rien.

— Je vais y réfléchir.

Tandis qu'elle lui caressait le visage, le saphir qu'il lui avait offert étincela sur sa main. Ce n'était pas encore une bague de fiançailles, mais Peter espérait qu'elle le serait bientôt.

28

Ce fut une joyeuse pagaille. Cass et Danny arrivèrent les premiers au château, avec le bébé et la nourrice ; Olivia les installa dans deux chambres contiguës qui donnaient sur les magnifiques jardins, non loin de la suite qu'elle partageait avec Peter. Comme l'année précédente, Phillip, John et Sarah avaient pris le même avion au départ de New York, accompagnés cette fois-ci de Taylor. Alex et Sophie avaient fait le trajet ensemble, tandis que Carole était venue seule de Californie. Liz et Andrew furent les derniers à rejoindre la troupe. Ils prévoyaient de prolonger leurs vacances dans la famille d'Andrew en Angleterre. Les enfants et petits-enfants de Peter, eux, ne devaient arriver que la deuxième semaine, ce qui laissait le temps au clan Grayson de se retrouver.

Le premier dîner se déroula dans une ambiance joviale et chaotique, entre rires, conversations et parties de cartes. Olivia rayonnait de bonheur. Bien sûr, tout le monde s'était extasié autour du petit Harry.

Pour ne rien arranger à la confusion générale, le mariage devait avoir lieu dès le lendemain – selon Danny, c'était son jour fétiche, car il marquait l'anniversaire du premier concert que Cass avait organisé pour lui. Heureusement, Olivia avait la situation bien en main. Elle tenta cependant sans succès de convaincre la troupe d'aller se coucher tôt : ils restèrent debout jusque tard dans la nuit, à rire, jouer et boire. Alors que Cassie allaitait son bébé, Danny chanta une chanson qu'il avait composée pour lui, « Oh, Harry ». Peter ne pouvait s'empêcher de rire en les observant.

— Eh bien, on ne s'ennuie pas avec eux ! s'exclama-t-il.

Olivia repensa à leurs vacances en famille, quand ils étaient petits. Maribelle ne se faisait pas prier pour se joindre à la fête, allant même jusqu'à sauter sur les lits avec les enfants. Malgré son absence, cette année était sans conteste la meilleure d'entre toutes, avec le retour de Cass et l'arrivée de Harry, et le bonheur que chacun avait trouvé dans sa vie.

A trois heures du matin, elle parvint enfin à leur faire entendre raison, et ils rejoignirent leurs chambres. Jusque-là, le château ne les avait pas déçus. Olivia était arrivée la veille, accompagnée de Peter, et ils s'étaient promenés paisiblement dans les jardins. Elle l'avait prévenu qu'il s'agissait de leur dernière soirée de tranquillité, mais cela n'avait pas eu l'air de l'inquiéter : il commençait à se lasser de son existence trop calme. Et comme ils se retrouveraient seuls pendant deux semaines après le départ des enfants, Peter était tout disposé à s'amuser.

Tôt le lendemain matin, un homme chargé de fleurs se présenta au château. La journée s'annonçait chaude et radieuse. Outre les services d'un fleuriste, Olivia avait aussi engagé un orchestre qui jouerait de la musique d'ambiance pendant la cérémonie et animerait le bal en soirée. Elle avait transmis le menu au chef, prévu un linge de table somptueux et fait installer une tonnelle pour protéger les convives du soleil. Le mariage était prévu à dix-neuf heures. D'ici là, elle comptait s'assurer du moindre détail pour offrir à Cass des noces parfaites.

A dix-huit heures, tout était en place. Ils n'attendaient plus que le prêtre. Danny avait demandé à Andrew d'être son témoin, en tant que compatriote et locuteur du cockney. Ainsi, quelqu'un le comprendrait si jamais il perdait ses moyens. Quant à Cass, elle avait choisi sa mère comme témoin et Phillip pour la conduire à l'autel. Sa robe de grand couturier achetée à Londres lui allait à merveille, quand bien même elle n'avait pas encore retrouvé sa taille habituelle.

Lorsque tout fut prêt, Olivia se retira pour enfiler sa tenue. Elle avait opté pour une robe en dentelle couleur champagne et bordée de satin ivoire, à la fois élégante et romantique, parfaitement adaptée pour la mère de la mariée.

Cassie apparut en haut de l'escalier aux côtés de son grand frère, descendit royalement les marches du château et s'avança dans le jardin, suivie solennellement de sa mère qui marchait au bras d'Alex. Cassie tenait un gros bouquet de muguet, tandis que celui d'Olivia, plus petit, se composait d'orchidées beige pâle assorties à sa robe. Cass portait une jarretière bleue ; Olivia lui avait prêté la bague de fiançailles de Maribelle, et Danny lui avait offert une alliance sertie d'énormes diamants de chez Graff[1]. Juste avant que sa fille ne se présente en

_____

1. Dans la tradition anglo-saxonne, la mariée doit porter le jour de son mariage « quelque chose de neuf, quelque chose de vieux, quelque chose d'emprunté, quelque chose de bleu ».

haut de l'escalier, Olivia l'avait serrée dans ses bras, et elles avaient échangé un sourire complice.

— Ça va, maman ? avait chuchoté la jeune femme.

— Très bien.

Cassie était la seule à savoir ce qui allait se passer. Olivia n'eut qu'un bref instant d'hésitation tandis qu'elle tournait les yeux vers Peter, qui l'attendait devant l'autel. Lorsqu'elle prit place à côté de lui, tout le monde comprit.

Comme objet bleu, Olivia portait la bague en saphir de Peter, et elle avait emprunté à Liz une épingle à cheveux ornée d'une perle, qu'elle avait glissée dans son chignon. Peter avait prévenu ses enfants, mais ceux-ci n'avaient pas voulu assister au mariage, par égard pour leur mère. Ils leur avaient toutefois envoyé leurs félicitations et fêteraient l'événement avec eux lorsqu'ils les rejoindraient au château, une semaine plus tard.

Tour à tour, les deux couples échangèrent leurs vœux – Danny et Cass, puis Olivia et Peter. Ils s'embrassèrent sous les hourras et les applaudissements de la famille.

— On l'a fait ! murmura Olivia à Peter tout contre ses lèvres.

— Oui, on l'a fait, répondit-il avec un sourire radieux.

Bientôt, chacun se pressa autour des nouveaux mariés pour les féliciter. Olivia croisa le regard de sa fille, qui lui montra la bague de sa grand-mère. Oui, Maribelle était présente parmi eux, en esprit.

Olivia remercia Alex de l'avoir conduite jusqu'à l'autel. Sous le corsage de sa robe, elle portait le médaillon qu'il lui avait offert à Noël. Un peu plus tard, les deux mariées lancèrent leurs bouquets en direction de Taylor. Ils formaient un groupe joyeux, exubérant, uni et aimant, comme toutes les familles devraient l'être. Ils savaient se soutenir dans les moments difficiles et faire la fête lors des heureux événements. Ils s'étaient pardonné leurs erreurs et avaient beaucoup appris les uns des autres. C'était là la plus grande réussite d'Olivia. Et tandis que ses enfants et petits-enfants l'admiraient ce soir-là, ils comprirent qu'ils étaient comme elle et différents à la fois, uniques, distincts, mais inextricablement liés, comme les fils d'une même pièce d'étoffe, avec Olivia en son centre. Ils la portaient en eux, elle les portait en elle, et ensemble, ils formaient un tout.

Vous avez aimé ce livre ?
Vous souhaitez en savoir plus sur Danielle STEEL ?
Devenez, gratuitement et sans engagement, membre du
CLUB DES AMIS DE DANIELLE STEEL
et recevez une photo en couleur dédicacée.

Pour cela il suffit de vous inscrire sur le site
www.danielle-steel.fr
ou de nous renvoyer ce bon accompagné d'une enveloppe
timbrée à vos noms et adresse au
Club des Amis de Danielle Steel
– 12, avenue d'Italie – 75627 PARIS CEDEX 13

Monsieur – Madame – Mademoiselle

NOM :
PRÉNOM :
ADRESSE :

CODE POSTAL :
VILLE :
Pays :

E-mail :
Téléphone :
Date de naissance :
Profession :

La liste de tous les romans de Danielle Steel publiés aux Presses de la Cité se trouve au début de cet ouvrage. Si un ou plusieurs titres vous manquent, commandez-les à votre libraire. Au cas où celui-ci ne pourrait obtenir le ou les livres que vous désirez, si vous résidez en France métropolitaine, écrivez-nous pour le ou les acquérir par l'intermédiaire du Club.

Cet ouvrage a été imprimé au Canada
en avril 2014

N° d'impression : 3004846
Dépôt légal : mai 2014